用于国家职业技能鉴定
国家职业资格培训教程

汽车修理工

第2版
（高级）

编审委员会

主　任　　刘　康

副主任　　陈李翔　　原淑炜

委　员　　张吉国　张凯良　刘风林　王　林　王延峰　郝文直

　　　　　张金码　陈　蕾　张　伟　李　克

本书编审人员

主　编　　张吉国

副主编　　李木林

编　者　　陈风筱　刘　煜　王小军　高鹏飞　赵文敏

主　审　　铁维麟

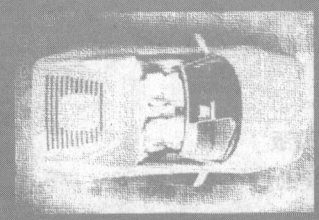

中国劳动社会保障出版社

图书在版编目(CIP)数据

汽车修理工.高级/中国就业培训技术指导中心组织编写.—2版.—北京：中国劳动社会保障出版社，2007

国家职业资格培训教程

ISBN 978 – 7 – 5045 – 5829 – 9

Ⅰ.汽…　Ⅱ.中…　Ⅲ.汽车–车辆修理–技术培训–教材　Ⅳ.U472.4

中国版本图书馆 CIP 数据核字(2006)第 105416 号

中国劳动社会保障出版社出版发行

（北京市惠新东街1号　邮政编码：100029）

出版人：张梦欣

*

北京市科星印刷有限责任公司印刷装订　新华书店经销
787毫米×1092毫米　16开本　12印张　229千字
2007年4月第2版　2025年1月第26次印刷
定价：23.00元

营销中心电话：400-606-6496
出版社网址：http://www.class.com.cn

版权专有　　侵权必究

如有印装差错，请与本社联系调换：（010）81211666
我社将与版权执法机关配合，大力打击盗印、销售和使用盗版图书活动，敬请广大读者协助举报，经查实将给予举报者奖励。
举报电话：（010）64954652

前　　言

　　为推动汽车修理工职业培训和职业技能鉴定工作的开展，在汽车修理从业人员中推行国家职业资格证书制度，中国就业培训技术指导中心在完成《国家职业标准——汽车修理工（2005年版）》（以下简称《标准》）制定工作的基础上，组织参加《标准》编写和审定的专家及其他有关专家，编写了《国家职业资格培训教程——汽车修理工（第2版）》（以下简称《教程》）。

　　《教程》紧贴《标准》，内容上，力求体现"以职业活动为导向，以职业能力为核心"的指导思想，突出职业培训特色；结构上，针对职业活动的领域，按照模块化的方式，分级别进行编写。《教程》的基础知识部分内容涵盖《标准》的"基本要求"；技能部分的章对应于《标准》的"职业功能"，节对应于《标准》的"工作内容"，节中阐述的内容对应于《标准》的"技能要求"和"相关知识"。

　　《国家职业资格培训教程——汽车修理工（第2版）（高级）》适用于对高级汽车修理工知识和技能的培训，是职业技能鉴定的推荐辅导用书。

　　本书在编写过程中得到了内蒙古交通职业技术学院等单位的大力支持与协助，在此一并表示衷心的感谢。

　　由于时间仓促，不足之处在所难免，欢迎读者提出宝贵意见和建议。

中国就业培训技术指导中心

目录

CONTENTS 《国家职业资格培训教程》

第一章　发动机大修 ……………………………………………………（1）

　　第一节　编制发动机典型零部件修理工艺卡 ……………………（1）

　　第二节　发动机总成大修 …………………………………………（17）

　　第三节　过程检验与竣工验收 ……………………………………（64）

第二章　诊断与排除发动机故障 ……………………………………（76）

　　第一节　诊断与排除发动机异响 …………………………………（76）

　　第二节　诊断与排除发动机油路、电路故障 ……………………（82）

　　第三节　诊断与排除发动机疑难故障 ……………………………（86）

　　第四节　诊断与排除电控发动机故障 ……………………………（91）

第三章　汽车底盘大修 ………………………………………………（95）

　　第一节　编制汽车底盘典型零部件修理工艺卡 …………………（95）

　　第二节　底盘总成大修 ……………………………………………（105）

　　第三节　过程检验及竣工验收 ……………………………………（125）

　　第四节　汽车底盘总成竣工验收 …………………………………（131）

第四章　诊断与排除汽车底盘故障 …………………………………（139）

　　第一节　诊断与排除底盘异响 ……………………………………（139）

　　第二节　诊断与排除轮胎故障 ……………………………………（143）

　　第三节　诊断与排除汽车制动故障 ………………………………（148）

第五章　汽车电器设备修理 …………………………………………（154）

　　第一节　充电系统的修理 …………………………………………（154）

　　第二节　起动系统的修理 …………………………………………（165）

　　第三节　空调系统的修理 …………………………………………（171）

第六章　诊断与排除汽车电器设备故障 ……………………………（180）

第一章 发动机大修

第一节 编制发动机典型零部件修理工艺卡

单元一 编制曲轴和凸轮轴的修理工艺卡

学习目标
- 编制曲轴和凸轮轴的修理工艺卡
- 掌握曲轴磨损变形规律及其修理方法

一、相关知识

1. 淬火、正火、回火时效处理

（1）淬火

淬火是将工件加热到临界温度以上，保温一段时间后在水、盐水或油等冷却介质中快速冷却的工艺过程。淬火的目的是使工件获得所需的力学性能，更好地发挥工件的机械性能。

（2）正火

正火是将工件加热到临界温度以上，保温一段时间后在空气中冷却的热处理工艺。正火的目的是提高工件的力学性能，消除加工缺陷，为退火做好组织准备。

(3) 回火及回火时效处理

回火操作一般可分三类：即高温回火，指温度在临界温度以下至 500℃ 范围内的回火；中温回火，指温度在 250～500℃ 范围内的回火；低温回火，指温度在 250℃ 以下的回火。

高温回火的目的是为了获得回火索氏体或珠光体为主的组织，以得到良好的综合机械性能（既有较高的硬度、强度，又有较好的塑性、韧性）。所以，高温回火常作为调质工序（即淬火加高温回火），也可用于不淬火状态下的零件，以消除应力，预防变形，如焊接结构件消除焊接应力的处理。高温回火还作为表面淬火返工处理的中间工序，以消除应力，降低硬度，代替退火工序。如果高温回火用在正火后，则常常是为了降低工件硬度、改善切削加工性能。高温回火还可以用作复杂零件和高合金钢制造的零件在热处理前（包括渗碳等）的预处理工序。

中温回火能保证零件有较高的弹性极限和抗疲劳强度，这时，零件的金相组织是回火屈氏体或回火索氏体。根据这种特性，中温回火常用于弹簧、高强度齿轮、锤扦、模具、高车（俗称天车、行车）车轮及其他车轮踏面的热处理。

低温回火所得到的组织是回火马氏体或回火马氏体加回火屈氏体。一般来说，这种回火不会降低或很少降低硬度，它的目的主要是为了消除应力，故对于要求高硬度、高耐磨性的零件都采用低温回火。

回火时效处理是将淬火后的工件再加热到临界温度以下某一温度保温一段时间，然后冷却到室温的工艺过程。回火时效处理的目的是减少或消除工件淬火时产生的内应力，提高工件的韧性，调整工件的强度和硬度，稳定工件的内部组织。

2. 金属的表面热处理

金属的表面热处理大致分两类：一类是只改变组织结构而不改变化学成分的热处理，叫表面淬火；另一类是改变化学成分的同时又改变组织结构的热处理，叫化学热处理。

(1) 表面淬火

表面淬火是将工件表面层淬透到一定深度，而工件中心部位仍保持未淬火状态的一种局部淬火方法。它通过快速加热，使工件表面层很快达到淬火温度，当热量尚未传递到中心部位就进行迅速冷却，来实现局部淬火。表面淬火的目的是获得高硬度的表面层和有利的残余内应力，以提高工件的耐磨性或疲劳强度。表面淬火的加热方法有很多，如电感应加热、火焰加热、电接触加热、电解液加热、脉冲能量加热等。常用的有电感应加热法和火焰加热法。

(2) 化学热处理

化学热处理是将工件置于一定活性的介质中保温，使一种或几种元素渗入它的表层，改变其化学成分、组织和力学性能的热处理工艺。与表面淬火不同，化学热处理后的工件不仅有组织上的变化，而且也有化学成分上的变化。常用的化学热处理有渗碳、渗氮、碳氮共渗等。

3. 齿轮、曲轴、凸轮轴的热处理工艺

（1）齿轮的热处理工艺

如图1—1所示的齿轮是汽车上传递扭矩的重要零件。汽车齿轮通常应具有足够的强度和韧性、较高的抗疲劳强度，齿面要有较高的硬度和耐磨性。一般齿轮的热处理技术条件如下：

渗碳层表面碳的质量分数为 0.8% ~ 1.0%；

渗碳层深度为 0.8 ~ 1.3 mm；

齿面硬度为 58 ~ 62 HRC，心部硬度为 33 ~ 48 HRC。

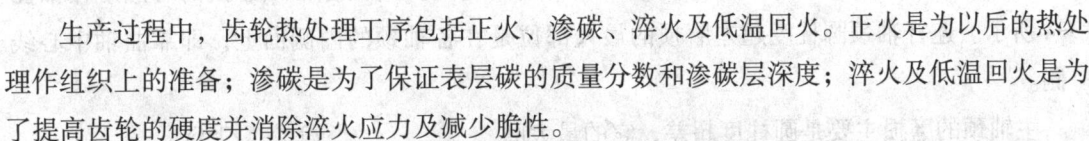

图1—1 齿轮

生产过程中，齿轮热处理工序包括正火、渗碳、淬火及低温回火。正火是为以后的热处理作组织上的准备；渗碳是为了保证表层碳的质量分数和渗碳层深度；淬火及低温回火是为了提高齿轮的硬度并消除淬火应力及减少脆性。

（2）曲轴的热处理工艺

如图1—2所示的曲轴是内燃机中重要的零件之一。曲轴应具有高强度、一定的冲击韧性和弯曲扭转疲劳强度；轴颈处还应有较高的硬度和耐磨性。曲轴的热处理工序包括正火、高温回火（风冷）和高频淬火。正火是为了提高抗拉强度、硬度和耐磨性；高温回火是为了消除内应力；通过对轴颈的表面进行高频淬火可进一步提高硬度和耐磨性。

（3）凸轮轴的热处理工艺

如图1—3所示的凸轮轴也是内燃机中重要的零件。凸轮轴应具有高强度、一定的冲击韧性和弯曲扭转疲劳强度。

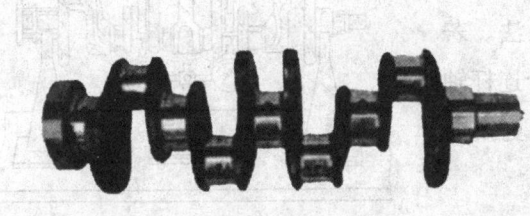

图1—2 曲轴

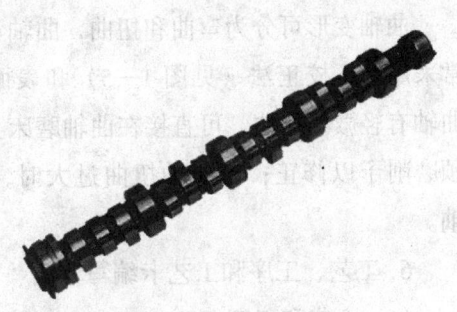

图1—3 凸轮轴

一般凸轮轴的热处理技术条件如下：

材料选用 QT600-3 合金铸铁或 45 钢；

热处理工艺包括正火、去应力退火、调质；

表面硬度为轴 43~50 HB，轴颈 55~63 HB，齿 45~58 HB；

渗碳层深度 0.1~0.15 mm。

4. 表面粗糙度的概念

表面粗糙度是指零件的加工表面上具有的较小间距和峰谷所形成的微观几何形状误差。评定表面粗糙度的参数有轮廓算术平均偏差——R_a、微观不平度十点高度——R_z、轮廓最大高度——R_y。其中，优先选用的评定表面粗糙度的参数是轮廓算术平均偏差 R_a。

5. 曲轴的磨损规律、变形规律和修理方法

（1）曲轴的磨损规律

曲轴轴颈的磨损是不均匀的，其主要表现是轴颈的圆柱度超差与锥体。轴颈圆柱度超差与锥体是由受力大小以及受力作用时间的长短来决定的。曲轴各轴颈磨损的一般规律如图 1—4 所示。连杆轴颈圆柱度超差磨损的最大部位是在各轴颈的内侧面上，即靠曲轴中心线一侧。

主轴颈的磨损主要是圆柱度超差，它的最大磨损部位是在靠近连杆轴颈的一侧。掌握了曲轴磨损规律，在测量曲轴轴颈磨损情况时，能很快地测量出轴颈磨损量，以便确定修理级别。

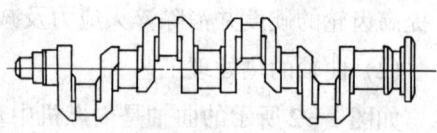

图 1—4　曲轴轴颈磨损规律

（2）曲轴的变形规律

曲轴易产生弯曲和扭曲变形。曲轴是在燃烧气体的压力、往复的惯性力和旋转的离心力等作用下工作的，这些周期性变化着的力，会使它产生弯曲和扭曲变形。当曲轴弯曲和扭曲超过一定限度时，将使曲轴轴颈与轴承在运转过程中产生剧烈的磨损，严重时可将曲轴折断。

（3）曲轴变形的修理方法

曲轴变形可分为弯曲和扭曲，曲轴弯曲的校正通常采用冷压校正法（见图 1—5）和表面敲击法。若曲轴有轻微的扭曲，可直接在曲轴磨床上结合连杆轴颈磨削予以修正；若曲轴扭曲过大时，则应更换曲轴。

6. 工艺、工序和工艺卡编写方法

（1）工艺和工序

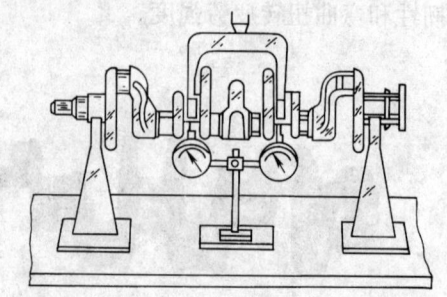

图 1—5　曲轴弯曲的校正

汽车修理工艺是指将汽车修理的各种作业按一定方式组合，顺序、协调进行的过程。汽车修理类别是指按修理对象、修理深度、执行作业的计划性或组织形式等划分的不同类别或等级。具体修理类别见表1—1。

表1—1　　　　　　　　　　　　　　汽车修理类别

修理类别	修 理 内 容
汽车大修	用修理或更换汽车任何零部件（包括基础件）的方法，恢复汽车的完好技术状况和完全（或接近完全）恢复汽车寿命的恢复性修理
汽车中修	用更换或修理有限数量零部件的方法，恢复汽车完好技术状况和维持汽车寿命的平衡性修理
汽车小修	用更换或修理个别零件的方法，保证或恢复汽车工作能力的运行性修理
总成修理	为恢复汽车总成完好技术状况、工作能力和寿命而进行的作业
零件修理	恢复汽车零件性能和寿命的作业
计划修理	按技术文件规定预先安排的修理
定期修理	按规定的间隔期和等级进行的修理
非计划修理	非预先安排的修理
视情修理	按技术文件规定对汽车技术状况进行诊断或检测后，决定修理内容和实施时间的修理

工序是指加工的先后次序。

(2) 工艺卡

1) 工艺规程。一种生产对象的工艺过程有若干种方案，在诸多方案中，通过对具体情况的分析（如工效、成本、质量等），选出最为合理的方案，将其内容用条文、图表等形式予以确定，并编写为文件，这就是工艺规程。它是法定的技术性文件，一般保存在技术部门作为技术档案。

工艺规程只需写明总体要求，并不需要写明每一工序的操作方法。

2) 工艺卡内容。工艺卡片是根据工艺规程所规定的内容，用简明的文字、表格和工作图等形式编制成的作为具体工作安排和指导生产的依据。工艺卡片必须详细地写明各工序的技术要求、操作要点与步骤。它是工艺规程的具体化，是工艺规程进入生产的执行部分。

工艺卡片的内容主要包括：

①工序号。是按照作业顺序编排的序号，在修理工艺过程中表示工艺过程顺序。

②工作图。指明零件或总成的作业部位，以便维修人员按照指明的部位工作。如检验图和装配图上，应引线注码标明其耗损部位或配合副之间的公差、间距、角度、方位等相互位置。另外，可用简图表明工件相对于设备、夹具、工具、量具、仪器等在操作中的位置或操作方法。

③技术要求。其主要内容见表1—2。

表1—2　　　　　　　　　　工艺卡片内容的技术要求

工艺规范	主要指用于工艺上的数据、切削加工的切削用量、零件清洗溶液的成分、热处理的温度及处理后的力学性能要求（如硬度、强度、冲击韧性、耐磨性、耐腐蚀性、耐疲劳等）
技术规范	主要指零件的尺寸（如基本尺寸、允许磨损尺寸、极限磨损尺寸等）、表面粗糙度、精度和配合副公差等
性能条件	指某些装配部位的气压、真空度、扭矩、弹力等工作性能指标
报废条件	是对零件损耗达到不可修复程度的具体规定
设备、工夹具	在每一作业项目（工序）中注明所用的设备、夹具、刀具、量具、仪器等的名称、规格或型号
材质	指工件所用材质的型号、尺寸等
工序时间	指完成每一工序所需的连续作业时间（可分为定额工时和真实工时）

汽车修理工艺卡片根据不同工种或性质，可以分为拆卸工艺卡片、装配工艺卡片、技术检验工艺卡片、调试工艺卡片和零件修复工艺卡片，以及零件或总成的检、修、装、调、试综合工艺卡片。

7．GB 3802—1983《汽车发动机曲轴修理技术条件》（检验规则和附录A、B）

（1）检验规则

1）曲轴经检验合格签证后，附上必要的技术资料，方能出厂或交付使用。

2）补偿修复层的强度及其与基体的结合强度应定期进行试棒检验（在改变工艺、材质时必须进行）。试棒检验可参照本标准附录B（参考件）的规定进行。试棒每次不少于三件，测试结果取平均值。

3）补偿修复层的硬度试验应在粗磨后进行，在同一曲轴上检查三点，取平均值，测点距油孔边缘不小于10 mm。

（2）附录

附录A　补偿修复层机械性能（参考件）

部位	修复方法	表面硬度	与基体结合强度（kgf/mm^2）	
			σ_b	τ_b
凸轮	堆焊或其他方法	按原设计要求		
支承轴颈	金属丝喷涂	HB≥250	≥2.6	≥9
	镀铁	HRC≥42	≥17	
	堆焊或其他方法	HRC≥35		

附录B 修复层强度、与基体结合强度试棒检验方法（参考件）

B.1 检验条件

对试棒进行金属丝喷涂或镀铁时，应保持与正常生产同等的工艺规范。

B.2 检验方法

B.2.1 金属丝喷涂修复层抗拉强度试棒见图B1。

抗拉强度计算公式为：

$$\sigma_b = \frac{4P}{\pi(D_1^2 - D_2^2)} \tag{B1}$$

式中　σ_b——抗拉强度，kgf/mm^2；

P——拉力，kgf；

D_1——金属丝喷涂修复层圆截面外径，mm；

D_2——金属丝喷涂修复层圆截面内径，mm。

B.2.2 金属丝喷涂修复层与基体结合强度试棒见图B2。

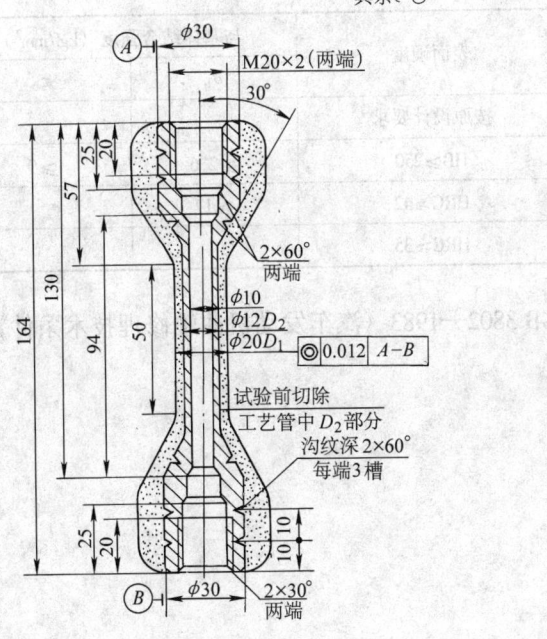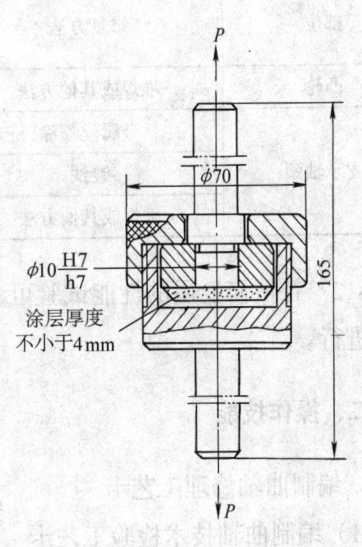

图B1　涂层抗拉试棒　　　　图B2　涂层与基体结合强度（抗拉）检验试棒

结合强度计算公式为：

$$\sigma_b = \frac{4P}{\pi D^2} \tag{B2}$$

式中 σ_b——抗拉强度，kgf/mm^2；

P——拉力，kgf；

D——试棒直径，mm。

B.2.3 镀铁修复层与基体结合强度试棒见图 B3。
结合强度计算公式同式 B2。

8. GB 3803—1983《汽车发动机凸轮轴修理技术条件》（检验规则、附录 A）

（1）检验规则

1）凸轮轴经检验合格后，应签发合格证。

2）送修单位有权根据合同抽样复验。

（2）附录

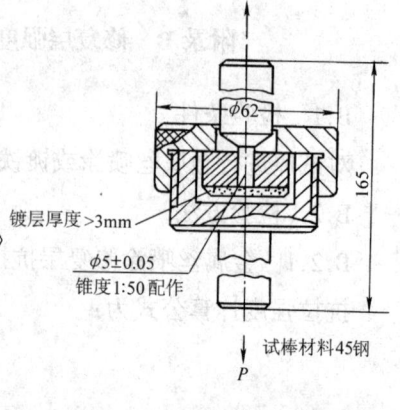

图 B3 镀铁层与基体结合强度（抗拉）检验试棒

附录 A 补偿修复层机械性能（参考件）

A.1 凸轮轴的凸轮和支承轴颈采用焊、镀、涂等工艺方法补偿修复时，其补偿修复层性能应符合下述要求：

部位	修复方法	表面硬度	与基体结合强度（kgf/mm^2）	
			σ_b	τ_b
凸轮	堆焊或其他方法	按原设计要求		
支承轴颈	金属丝喷涂	HB≥250	≥2.6	≥9
	镀铁	HRC≥42	≥17	
	堆焊或其他方法	HRC≥35		

A.2 补偿修复层的性能试验可参照 GB 3802—1983《汽车发动机曲轴修理技术条件》附录 B 进行。

二、操作技能

1. 编制曲轴修理工艺卡

（1）编制曲轴技术检验工艺卡

技术检验工艺卡包括以下项目：

1）裂纹的检验。有渗油敲击法和磁力探伤法两种，检验时可根据设备条件选取其中一种。

2）曲轴变形的检验。包括曲轴弯曲的检验和曲轴扭曲的检验。

3）曲轴起动爪螺纹孔及后端凸缘的检验。包括曲轴起动爪螺纹孔损伤的检验和后端凸缘盘的检验。

4）曲轴轴颈磨损的检验。

5）曲轴轴承的检验。

曲轴技术检验工艺卡见表1—3。

表1—3　　　　　　　　　　曲轴技术检验工艺卡

企业名称		曲轴技术检验工艺卡				卡片编号	
检验名称			车别		修别	第　页　　共　页	
检验项目	技术要求	检验方法	检验		检验结论	作业时间	备注
			量具	仪器			

（2）编制曲轴修复工艺卡

按照曲轴技术检验结论，确定曲轴需要修复的部位及修理项目。根据工人技术水平及设备情况编制相应的曲轴修复工艺卡。

曲轴修复工艺卡见表1—4。

表1—4　　　　　　　　　　曲轴修复工艺卡

企业名称			曲轴修复工艺卡				卡片编号	
（曲轴修复工艺图）			零件					
			名称	厂牌	编号	材质	机械性能	第　页
			曲轴			球墨铸铁		共　页
			说明：1. 曲轴弯曲时应先矫正后修理，按修理级别进行磨削 2. 可采用就机矫正法或火焰矫正法						
工序号	工种	图上号码	工序名称	操作要点及技术要求	设备	工具	模具	夹具	刀具	量具	焊条名称	工序名称	备注
1	修理工		冷压矫正	1. 将两端主轴颈支承在平板上的V形架上，施压方向与曲轴弯曲方向相反。压弯曲量为曲轴弯曲的10~15倍，保持2 min 2. 校正过程中允许存在微量弯曲，当每矫正1~5 mm及卸除压力前，应在各道曲轴处用铜锤轻击，以清除残余应力									

续表

工序号	工种	图上号码	工序名称	操作要点及技术要求	设备	工具	模具	夹具	刀具	量具	焊条名称	工序名称	备注
2	热处理		低温处理	1. 校正完毕，加热至180～220℃，保温5～6 h，以清除矫正过程中产生的内应力及曲轴回正效应 2. 随炉缓慢加热，随炉冷却。随炉冷却后，取出曲轴检验弯曲矫正效果									
3	修理工		检验										

曲轴修复工艺程序如下：

1) 彻底清理曲轴内外表面。

2) 根据全面检验的结论，确定修理内容及修复工艺。

3) 修补裂纹。

4) 曲轴变形的修复。

5) 曲轴起动爪螺纹孔及后端凸缘的修复。

6) 曲轴轴颈磨损的修复。

7) 曲轴轴承的修复和选配。

(3) 注意事项

1) 曲轴的修理项目与修复方法不仅复杂，而且对修理质量要求也高。所以，为了保证修理作业的顺利完成及其修理质量，必须按照曲轴修复工艺卡及修理作业的顺序作业。

2) 由于汽车新材料与新工艺的普遍应用，近年来生产的曲轴在结构、制造工艺、材料等方面均有许多变化，这就对检测、维修与装配提出了不同的要求。所以，在编制修理工艺卡时，必须按照厂方的技术要求，根据自身的具体情况编制出正确合理的修理工艺卡，不可盲目沿用传统的经验。

3) 学习和采用国内外汽车修理业的新技术、新工艺，提高修理质量。

2. 编制凸轮轴修理工艺卡

(1) 编制技术检验工艺卡

技术检验工艺卡包括以下项目：

1) 凸轮轴裂纹的检验。

2) 凸轮轴变形的检验。包括凸轮轴弯曲的检验和同轴度的检验。

3) 凸轮轴磨损的检验。包括凸轮轴凸轮工作表面、轴颈、偏心轮、齿轮磨损的检验。

4) 凸轮轴轴承的检验。

5) 凸轮轴其他部位的检验。

凸轮轴技术检验工艺卡见表1—5。

表1—5　　　　　　　　　凸轮轴技术检验工艺卡

企业名称			凸轮轴技术检验工艺卡片					卡片编号	
(凸轮轴检验图)			零件						
			名称	厂牌	编号	材质	机械性能	第　页	
								共　页	
			说明：						
工序号	工种	图上号码	技术要求	检验方法	检验		检验结论	工序时间	备注
					量具	仪器			

(2) 编制凸轮轴修复工艺卡

按照凸轮轴技术检验结论，确定凸轮轴需要修复的部位及修理项目。根据工人技术水平及设备情况编制相应的凸轮轴修复工艺卡。

凸轮轴修复工艺程序如下：

1) 彻底清理凸轮轴内外表面。

2) 根据全面检验的结论，确定修理内容及修复工艺。

3) 凸轮轴如有裂纹，应更换凸轮轴。

4) 凸轮轴弯曲变形应采用冷压法校正。

5) 凸轮轴轴颈磨损可采用涂镀法修复。

6) 凸轮轴轴承的修复和选配。

7) 凸轮轴的更换。

(3) 注意事项

1) 凸轮轴的修复方法不仅复杂，而且对修理质量要求也高。为了保证修理作业的顺利完成及修理质量，必须按照凸轮轴修复工艺卡及修理作业的顺序作业。

2) 由于汽车新材料与新工艺的普遍应用，近年来生产的凸轮轴在结构、制造工艺、材料等方面均有许多变化，这就对检测、维修与装配提出了不同的要求。所以，在编制修理工艺卡时，必须按照厂方的技术要求，根据自身的具体情况编制出正确合理的修理工艺卡，不可盲目沿用传统的经验。

3）学习和采用国内外汽车修理业的新技术、新工艺，提高修理质量。

凸轮轴修复工艺卡见表1—6。

表1—6　　　　　　　　　　凸轮轴修复工艺卡

企业名称				凸轮轴修复工艺卡片						卡片编号	
（凸轮轴工艺图）				零件							
				名称	厂牌	编号		材质	机械性能	第　页	
										共　页	
				说明：							
工序号	工种	图上号码	工序名称	操作要点技术要求	设备	工具	模具	夹具	刀具	量具	焊条号牌	工序时间	备注

单元二　编制汽缸体和汽缸盖的修理工艺卡

> **学习目标**
> - 编制汽缸体和汽缸盖的修理工艺卡
> - 掌握汽缸体和汽缸盖的磨损（蚀损）、变形规律及其修理方法

一、相关知识

1．汽缸体的磨损、变形规律和修理方法

（1）汽缸体的磨损规律

汽缸磨损是不可避免的，但磨损还是有一定规律可循的，汽缸的磨损规律可用缸壁轴线方向上的磨损图来表示，如图1—6所示。

曲线图a是正常的磨损图形。特征为活塞的上止点和下止点处的磨损较大，形成较为明显的台阶，原因是活塞在到达上止点附近时，气环受到燃气压力的作用并以很高的压力作用于汽缸。摩擦面的相对滑动接近于零，润滑油难以形成保护油膜，使得汽缸表面的磨损程度加大形成台阶。汽缸的中部润滑条件较好，磨损较小不易形成台阶。油环在汽缸下部的润滑环境也非常恶劣，磨损也相对大些。

曲线图b是发动机长期工作在多尘的环境下，进气时吸入大量的尘埃或形成严重的积炭

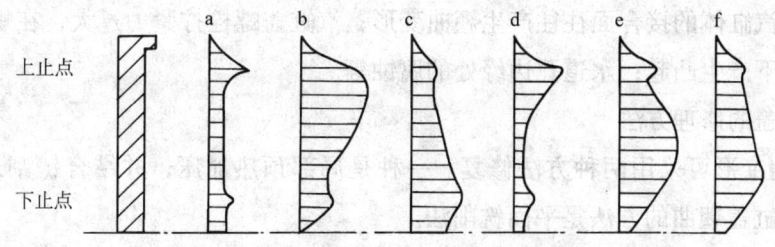

图 1—6 汽缸轴向磨损图

磨料的磨损图形。尘埃从上部被吸入，积炭也是在上部形成的，所以汽缸上部的磨损量较大，磨损的最大量在上止点的下部。

曲线图 c 是润滑油中含有大量的金属碎屑或尘埃等杂质的图形，这是因为飞溅在汽缸壁上的润滑油中的杂质在重力的作用下自下往上分布，致使汽缸壁的下部磨损严重。

曲线图 d 是熔融磨损图。在汽缸壁上止点第一环处的磨损量远远超过正常磨损量的许多倍，摩擦面呈现金属熔融的状态，边缘呈现不规则、不均匀的沟痕。

曲线图 e 是低温频繁启动或使用高硫燃料的腐蚀磨损。在上止点第一环处的磨损量超过正常量的 1~2 倍，汽缸中部的磨损量是正常磨损的 4~6 倍。这是因为汽缸的腐蚀磨损较大，剥落下来的金属微粒在活塞运动较大的区域发生了严重的磨料磨损。

曲线图 f 是发动机长期工作在水温过低的状态下造成汽缸壁磨损的图形，这是因为汽缸套下部的水温较低，所以下部的磨损量较大。

发动机工作时，造成汽缸磨损的实际情况是复杂多变的，上述各种磨损往往同时存在，相互影响，例如，汽缸的上部腐蚀磨损产生的杂质会引起汽缸中部的磨料磨损，致使活塞环和汽缸壁磨损严重，影响汽缸的气密性，破坏汽缸的正常润滑，温度过高，造成熔融磨损。

(2) 汽缸体的变形规律

汽缸体在使用过程中发生变形是普遍存在的，也有一定规律性。汽缸体的变形破坏了零件的几何形状，影响了发动机的装配质量。汽缸体与汽缸盖的接合面往往产生翘曲变形；汽缸体上下平面在螺纹孔周围易产生凸起；螺孔承受很高的燃烧压力的作用后发生变形。汽缸体的最大变形发生在中间轴承孔附近。

(3) 汽缸体的修理方法

1) 汽缸体变形可采用铣削或磨削来修复，这种方法适用于变形量较大且设备允许的条件下采用；变形量不大时，可以用铲削的方法进行修平。

2) 汽缸体裂纹的修理方法有粘接、焊接和螺钉填补等。具体采用哪种方法应根据裂纹的大小、程度和部位来确定。

2. 汽缸盖的蚀损、变形规律和修理方法

(1) 汽缸盖的蚀损、变形规律

汽缸盖与汽缸体的接合面往往产生翘曲变形；汽缸盖螺栓拧紧力过大，在螺纹孔周围过大的压力作用下产生凸起；水道孔边缘处的腐蚀等。

(2) 汽缸盖的修理方法

1) 汽缸盖变形可采用两种方法修复。一种是局部预热加压，并结合铲刮来修整平面；另一种修正汽缸盖翘曲的方法是平面铣削法。

2) 汽缸盖裂纹的修理方法有粘接、焊接和螺钉填补等。具体采用哪种方法应根据裂纹的大小、程度和部位来确定。

3. 典型零件的修理方法

典型零件的修理方法是从车上将典型零件拆下、解体、清洗，清洗后检验，检验后分类，分类后修理。

(1) 活塞的修理方法

活塞的修理包括活塞的清洁、活塞圆度检验、活塞直径的测量、活塞顶部标记的对正、活塞环槽的加工、活塞销座孔的检修、活塞与销座轴心线垂直性的检验、活塞周壁上的检查、活塞的选配、活塞与气缸壁间隙的检测等。

清除活塞环槽内的积炭。如图 1—7 所示，如果积炭过多，活塞环嵌在环槽中将不能转动。将活塞总成浸泡在煤油中，待其软化后再进行拆卸和清除。不能用刮刀、旋具等工具硬撬。

检查活塞环侧隙。用厚薄规检查活塞环与活塞的侧隙，如图 1—8 所示。超过极限间隙时，应更换活塞环。

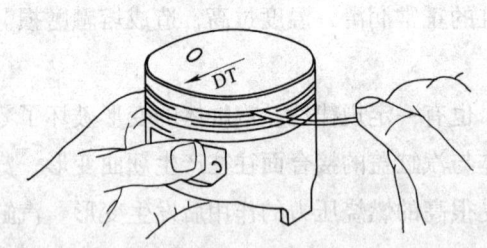

图 1—7　清除活塞环槽内的积炭　　　　图 1—8　测量活塞环侧隙

检查活塞环端隙。如图 1—9 所示，将活塞环放入汽缸，使其水平停放在距上平面 15 mm 的汽缸内，用厚薄规测量间隙，超过极限时，应更换活塞环。

检查活塞裙部的磨损。在与活塞销垂直的水平方向，用千分尺测量活塞裙部直径，如图 1—10 所示，与标准尺寸的最大偏差量超过标准时，在发动机大修时应更换全部活塞。

(2) 连杆的修理方法

连杆的修理包括连杆损伤、弯曲、扭曲变形的检验，大端孔及小端孔的修理，连杆弯曲、扭曲变形的校正。

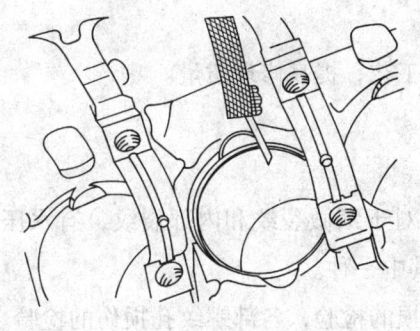
图1—9 测量活塞环端隙

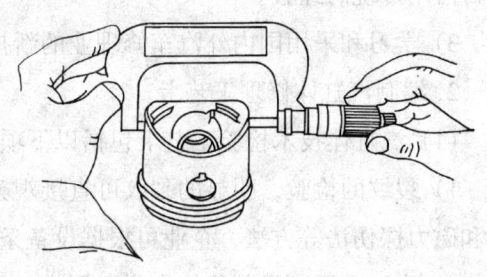
图1—10 测量活塞裙部

二、操作技能

1. 编制汽缸盖修理工艺卡

（1）技术检验工艺卡包括以下项目：

1）裂纹的检验，有水压试验法和磁力探伤法等，企业可根据设备条件选取其中一种。

2）汽缸盖平面及其他接合平面划痕、击伤、蚀损的检验，各部螺纹孔的检验。

3）汽缸盖变形的检验。

4）若有其他要求检验的项目，亦应列入其中。

（2）编制汽缸盖修复工艺卡

按照汽缸盖技术检验结论，确定汽缸盖需要修复的部位及修理项目。根据本企业工人技术水平及设备情况编制相应的汽缸盖修复工艺卡。

汽缸盖修复工艺程序如下：

1）彻底清理汽缸盖内外表面（包括水垢）。

2）根据全面检验的结论，确定修理内容及修复工艺。

3）修补裂纹。

4）修整螺纹孔、蚀伤及各接合表面的缺陷。

5）修理与纠正汽缸盖的表面形状与位置误差。

6）彻底清洁汽缸盖。

（3）注意事项

1）为了保证汽缸盖修理作业的顺利完成及其修理质量，必须按照一定的工艺编制工艺卡及修理作业的顺序。

2）由于汽车新材料与新工艺的普遍应用，近年来生产的汽缸盖在结构、制造工艺、材料等方面均有许多变化，对检测、维修与装配亦有不同的要求。所以，在编制修理工艺卡时，必须按照厂方的技术要求，根据本企业的具体情况编制出正确合理的修理工艺卡，不可盲目沿用传统的经验。

3）学习和采用国内外汽车修理业的新技术、新工艺，提高修理质量。

2. 编制汽缸体修理工艺卡

(1) 汽缸体技术检验工艺卡包括以下项目：

1）裂纹的检验，明显的裂纹可直接观察检查，对于细微裂纹和内部裂纹，有水压试验法和磁力探伤法等方法，企业可根据设备条件选取其中一种。

2）汽缸上平面及其他接合平面划痕、击伤、蚀损的检验，各部螺纹孔损伤的检验。

3）汽缸体高度的检验。

4）汽缸磨损的检验。

5）汽缸体变形的检验，检验项目包括如下内容：

①上、下平面的平行度。

②主轴承座孔同轴度。

③主轴承座孔接合平面对底平面的平行度。

④主轴承座孔轴线与凸轮轴轴承孔轴线的平行度。

⑤汽缸轴线与曲轴主轴承孔轴线的垂直度。

⑥飞轮壳后端面对主轴承孔轴线的径向跳动。

6）若有其他要求检验的项目，亦应列入其中。

(2) 编制汽缸体修复工艺卡

按照汽缸体技术检验结论，确定汽缸体需要修复的部位及修理项目。根据本企业工人技术水平及设备情况编制相应的汽缸体修复工艺卡。

汽缸体修复工艺程序如下：

1）彻底清理汽缸体内外表面（包括水垢）。

2）根据全面检验的结论，确定修理内容及修复工艺。

3）修补裂纹。

4）修整螺纹孔、蚀伤及各接合表面的缺陷。

5）修理与纠正汽缸体的表面形状与位置误差。

6）镶配气门导管（为修整气门座、研磨气门提供定位导向条件）。

7）镶配气门座。

8）镶配汽缸套，镗、磨缸。

9）研磨气门。

10）彻底清洗汽缸体。

(3) 注意事项

1) 汽缸体的修理项目与修理方法不仅复杂，而且对修理质量要求也高，为了保证修理作业的顺利完成及其修理质量，必须按照一定的工艺编制工艺卡及修理作业的顺序。

2) 由于汽车新材料与新工艺的普遍应用，近年来生产的汽缸体在结构、制造工艺、材料等方面均有许多变化，对检测、维修与装配亦有不同的要求。所以，在编制修理工艺卡时，必须按照厂方的技术要求，根据本企业的具体情况编制出正确合理的修理工艺卡，不可盲目沿用传统的经验。

3) 要学习和采用国内外在汽车修理业的新技术、新工艺，以保证修理质量。

第二节　发动机总成大修

单元一　发动机总成的检测

学习目标
- 检测和评定发动机技术指标
- 检测、调整喷油提前角
- 检测、调整发动机燃油、点火和排放系统

一、相关知识

1. 发动机检测设备简介

(1) 汽缸压力表

汽缸压力测量是发动机检测的重要内容，汽缸压力表是测量汽缸压力的常用仪表，如图1—11所示，MODEL 2504是美国KAL公司生产的汽缸压力表，它采用快速接头连接高压软管，并可直接通过螺纹连接到火花塞座孔上。

用汽缸压力表测试汽缸压力时应按以下步骤进行：

1) 首先使发动机运转达到正常温度。
2) 拆下全部火花塞。

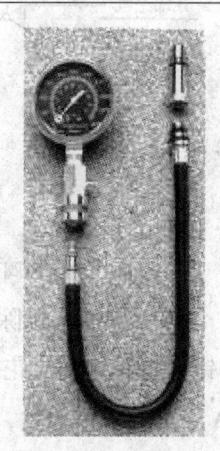

图1—11　汽缸压力表

3）读取汽缸压力指示值。
4）拆下燃油泵保险（对于电喷发动机）。
5）将节气门、阻风门全开。
6）将汽缸压力表连接到火花塞座孔处。
7）用起动机带动发动机曲轴旋转3～5 s。
8）重复读取汽缸压力2～3次。
9）计算平均值。

正常的汽缸压力值应符合制造厂的规定，各缸间误差不得超过其标准汽缸压力规定值的10%或各缸平均压力的8%。

(2) 汽缸漏气率表

汽缸漏气率分析是在活塞处于压缩行程上止点时，采用对燃烧室加入压缩空气的方式来检查汽缸相对漏气率的方法。它可以确切地判断汽缸漏气的部位以及漏气量的大小。

图1—12为汽缸漏气率测量示意图。压缩空气经空气管1、调压阀2、减压阀4、量孔B和软管8，通过火花塞孔进入被测汽缸。测量前仪器应先做好调整。用调压阀2调节进气压力，使其相当于汽缸的压缩压力（汽油机为0.7～0.9 MPa），从气压表3上观察。调节减压阀4，使出气阀7全闭时（相当于汽缸全密封）压力表6的指针指示"0"位置，出气阀全开时，压缩空气从量孔A全部流出，压力表6的指针指示"100"位置。

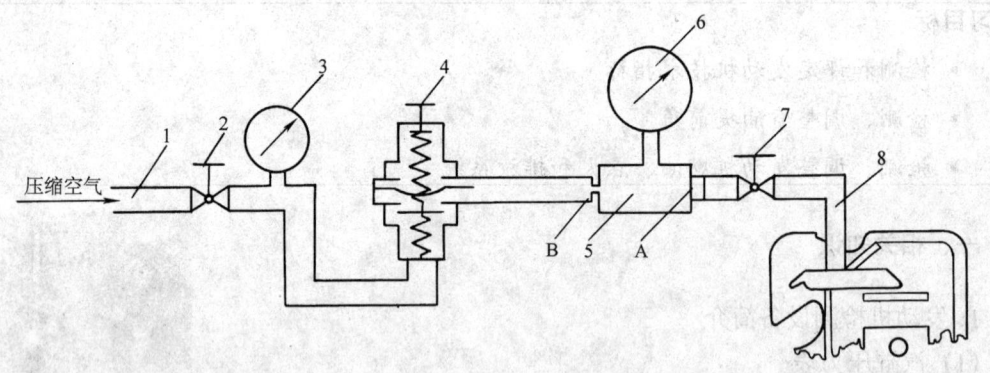

图1—12 汽缸漏气率测量示意图

1—空气管 2—调压阀 3—气压表 4—减压阀 5—三通 6—压力表 7—出气阀 8—软管 A，B—量孔

调整仪器后，拆除全部汽缸火花塞，将被测汽缸的活塞调整至压缩行程上止点，将软管8的锥形塞头拧到火花塞孔座上，全开出气阀7，从压力表6读取汽缸漏气率。此时，从量孔A漏出的气体数量，取决于汽缸的密封程度，从而了解汽缸活塞组的磨损情况。

测试结果分析：

0～10%为良好；10%～20%为一般；20%～30%为差；30%以上表示有问题。

各汽缸漏气率读数应比较一致且都小于20%，当漏气率大于20%时，表明系统存在漏气故障。可以通过听进气管、排气管、曲轴箱通风口处是否有漏气声来判断具体漏气的位置。从进气管处漏气，说明进气门泄漏；从排气管处漏气，说明排气门泄漏；从曲轴箱通风口漏气，说明活塞、活塞环及汽缸密封不严；散热器内有气泡，说明汽缸衬垫漏气或缸体、缸盖有裂纹。若相邻两缸漏气率均高，说明汽缸衬垫漏气。可将活塞移至压缩行程起始时的下止点处，此时测出的漏气率与压缩行程上止点处的漏气率差值大小，可以说明活塞、活塞环口汽缸的漏气率大小。因为上止点处汽缸磨损最大，下止点处基本没有磨损，故压缩行程上下止点漏气率之差，表示汽缸磨损量的大小，这样的测量方式排除了进、排气门泄漏的影响。

济南无线电六厂生产的QLY-1型汽缸漏气率表如图1—13所示，其主要技术参数如下：

测量表压力：0～0.6 MPa（1级）

进气压力表：0～1 MPa（1级）

气源压力：0.6～0.8 MPa

外形尺寸：257 mm×265 mm×124 mm

质量：5 kg

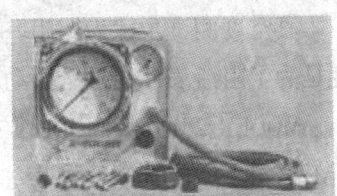

图1—13　QLY-1型汽缸漏气率表

在测量完汽缸压缩压力及漏气率之后，可对测量结果进行比较分析，找出故障原因，分析结果见表1—7。

表1—7　　　　　　　　汽缸压缩压力与漏气率测试结果分析

压缩压力	漏气率	原因
正常	大	严重积炭
低	小	配气相位不当，气门开启不良，气门间隙不当

(3) 点火正时灯

点火正时灯是动态测量点火提前角的测量仪表。MODEL 4175型点火正时灯，是美国KAL公司生产的可延时触发点火正时灯，如图1—14所示，它能够在动态测试中改变正时记号的相对位置，这对只有上止点记号而没有点火提前角度标记的发动机来说，是非常方便的，只要曲轴或者飞轮上有一个上止点记号，就可以用调整旋钮精确地测量出点火提前角。

(4) 真空表

用真空表可以对发动机进行真空分析。真空分析是在发动机运转的条件下，通过对进气歧管真空度的变化规律（即真空度数值的大小）进行观察，

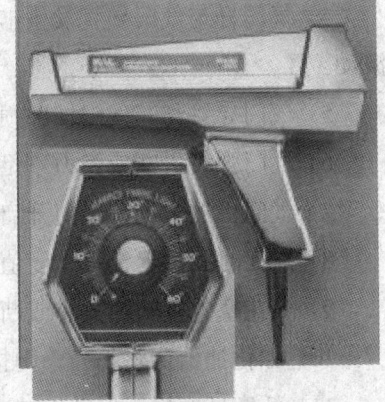

图1—14　MODEL 4175可延时正时灯

进而判断发动机机械部分故障的方法。真空分析是最重要、最有用且最快捷的发动机工况测试方法之一。它不需要拆卸任何一个火花塞或检查任何一个汽缸是否漏气，就可以反映出汽缸压力的情况。

真空表显示数值单位常见的有以下几种：毫米汞柱（mmHg）、英寸汞柱（inHg）、千帕（kPa）。在海拔高度为零，完全真空时，真空度为 101.58 kPa（30 inHg 或 760 mmHg）。真空表指针反映进气歧管内与发动机外大气压之间的压力差，真空表读数因海拔高度不同而变化，因此，对于海平面以上的不同高度，真空表读数要加以修正。例如，海拔高度每增加 100 m，真空表读数就会降低 1.11 kPa（0.328 inHg 或 8.38 mmHg）。

真空度测试步骤为：用一条长约 30 cm 的真空管接到进气歧管节气门后方（选择这个长度是为了阻滞表针的过量摆动），启动发动机运转至正常温度，然后开始测量。

MODEL 2511 和 MODEL 2512 是美国 KAL 公司生产的真空压力表，它可以测量真空度在 0~7 N/m² 范围内的压力，如图 1—15 所示。

真空分析方法如下：

1）发动机工作温度正常时，怠速运转，真空度应稳定在 57~70 kPa 之间。

2）当迅速开启并关闭节气门时，表针能随之摆动，在 7~84 kPa 之间，表明良好。

图 1—15　MODEL 2511 型真空表

3）气门座密封性变差时，其真空度比正常值跌落 3~23 kPa。

4）气门杆与气门导管发生卡滞后，其真空度有规律地快速跌落，并在 10~16 kPa 之间波动。

5）气门导管与其气门杆磨损松旷时，其真空度较正常值低 6~10 kPa。

6）气门弹簧折断或弹力不足时，真空表指针迅速地在 33~74 kPa 之间波动。

7）气门机构失调，气门开启过迟时，其真空度稳定在 27~47 kPa 之间。

8）点火时间过迟，真空度值跌落在 47~53 kPa 之间。

9）火花塞电极间隙太小或断电器触点接触不良，指针在 47~53 kPa 之间缓慢摆动。

10）如化油器调整不当，则指针指在 44~57 kPa 之间缓慢摆动。

11）活塞环磨损，发动机转速在 2 000 r/min 时，若突然关闭节气门，真空表读数迅速降至 6~16 kPa。

12）进、排气歧管垫漏气，发动机转速在 2 000 r/min 时，若突然关闭节气门，其真空度从8 kPa跌落至6 kPa以下，并迅速恢复正常。

（5）智能压力检测仪

对现代汽车实现高精度控制，必须对汽车发动机燃油系统压力、汽缸压力、进气歧管负压、润滑油压力、散热水箱水压力、空调真空压力、低压管道压力、高压管道压力、自动变速器油道压力、悬挂系统压力、转向系统压力、轮胎压力、制动压力等进行检测。压力驱动源基本上都是脉动驱动，因为汽车是特殊的运动机械，在各种恶劣的环境条件下不免会出现常发性和偶发性故障，如不及时捕捉处理，往往形成极大的安全隐患。过去单纯使用常规压力表检测，不可能检测到瞬间发生的故障，只能简单地检测到各压力的平均值。

WDF-2088型智能压力检测仪，如图1—16所示，是华南电子仪器设备公司生产的智能型综合压力测试仪表，带有微处理芯片，采用数字液晶显示，具有精度高、应用范围广等特点，可以对汽车上各种不同压力进行综合测试。

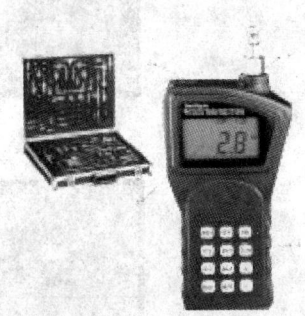

图1—16 WDF-2088智能压力测试仪

（6）发动机综合分析仪

1）金德K100发动机综合分析仪主要功能

①诊断测试：氧传感器检测，蓄电池检测，启动检测，喷射系统检测，汽缸相对压力测试。

②波形分析：次级点火分析，次级点火顺序比较，次级点火并列比较，初级线圈波形，初级电流及闭合角，初级电压和电流，喷油嘴电压，交流发电机电压，交流发电机电流，真空压力，传感器信号波形，快速信号波形。

③发动机分析：次级高压检测（次级失火、峰值电压检测、燃烧时间检测），点火提前角（正时枪、凸轮传感器），喷射模拟，各缸平衡，断火检测。

④万用表：伏特表、安培表、欧姆表、二极管测试、温度计、压力计、电压波形图、电流波形图。

⑤发动机设定：发动机设定，特殊点火顺序。

⑥系统配置：通信口，客户信息，打印设置。

2）操作步骤。开机后进入标准测试页面，在相应按钮上点击鼠标左键，将进入下级测试页面，直到出现要测试或设置的页面以后，按照提示与汽车连接好线路，进行测试操作。本系统自带帮助菜单，操作过程中可以按"F1"或点击屏幕上的"帮助"按钮获得提示，操作过程简单明了，下面仅以水温传感器的测试为例进行简要说明。

①开机进入标准测试页面，如图1—17所示。

②在"诊断测试"按钮上点击鼠标左键，将进入如图1—18所示页面。

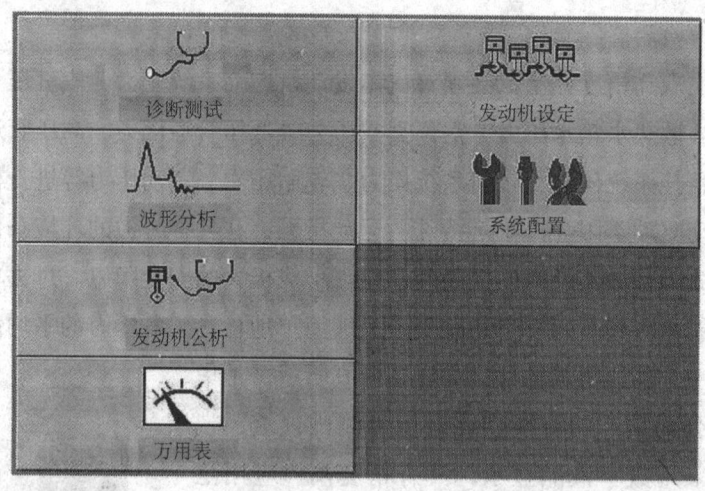

图1—17 金德K100发动机综合分析仪标准测试页面

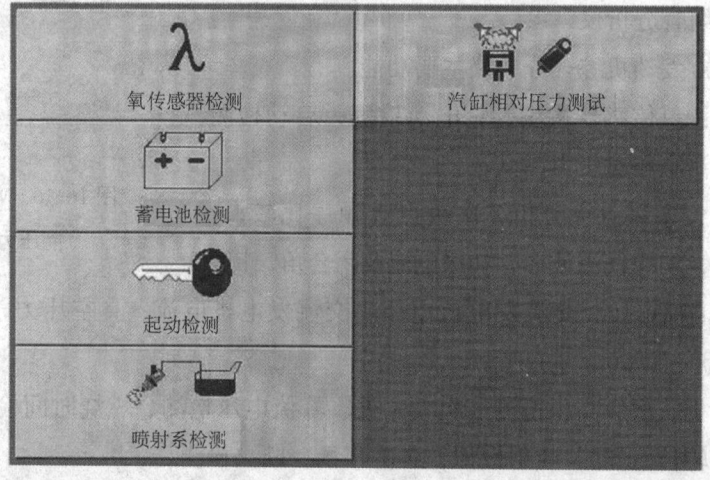

图1—18 金德K100发动机综合分析仪诊断测试页面

③在"喷射系检测"按钮上点击鼠标左键,将进入如图1—19所示页面。

④连接F6和F8探针至传感器顶针,如图1—20所示。

⑤鼠标左键点击"水温传感器检测"按钮,即进入测试,屏幕将显示测试结果,如图1—21所示。

⑥屏幕上各功能键作用,如图1—22所示。

3) 注意事项

①仪器及测试连线与汽车的运动部件(如传动皮带、风扇、齿轮等)保持一定距离。

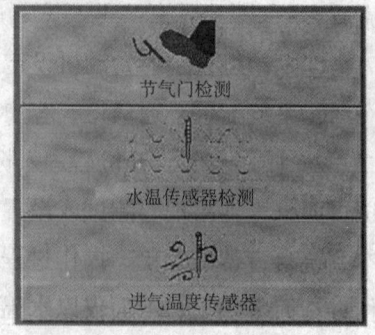

图1—19 金德K100发动机综合分析仪喷射系检测页面

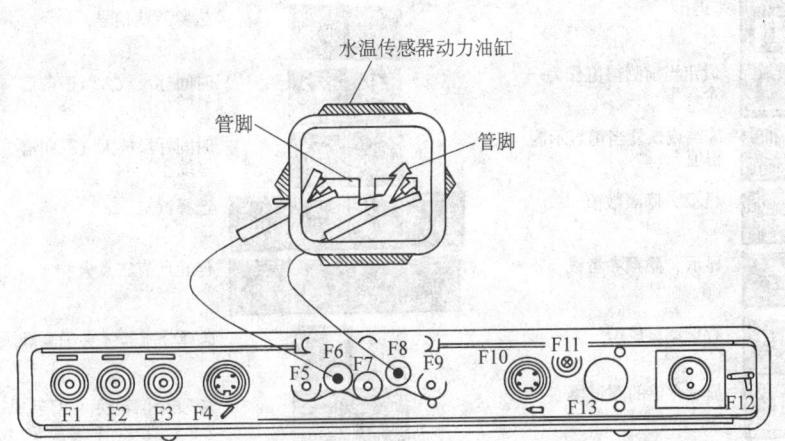

图 1—20　连接 F6 和 F8 探针至传感器顶针

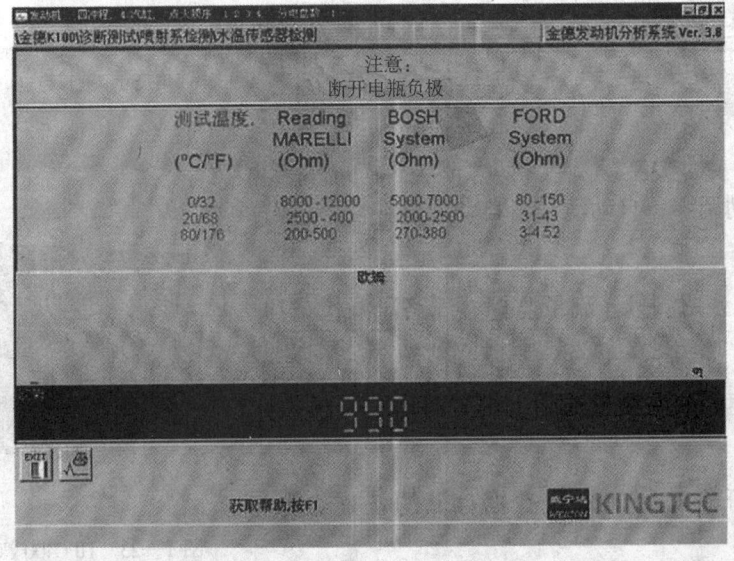

图 1—21　测试结果

②防止仪器被冷却液、水、油或其他液体弄湿。

③禁止在仪器信号输入端输入超过 500 V 的直流或交流电压。

(7) 废气分析仪（如图 1—23 所示，以 HPC400 汽车排气分析仪为例）

1) 主要功能、特点

①大屏幕液晶显示，全中文菜单。

②用于测量汽车排气中 CO、HC、CO_2、O_2、NO_x 浓度及 λ 值。

③具有单怠速、双怠速、通用测量功能。

④按新国标及美国 BAR—97 标准研制，1 级精度。

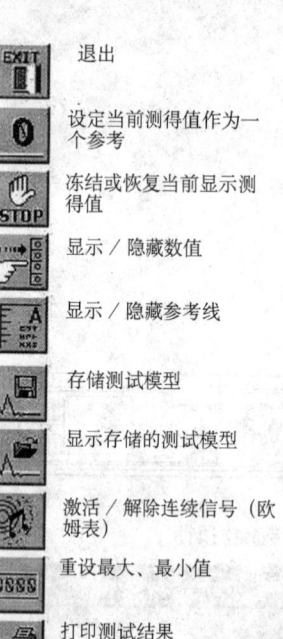
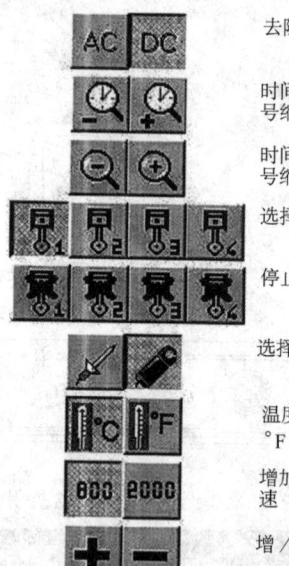

图1—22　各功能键作用

⑤具有自动调零，自动清洗，自动温度补偿、压力补偿功能。

⑥具有HC残留测量、流量监控、气路泄漏检查功能。

⑦具备转速、油温测量通道，内置打印机（模拟）接口供选择。

⑧车牌号可输入及2000组数据存储的备查功能，时钟显示。

2）主要技术参数见表1—8。

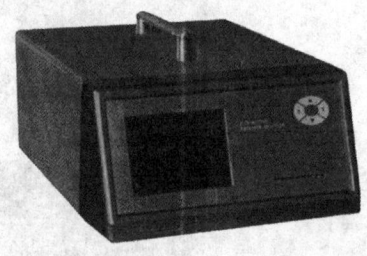

图1—23　HPC400汽车排气分析仪

表1—8　　　　　　　　主要技术参数

测试气体范围	HC：$0 \sim 9\,999 \times 10^{-6}$ vol CO：$0 \sim 10\%$ vol CO_2：$0 \sim 20\%$ vol O_2：$0 \sim 25\%$ vol λ：$0.5 \sim 1.5$ CO_{cor}：$0 \sim 10\%$ vol

续表

准确性	HC ±12×10⁻⁶ vol（绝对误差）±5%（相对误差） CO ±5%（相对误差）±0.06% vol（绝对误差） CO_2 ±5%（相对误差）±0.5% vol（绝对误差） O_2 ≤±5%（相对误差）±0.1% vol（绝对误差）
重复性	重复误差≤±2%
稳定性	自动校零，量矩漂移≤±3%
分辨力	HC: 1×10⁻⁶ vol CO: 0.01% vol CO_2: 0.01% vol O_2: 0.01% vol λ: 0.01
响应时间	95%响应不大于10 s
预热时间	不大于10 min
输出方式	可屏幕显示，可打印气体浓度最大值、平均值、最小值、车牌号、测试时间、日期、转速、油温和λ、NO_x值，可附加接口与计算机联网
环境条件	温度0~40℃，相对湿度≤90%
电源	AC220 V±10%，50 Hz或DC12 V（选加电源逆变器）消耗功率50 VA
外形尺寸	420 mm（长）×310 mm（宽）×170 mm（高）
质量	约10 kg

（8）汽车专用示波器MT3500的使用

1）如图1—24所示，将连线接到仪器和要测试的元器件上。

2）启动仪器，在主菜单中选择"专业示波器"，按下"YES"键来启动此功能，将在屏幕上显示出波形，以图1—25为例，说明屏幕中各图标的作用、含义及其设定方法。

3）示波器的基本设置

①示波器用语

- 电压比例：每格垂直高度代表的电压值。
- 时基：每格水平长度代表的时间值。
- 触发电平：示波器显示时的起始电压值。
- 触发源：示波器的触发通道即通道CH1、通道CH2。
- 触发沿：示波器显示时的波形上升或下降沿。

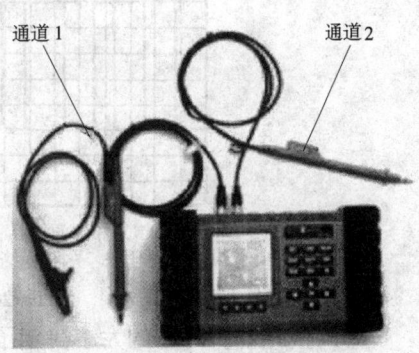

图1—24 汽车专用示波器MT3500

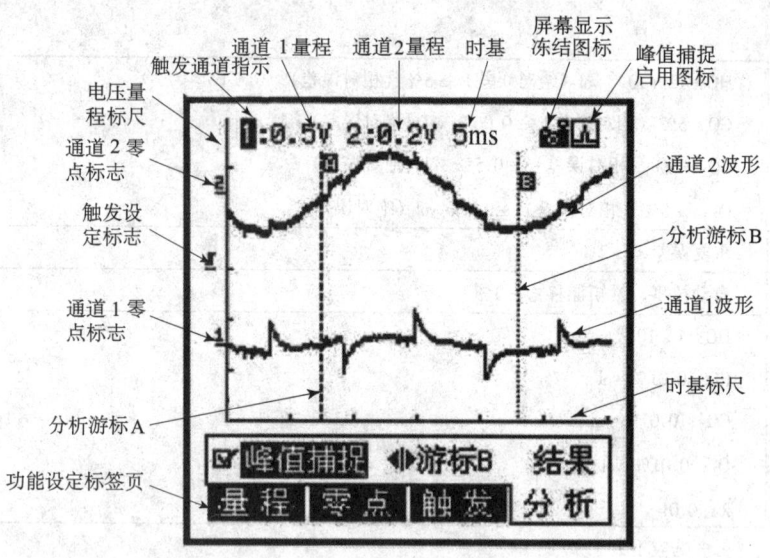

图1—25 屏幕中各图标的作用含义

- 自动触发：示波器根据信号特点自动设置触发条件。

②调整电压比例。电压比例决定了信号波形的高度，即幅度，V/格是指屏幕垂直方向上显示的每个格子所对应的实际电压值。如图1—26所示（同样的信号使用不同电压比例显示的情况），设定值越低，示波器显示屏上显示的波形就越高。

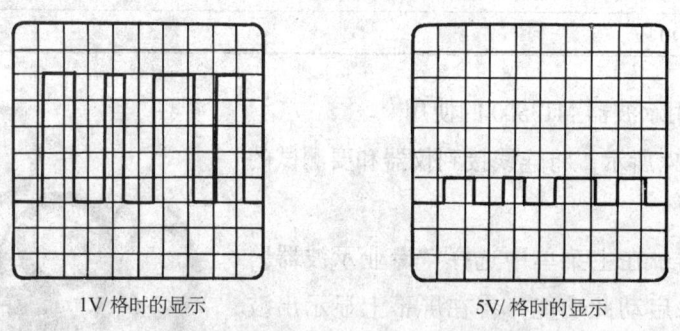

1V/格时的显示　　　　　　　　5V/格时的显示

图1—26 不同电压比例下的屏幕显示

③调整时基。时基的大小决定了重复性信号在屏幕上显示的频数，S/格是指屏幕水平方向上显示的每一格所对应的实际时间值。同样的信号使用不同时基显示的情况如图1—27所示。

④调整触发。触发参数的调整是使信号在屏幕上能稳定显示的前提。触发电平用于调节波形的起始显示电压值，即设定显示屏上显示的信号以大于或小于（根据设定的触发沿确定）设定的触发电压为起始显示点。如图1—28所示，左图由于设定的触发电平超出了信号的电平范围，示波器无法确定显示的起始位置，因此，屏幕上显示的波形左右晃动，无法锁

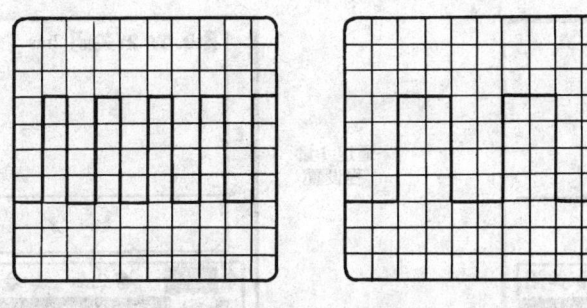

图1—27 不同时基下的屏幕显示

定。右图正确地设定了触发电平,示波器可以准确地锁定波形。

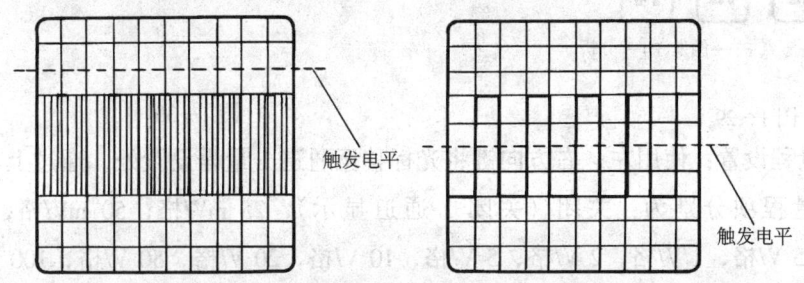

图1—28 不同触发电平下的屏幕显示

触发沿的设定是用于确定示波器显示的波形是以大于触发电平(正触发)还是小于触发电平(负触发)的电压变化点来作为显示起始点(波形切入点),当触发选择不正确时,得到的波形不同,例如,有时测量得到的喷油嘴波形只能看到一部分,这种情况表明触发沿没有选对。

触发源用于设定以哪一通道的信号来作为触发信号。

⑤自动触发及峰值捕捉。在MT3500中设置了自动触发功能的可选项,测量过程中无法确定适当的触发参数时,将启用这一功能,系统将会自动分析信号的特性,自动地设置触发电平、触发沿等参数。MT3500中还设置了峰值捕捉功能,在实际测量中还会碰到一些间歇性的故障信号,时有时无或是很长时间才会出现一次。这时峰值捕捉功能就会派上用场,启用峰值捕捉后,MT3500会根据用户设定的触发条件来等待故障信号的出现。一旦捕捉到符合设定条件的故障信号,MT3500就会发出蜂鸣声提示并自动冻结画面显示。有了这一功能,就无须为了等待一个故障脉冲的出现而长时间地盯住示波器屏幕。

4) 示波器的操作

①屏幕的最下方一行为功能选项。按下与功能相对应的"Fn"按钮切换功能选项,如图1—29所示。

a. 量程

设置项目:通道1量程设置、时基设置、通道2量程设置,如图1—30所示。

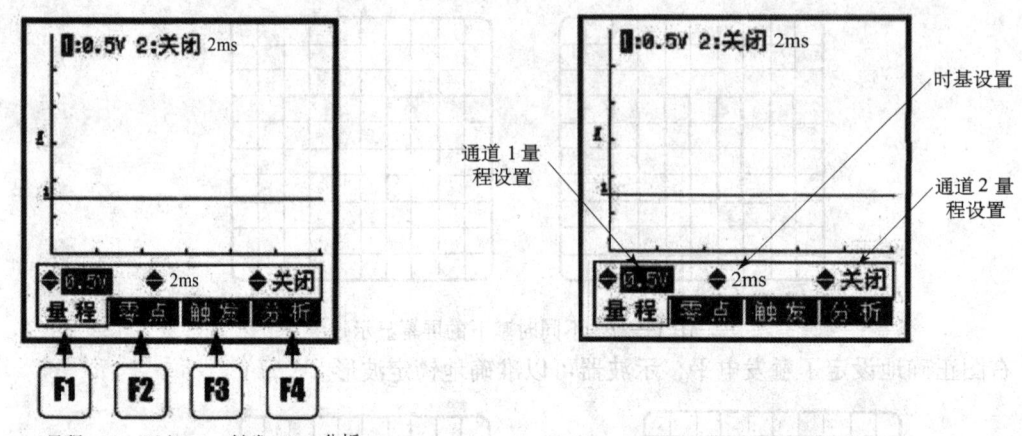

F1—量程 F2—零点 F3—触发 F4—分析

图1—29　　　　　　　　　图1—30

通道1量程设置：使用左、右方向键将光标移至通道1量程设置处，通过上、下方向键选择量程。量程项分别为：关闭（关闭1通道显示），25 mV/格，50 mV/格，0.1 V/格，0.2 V/格，0.5 V/格，1 V/格，2 V/格，5 V/格，10 V/格，20 V/格，50 V/格，100 V/格。

通道1时基设置：使用左、右方向键将光标移至时基设置处，通过上、下方向键选择显示时基。时基项分别为：125 μs/格，250 μs/格，500 μs/格，1 ms/格，2 ms/格，5 ms/格，10 ms/格，20 ms/格，50 ms/格，0.1 s/格，0.2 s/格，0.5 s/格，1 s/格，2 s/格，5 s/格，10 s/格，20 s/格，60 s/格。

通道2量程设置，与通道1量程设置相同。

b. 零点

设置项目：通道1零点设置、通道2零点设置，如图1—31所示。

通道1零点设置：操作前确认通道1量程选择于非关闭状态。使用左、右方向键将光标移至通道1零点设置处，此时可看到屏幕上的"1通道零点"标志闪动，然后通过上、下方向键移动零点在屏幕上的显示位置。

通道2零点设置，与通道1零点设置相同。

c. 触发

设置项目：触发沿设置、触发通道选择、触发电平设置，如图1—32所示。

触发沿设置：使用左、右方向键将光标移至触发沿设置处，通过上、下方向键选择触发沿中的上升沿或下降沿。

触发通道选择：使用左、右方向键将光标移至触发通道选择处，通过上、下方向键选择触发通道中的1通道或2通道。

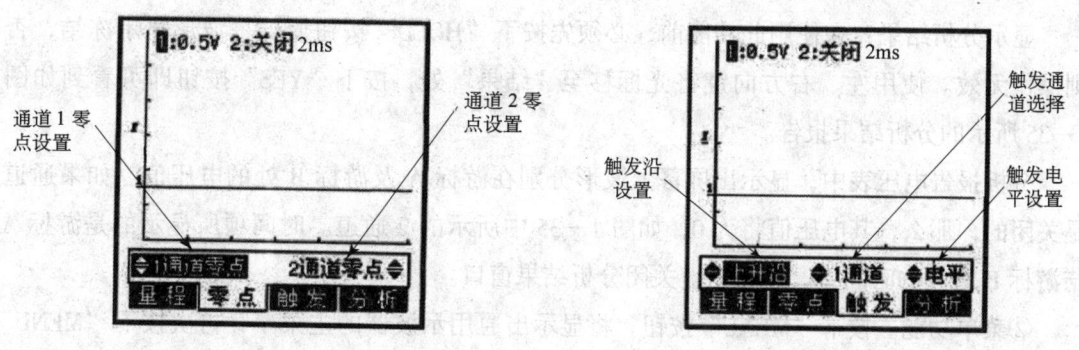

图1—31　　　　　　　　　　图1—32

触发电平设置：操作前确认选择的触发通道量程选择于非关闭状态。使用左、右方向键将光标移至触发电平设置处，此时可看到屏幕上的"触发设定标志"闪动，然后通过上、下方向键移动"触发设定标志"在屏幕上的显示位置。"触发设定标志"相对于被选定的触发通道的零点标志在屏幕上的电压，即为所设定的触发电平值。

d. 分析

设置项目：峰值捕捉设定、分析游标设置、显示分析结果，如图1—33所示。

峰值捕捉设定：使用左、右方向键将光标移至峰值捕捉设定处，按下"YES"按钮，选择启用峰值捕捉功能，再次按下"YES"按钮，将关闭峰值捕捉功能。启用峰值捕捉功能后，屏幕右上角将显示出"峰值捕捉启用图标"。如已设定"自动触发"功能，启用峰值捕捉后，系统会自动转为手动触发。

分析游标设置：在使用此功能前，必须先按下"HOLD"按钮使屏幕波形显示冻结，否则操作无效。使用左、右方向键将光标移至分析游标设置处，按下"YES"按钮，可看到光标在游标A处闪动。此时使用左、右方向键可移动游标A在屏幕上的位置；使用上下方向键可选择移动的游标A或B；游标B的移动与游标A相同，如图1—34所示。

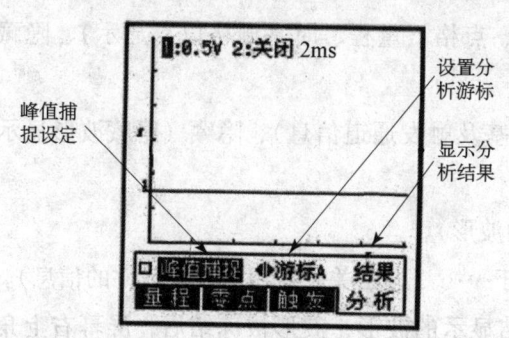 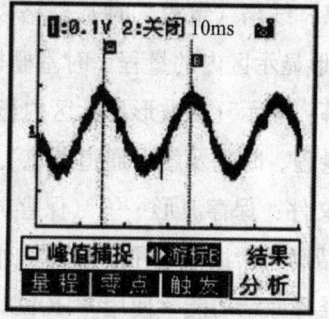

图1—33　　　　　　　　　　图1—34

选择移动游标B后，可通过左、右方向按钮移动游标B的位置，退出分析光标设置，可使用"YES"按钮。

显示分析结果：在使用此功能前，必须先按下"HOLD"按钮使屏幕波形显示冻结，否则操作无效。使用左、右方向键将光标移至"结果"处，按下"YES"按钮即可看到如图1—35所示的分析结果报告。

分析报告电压表中，显示出屏幕上波形分别在游标A及游标B处的电压值。如果通道是关闭的，那么，其电压值将为0，如图1—35中所示的2通道。时间项所显示的是游标A与游标B之间的时间差。按任意键关闭分析结果窗口。

②菜单功能。按下"MENU"按钮，将显示出通用示波器的主菜单，再次按下"MENU"或按数下"NO"按钮（视进入菜单的层次而定）可退出菜单操作。在菜单的标题栏使用左、右按钮选择项目，选定后按"YES"键或下方向键弹出下拉菜单项目列表，在下拉列表中使用上、下方向键选择项目，按"YES"键确认选择。如菜单项目后跟有"▶"标志，则表明该菜单项下还有子菜单项，可通过"YES"键或右方向按钮弹出子菜单。从子菜单中返回上层菜单，可按"NO"或左方向键，如图1—36所示。

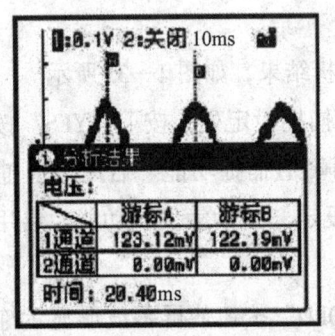
图1—35

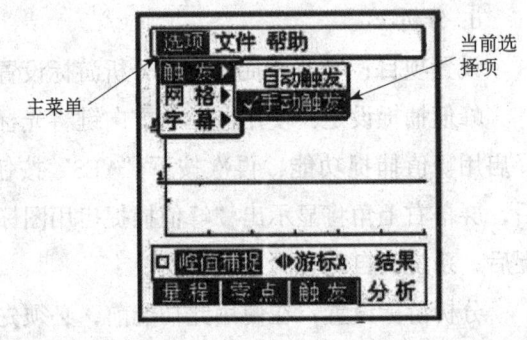
图1—36

a. 选项

触发：自动触发（选择自动触发功能）、手动触发（取消自动触发，使用自定设置）。

网格：线格（量程、时基栅格以线条显示）、点格（量程、时基栅格以点显示）、隐藏（隐藏波形显示区内的量程、时基栅格）。

字幕：显示（在波形显示区内显示量程、时基及触发通道信息）、隐藏（隐藏波形显示区内的量程、时基及触发通道信息）。

b. 文件：保存波形……（保存屏幕上显示的波形）。

c. 帮助：帮助（通用示波器操作说明）；关于……（显示关于通用示波器软件的信息）。

③屏幕冻结功能。使用"HOLD"按钮可冻结显示的波形，波形被冻结后，屏幕右上角将显示出"屏幕显示冻结图标"。再次按下"HOLD"按钮将取消显示冻结。在启用了峰值捕捉功能后，如果捕捉到符合设定条件的峰值脉冲，系统也会自动冻结显示画面，如需取消冻结，同样是使用"HOLD"按钮。

④保存波形。需要保存屏幕上显示的波形,可通过在菜单中选择"保存波形……"或直接按下"SAVE"按钮。此时屏幕上将会显示如图 1—37 所示的画面。

系统会自动为即将存储的文件起一个文件名,如果需要自定文件名可按下"YES"按钮更改文件名。确定文件的名称后可按下"保存"按钮所对应的"F1"按钮保存文件,或按下"取消"按钮所对应的"F2"按钮取消文件的保存操作。

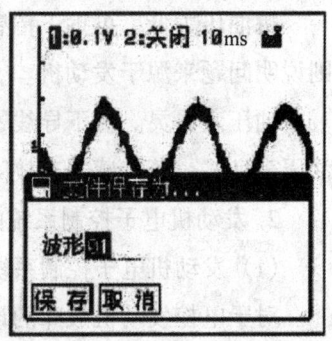

图 1—37

文件名称的编辑,按下"YES"键进入文字编辑状态,此时在编辑栏内会出现一个闪动的光标。使用左、右方向键可移动光标选择字符,选定要更改的字符后,使用上、下方向键可更改字符(字符可更改为任意数字或字母)。"INSERT"按钮用于在当前选择的字符前插入一个字符;"DELETE"按钮用于删除光标处的字符;"YES"按钮确认已编辑的文字并退出编辑状态;"NO"按钮取消对文字的编辑并退出编辑状态。

⑤测试。启动仪器,选择专业示波器,按"YES"键进入,根据要测试的内容选择适当的量程和时基。连接测试导线到被测元件,红表笔接信号线,黑表笔接地。此时屏幕上所显示的波形即为被测元件的波形,将其与标准波形相对照来分析波形是否正常。

5) 注意事项

①保持仪器及测试连线与汽车的运动部件(如传动皮带、风扇、齿轮等)有一定距离。

②禁止用导电物体短路电池的正负电极。

③防止仪器被冷却液、水、油或其他液体弄湿。

④进行各种测试前应首先连接好接地。

⑤禁止在没有安装防滑护套的情况下使用仪器。

⑥禁止在仪器信号输入端输入超过 500 V 的直流或交流电压。

⑦使用完毕后,应将所有的接头、测试导线及测试夹卸下,并完整保存于 MT3500 的包装箱中。

(9) 机油压力表的使用注意事项

机油压力表是在发动机运转时,用来指示发动机机油压力的大小和发动机润滑系统工作是否正常,常用油压表有电磁式、电热式和弹簧管式。

1) 使用注意事项。油压表必须与其配套设计的稳压器、传感器一起使用;油压表安装时必须保证接线柱绝缘良好,拆卸时不要敲打;弹簧管式油压表安装时必须保证管口密封,以防漏油。

2) 故障排除。在进行油压表的检修时,机油盘的油量应该是正常的。

机油压力低。可拆下传感器，发动机进行怠速运转，若连接传感器的孔没有机油流出，则说明问题来源于发动机。

油压表失灵。拆下导线，将点火开关接通，用导线瞬时触地，若指针走到上限，则说明油压表良好，若传感器有故障，应更换，否则应更换油压表。

2. 发动机电子控制系统的诊断程序与注意事项

（1）发动机电子控制系统诊断的一般程序

对于电控发动机故障的诊断与检修，可先按表1—9所示的一般程序进行诊断和检修。

表1—9　　　　　　　电控汽车故障诊断程序表

```
┌─────────────────────────────────────────────────────────────┐
│ 向用户询问：故障产生时间、症状、情况、条件、如何发生、是否已检修过、动过什么部位 │
└─────────────────────────────────────────────────────────────┘
                              ↓
┌─────────────────────────────────────────────────────────────┐
│ 直观检查：系统各部机件是否丢失；线路连接器及配线是否松动、脱接；电线、软管是否接错 │
└─────────────────────────────────────────────────────────────┘
                              ↓
┌─────────────────────────────────────────┐
│ 基本检查：按基本检查表所列程序进行检查                    │
└─────────────────────────────────────────┘
                              ↓ 调取故障码
┌─────────────────────────────────────────────────────────────┐
│ 验证故障码：①代码显示的故障是否存在                              │
│           ②代码是否是已经排除了的故障，但未清除故障代码              │
└─────────────────────────────────────────────────────────────┘
       ↓ 读出故障代码                      ↓ 未读出故障代码
                                  ┌─────────────────────┐
                                  │ 用故障征兆模拟来验证故障    │
                                  └─────────────────────┘
┌─────────────────────┐    ┌─────────────────────────────────┐
│ 用故障代码确定故障部位    │    │ 若故障代码显示正常，但故障症状仍然存在，可按故障征 │
│                     │    │ 兆一览表和常见故障的诊断方法来诊断故障            │
└─────────────────────┘    └─────────────────────────────────┘
                              ↓
┌─────────────────────────────────────────┐
│ 按单个诊断代码故障排除方法来处理                        │
└─────────────────────────────────────────┘
                              ↓
┌─────────────────────────────────────────┐
│ 按查明的故障原因进行检修                              │
└─────────────────────────────────────────┘
                              ↓
┌─────────────────────────────────────────┐
│ 验证故障是否已排除                                 │
└─────────────────────────────────────────┘
```

（2）发动机电子控制系统诊断的基本程序

在诊断发动机电子控制系统的故障时，为了确定故障的性质和部位，在对汽车发动机进行直观检查后，可按表1—10所示的程序进行基本检查。

（3）电子控制系统的检修注意事项

1）不要打开计算机盖，因为计算机即使坏了，也无法修理，若是好的，打开后就有可能损坏或破坏其密封性能。

2）雨天检修及清洗发动机时，应防止将水溅到电子设备及线路上。

表1—10　　　　　　　　发动机电控系统的故障诊断程序

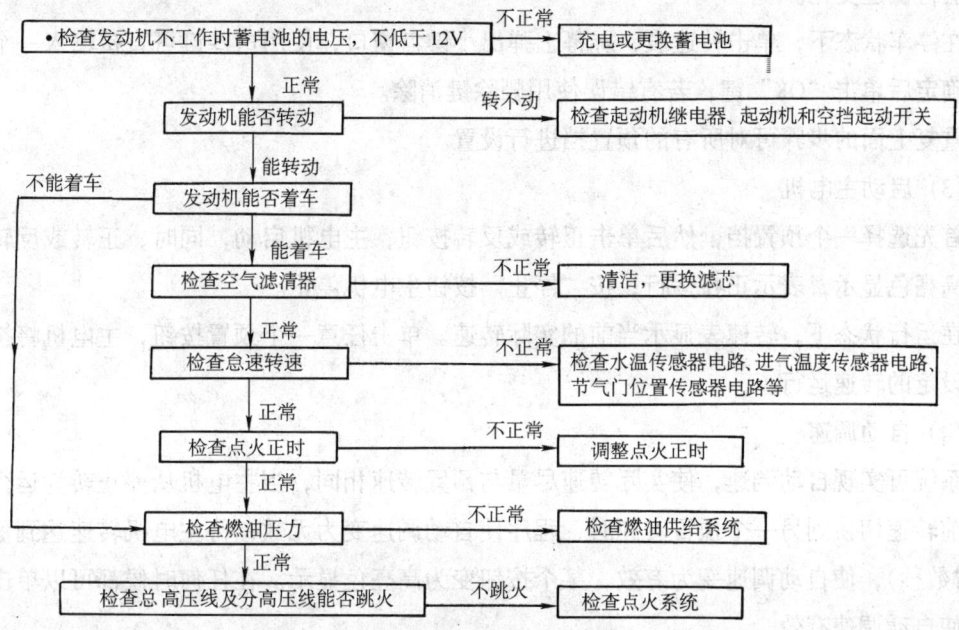

3) 在拆除导线及连接器时, 要注意松开锁紧弹簧或按下锁扣。在装插连接器时, 应插到底并锁止。

4) 配线和连接器的故障主要是断路、短路和接地。

5) 检查线路断路故障时, 应先脱开计算机和相应传感器的连接器, 然后测量连接器相应端子间的电阻以判断是否属于断路或接触不良。

6) 检查导线是否有接地故障时, 应拆开线路两端的连接器, 然后测量连接器被测端子与车身接地之间的电阻值, 电阻值大于 1 MΩ 为合格。

7) 检查外观和接触压力。

3. 喷油泵试验台的用法和功能 (以 NT2000 喷油泵试验台为例)

(1) 启动程序

打开计算机电源, 启动 Windows, 试验台程序将自动被执行, 屏幕显示主界面。在屏幕上有 5 支数字表显示, 包括转速表、量油次数表、提前角、正负压力表、温度表。界面上还有若干按钮, 用来完成各种功能。

(2) 预置转速

在转速表和量油次数表下面有 10 个圆形按钮, 用鼠标单击其中一个, 该按钮变成红色, 表示选择了该挡预置转速, 按钮下面的数字表示预置转速值。

在停车状态下, 该转速值同时显示在转速表中 (当以浅蓝色显示时为预置值, 以红色显示时为实际转速值)。单击转速表下面的两个按钮，转速值加 1 或减 1；按住该按钮不放，转速值将快速变化。

在停车状态下，单击转速表，屏幕上弹出小键盘窗口，使用这些键可直接输入一个预置值，确定后单击"OK"键，若有错误使用删除键消除。

重复上面的步骤可对所有的预置挡进行设置。

(3) 启动主电机

首先选择一个预置挡，然后单击正转或反转按钮，主电机启动，同时，正转或反转按钮变为高亮色显示，表示正在运行；按"停止"按钮主电机停止。

在运行状态下，转速表显示当前的实际转速。单击任意一个预置按钮，主电机将按该预置挡设定的转速运行。

(4) 自动调速

系统可实现自动调速，使实际转速尽量与预置转速相同，当主电机从停止转为运行，或从当前转速切换到另一个预置转速时，程序使自动调速变为无效；待主电机转速达到稳定时(延时数秒)，使自动调速变为有效，某个按钮变为高亮色显示。在任何时候都可以单击该按钮，使自动调速有效。

(5) 量油计数

1) 设定量油计数。在停止状态下，量油计数表显示的是前一次的计数值，单击"停止"按钮，则显示预置的量油次数。单击"预置"按钮，预置的量油次数显示在表中，同时屏幕上弹出小键盘窗口，可直接输入量油次数，方法同预置转速。也可使用数显面板上的"次数加"/"次数减"按键以 50 次为单位修改量油次数。

2) 计数/停止。按"计数"按钮开始计数。程序检测到计数信号后，使继电器动作，然后从 0 开始计数，当达到设定的量油次数时，断开继电器，计数结束，按"停止"按钮可随时停止计数。量油次数表显示最后的计数值。

(6) 使用温控

在温度表的下面有三个按钮，按钮用来切换实际温度和设定温度的显示。单击该按钮，使其变为高亮色显示，此时温度表显示的是设定温度。使用上面两个按钮修改设定温度值，每单击一次，温度值增加或减少 1℃。

单击第三个按钮，使其变为正常温度显示。温度表显示当前实际温度。单击"温控"按钮，使其变为红色，此时温控有效。温控程序通过控制加热和风冷，使油温保持在设定的温度值上。再次单击"温控"按钮，取消温控，此时按钮恢复正常显示。

(7) 其他功能

油泵按钮控制油泵电机的启动停止。每单击按钮一次，按钮的颜色变化一次。当为红色显示时表示油泵启动,当为浅色显示时表示油泵停止。

"查询"按钮用以实现各种型号喷油泵资料的查询。

"打印"按钮用以实现校验报告的打印。

"退出"按钮的作用是退出程序,返回 Windows 界面。

4. 发动机主要零件检测技术要求

(1) 喷油泵的相关技术要求

YC6105QC 型柴油机供油提前角为 16°~20°,各缸喷油间隔角误差为 ±0.5°。喷油压力应为 (3.0±0.5) MPa。

(2) 燃油压力的检测技术要求

急速状态下,不取下真空软管,油压一般应为 (250±20) kPa;取下真空软管,油压一般应为 (300±20) kPa。

(3) 燃油泵工作电压的检测技术要求

导线上端子 1 和端子 3 之间的电压应为 12 V。

(4) 点火提前角技术要求

桑塔纳 2000 发动机急速转速应在 (800±50) r/min,点火提前角应为 11°~13°。

(5) 点火线圈技术要求

桑塔纳 DQ171 点火线圈一次绕组的电阻为 0.52~0.76 Ω,二次绕组的电阻为 2 400~3 500 Ω。

(6) 霍尔传感器的检测技术要求

叶片在空气隙时,其电压值为 2~9 V;叶片不在空气隙时,其电压值为 0.3~0.4 V,正常电压在 0~9 V 之间变化。

二、操作技能

1. 操作准备

(1) 一台发动机、起动设备、带有数字显示电压的电源插座一只。

(2) 汽、柴油发动机分析仪,MEXA-324F 型汽车排气分析仪等汽车检测工具及设备。

2. 发动机喷油提前角的检测与调整

柴油机的喷油泵种类很多,下面以 YC6105QC 发动机的 A 型喷油泵为例,介绍发动机喷油提前角的检测与调整。

(1) 喷油泵各缸供油时间的检查与调整

1) 溢流法。溢流法必须在喷油泵试验台上进行。

①将油量控制杆推至最大喷油位置。

②利用喷油泵试验台内部专设的高压输油泵供给高压柴油（压力应调整在 3.92 MPa 以上），通过油路转换阀进入喷油泵油腔中。当柱塞处于下止点，柱塞套上的进油孔露出时，高压柴油便克服出油阀弹簧压力将出油阀顶开，柴油从标准喷油器的回油管中流出。

③缓慢转动喷油泵凸轮轴，使第一缸柱塞（靠近联轴器一端的柱塞）逐渐上行到柱塞刚刚遮住柱塞套上的进油孔时，高压油被切断，回油管立即停止流油。这就是第一缸柱塞的开始喷油时刻。

④此时，将试验台上的指针对正刻度盘的零度，这样反复试验几次，最后确定指针对刻度盘的位置。

⑤第一缸柱塞开始喷油时，要求联轴器上的刻线记号与喷油泵壳体前盖上的记号对正（正时刻度线），若已超过刻线，应将 A 型泵挺柱上的正时调整螺钉旋出。若未达到刻线，应将挺柱上的调整螺钉旋入。经反复调整，直到刻线对正，第一缸柱塞的开始喷油时刻调整结束。

⑥第一缸柱塞调整结束后，以第一缸为基准，调整其他各缸的喷油间隔时间。六缸发动机可按 1—5—3—6—2—4 喷油间隔角 60°进行检查调整，各缸喷油间隔角误差为 ±0.5°。

2）测试管法。测试管的构造如图 1—38 所示，也可以自己制作测试管，取一段高压油管，一端固定在第一缸分泵出油口上，另一端套上橡皮胶管，连接一段长 50~60 mm、内径约 2 mm 的玻璃管即可。

①将油量控制杆推至最大喷油位置，并排除喷油泵内的空气，慢慢地转动喷油泵凸轮轴（或转动曲轴）或撬动油泵柱塞使其泵油。

②当油面上升到玻璃管内可观察的位置时，再慢慢地转动喷油泵凸轮轴或曲轴并仔细观察玻璃管油面，当油面刚刚发生波动并开始上升的瞬间即停止转动，此时就是该缸柱塞开始喷油的时刻。

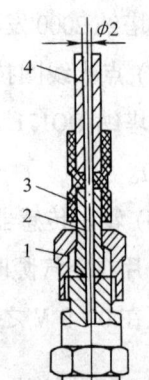

图 1—38 测试管的构造
1—螺套 2—出油阀接头
3—橡皮管 4—玻璃管

(2) 供油提前角的检查与调整

1）拧松喷油泵的第一缸高压油管接头螺母。

2）用手摇把或其他可以使曲轴转动的工具顺时针慢慢转动曲轴，直至出油阀的油面开始波动为止。

3）观察 V 带轮减振器上的刻度盘与上止点指针所指的刻度值是否在 16°~20°范围内。

4）松开空压机与喷油泵之间联轴器的两个紧固螺栓。

5）缓缓地转动供油自动提前器，如图 1—39 所示，供油自动提前器向外旋转可加大供油提前角，向里旋转则相应减小。

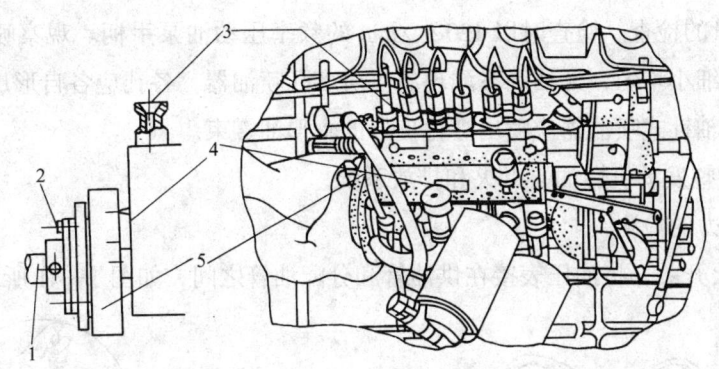

图1—39 调整供油自动提前器

1—空压机曲轴 2—喷油泵传动凸缘固定螺钉 3—第一缸分泵出油口 4—喷油泵 5—供油自动提前器

6）拧紧联轴器的两个紧固螺栓。

7）复测供油提前角，如不符合要求，应重新调整，直到符合要求为止。

3．喷油器的调校

这里以 YC6105QC 型柴油机所用的 CKBL68S001 喷油器（喷嘴型号为 ZCK154S429）为例，介绍喷油器的调校。

(1) 准备工作

喷油器未调试前，应做好喷油器试验器使用的准备工作，确保试验器的压力指示表指示正确。进行试验器密封性试验：关闭油路后，将油压泵调至 29.4 MPa，历时 3 min，油压下降值应不大于 0.98 MPa。试验器用油为干净的"0"号轻柴油。

(2) 喷油器密封性试验

以 3 次/s 的频率均匀地掀动油泵手柄，直至开始喷油。在此之前，喷油器不得出现滴漏。喷油后允许喷油器有微量潮湿，但不应形成油液聚滴现象。

(3) 喷油压力的检查

1）首先拆下锁紧螺母，旋松调整螺钉，然后将喷油器装到专用的试验器上进行检查与调整，如图1—40所示。

2）喷油压力的调整。压动油泵手柄，排除留在油管和喷油器内的空气，以 60 次/min 的频率压动油泵手柄，同时观察喷油过程中的压力表读数。

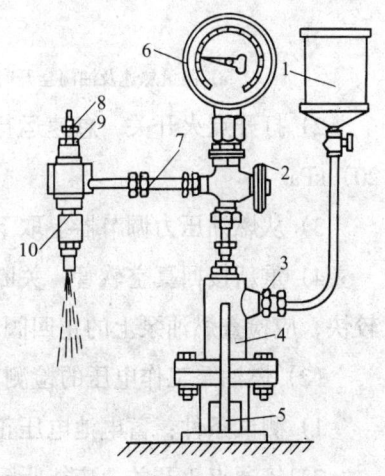

图1—40 喷油器试验器

1—油箱 2—开关 3—放气螺钉 4—高压油泵 5—油泵手柄 6—压力表 7—高压油管 8—调节螺钉 9—锁紧螺母 10—喷油器

如果压力不符合规定，可调整压力调节螺钉。调整后，拧紧锁紧螺母。

3）喷雾质量的检查。检查时以 120 次/min 的频率压动油泵手柄。观察喷油器喷出的油雾束，油雾束应细小均匀，无油滴飞溅现象。对多孔喷油器，各孔应各自形成一个雾化良好的均匀油雾束。轴针式喷油器应喷出雾化良好的伞形油雾束。

4．检测、调整发动机燃油、点火和排放系统

（1）燃油压力的检测

1）关闭点火开关，将油压表接在供油管和分配油管之间，如图 1—41 所示。

a)　　　　　　　　　　　　b)

图 1—41　燃油压力的测量

a）测量怠速及油门全开时的燃油压力　b）测量拔下油压调节器真空软管后的燃油压力

2）打开点火开关，怠速运行，打开油压表阀门，油压表指示的系统压力应为（250±20）kPa。

3）从燃油压力调节器上取下真空软管，油压表指示的调节压力应为（300±20）kPa。

4）重新接回真空软管，关断点火开关，10 min 后，压力不应低于 150 kPa。如压力下降较快，应检查燃油泵上的止回阀和燃油系统的密封情况。

（2）燃油泵工作电压的检测

1）测试条件：蓄电池电压正常，燃油泵熔丝、燃油滤清器、燃油泵继电器均正常。

2）接通点火开关，应能听到燃油泵启动的声音。

3）启动发动机，用数字万用表测量导线上端子 1 和端子 3 之间的电压，如图 1—42 所示，电压的额定值应达到蓄电池的电压（12 V 左右），如达不到，应查找断路故障，如果不存在断路故障，则说明燃油泵有故障，应更换。

（3）发动机点火提前角的检测与调整

1）通过变速器壳体上的观察窗，将发动机第一缸置于压缩行程上止点。

2）使凸轮轴正时带轮上的标记与气门室罩盖底面平齐。

3) 使机油泵驱动轴端的扁形缺口与曲轴方向平行。

4) 将分电器的分火头指向分电器壳体上的第一缸标记，然后装入分电器。

5) 检测条件。拆下发动机上有关的盖罩，检查时将阻风门开至最大位置；关闭用电设备；发动机冷却液温度应为 80℃；发动机油温达到 60℃；拔掉单个真空吸管分电器的真空软管；检查并调至规定怠速，怠速转速应在（800±50）r/min，变速器置于空挡。

6) 将正时灯的触发线接在第一缸的高压线上，正时灯的两个电源接头接在蓄电池的正负极上。

7) 用正时灯照射正时记号处，应使记号对正上止点前 11°~13°的地方。否则，可旋松分电器固定螺钉，旋转分电器盘调整提前角，直到校准到 11°~13°为止，旋紧固定螺钉。

(4) 点火开关电路的检测程序

打开点火开关，用数字万用表的直流电压挡测量点火控制器端子上的电压，可检查电子点火控制器、霍尔传感器及有关线路的故障。电子点火控制器线路连接图如图 1—43 所示。

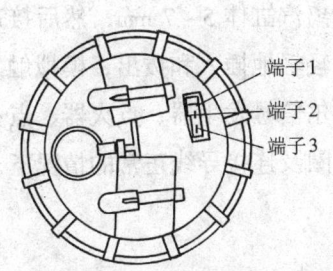

图 1—42　测量燃油泵端子 1 和端子 3 之间的电压

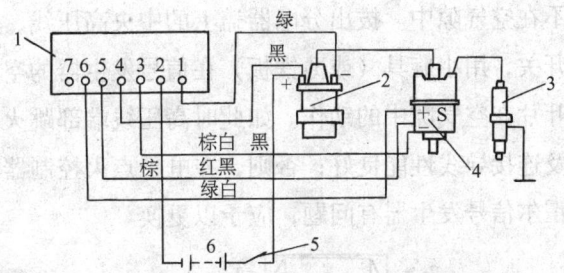

图 1—43　点火控制器线路连接图
1—点火控制器　2—点火线圈　3—火花塞
4—分电器　5—点火开关　6—蓄电池

用万用表的黑笔接地，红笔搭接电子点火控制器端子，查看电压大小是否符合技术要求，如不符合，说明电子点火控制器、霍尔传感器或有关电路有故障。

(5) 点火线圈的检测

1) 用数字万用表欧姆挡检查点火线圈的电阻。一次绕组的电阻应为 0.52~0.76 Ω，二次绕组的电阻应为 2 400~3 500 Ω。若测得的电阻与上述数值不符，则需更换点火线圈。同时应保证点火线圈绝缘盖板清洁、干燥，防止漏电。

2) 用试灯进行检查。将 220 V 交流试灯接在一次绕组两端的接线柱上，灯亮则表示无断路故障，否则为断路故障。将试灯的一端接低压接线柱，一端接外壳，如灯亮则表示有接地故障，否则为良好。

对于二次绕组，将试灯的一端触针接高压插孔，另一触针接低压接线柱时，如试灯发出亮光，说明有短路故障；如试灯暗红，说明无故障；如试灯根本不发亮，则将触针在接线柱上移动，看有无火花发生，如没有则说明绕组已断路。

(6) 霍尔传感器的检测（以桑塔纳 2000JV 型发动机的霍尔传感器为例）

为了排除干扰因素，霍尔传感器的检测应在点火线圈、电子点火控制器及连接导线都正常的情况下进行。

1) 检测信号发生器的输出电压。关闭点火开关，打开分电器盖，拔出分电器盖上的中央高压线和接地线，将电压表的两触针接在插接件信号输出线（绿白线）和接地线（-）接线柱上，如图 1—44 所示，然后，按发动机启动方向转动发动机，同时观察电压表上的读数，其值一般在 0~9V 之间变化，如电压不在 0~9V 之间变化，则应更换霍尔信号发生器。当分电器触发叶轮的叶片在空气隙时，其电压值为 2~9V；当触发叶轮的叶片不在空气隙时，其电压值为 0.3~0.4V。

2) 模拟信号发生器动作。在实际工作中，常采用模拟信号发生器的动作来判定其好坏，其方法如图 1—45 所示。关闭点火开关，打开分电器盖。转动曲轴，使分电器触发叶轮的叶片不在空气隙中。拔出分电器盖上的中央高压线，使其端部离汽缸体 5~7 mm，然后接通点火开关，用小旋具（或薄铁板）在信号发生器的空气隙中，轻轻地插入和拔出，模拟触发叶轮叶片在空气隙中的动作。如此时高压线端部跳火，说明霍尔信号发生器、点火器、点火线圈及连接导线性能良好；否则，在电子点火控制器、点火线圈及连接导线正常的情况下，说明霍尔信号发生器有问题，应予以更换。

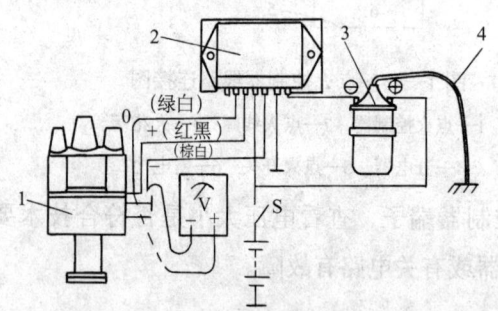

图 1—44 检查信号发生器的输出电压
1—分电器 2—电子点火控制器
3—点火线圈 4—中央高压导线

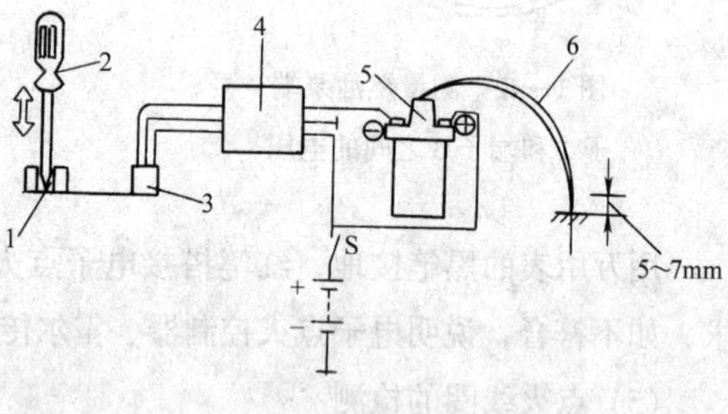

图 1—45 检查信号发生器
1—分电器霍尔触发开关 2—小旋具 3—霍尔发生器插接件
4—电子点火控制器 5—点火线圈 6—高压导线

(7) 排放系统检测程序

1) 仪器校准

① 接通电源，对分析仪预热 30 min 以上。

② 按校准气样校准。先使分析仪吸入清洁空气，用零点调整旋钮把仪表指针调到零点，

然后把仪器附带的标准气样从标准气样注入口灌入,再用标准调整旋钮把仪表指针调到标准指示值,在灌注标准气样时,要关闭分析仪上的泵开关。CO 和 HC 两种气体的标准指示值要符合规定。对于 CO 分析仪,可把标准气样瓶上标明的 CO 浓度值作为校准的标准值;对于 HC 分析仪,由于是用丙烷作为标准气样,因此,要按下式求出乙烷的换算值,再用正乙烷的换算值作为校准的校准值。

校准的标准值(即正乙烷换算值)= 标准气样(丙烷)含量 × 换算系数

式中　标准气样(丙烷)含量——标准气样瓶上标明的含量值;

　　　　换算系数——分析仪的给出值,一般为 0.472~0.578。

③简易校准。先接通简易校准开关,对于有校准位置刻线的仪器,可用标准调整旋钮把仪器指针调到正对标准刻线的位置;对于没有标准刻度线的仪器,要在标准气样校准后立即进行简易校准,使仪表指针与标准气样校准后的指示值重合。

④把取样探头和取样管安装在分析仪上,检查取样探头和导管内是否有残留 HC,如果管内壁吸附残留 HC 较多,仪表指针大大超过零点以上时,要用压缩空气或布条等清洁取样探头和导管。

仪器经过上述检查和校准后,即可投入使用。

2)车辆准备

①进气系统应装有空气滤清器,排气系统应装有排气消声器,并不得有泄漏。

②应保证取样探头插入排气管的深度不小于 300 mm,否则排气管应加接管,且应保证接口不漏气。

③发动机冷却液和润滑油的温度应达到规定的热状态。

④按汽车制造厂使用说明书规定的调整法调整怠速和点火正时。

⑤必要时在发动机上安装转速计、点火正时仪、冷却水和润滑油测温计等测试仪器。

3)检测方法

①发动机由怠速加到中等转速或 0.7 倍额定转速,维持 60 s 后,再降至怠速状态。

②把指示仪表的读数转换开关拧到最高量程挡位。

③将取样探头插入汽车排气管中,深度为 400 mm,并固定于排气管上。

④一边观看指示仪表,一边用读数转换开关选择适宜的排气量量程挡位。

⑤发动机在怠速状态维持 15 s 后开始读数,读取 30 s 内的最高值和最低值,其平均值即为测量结果。

⑥检测工作结束后,把取样探头从排气管里抽出来,让它吸入新鲜空气工作 5 min,待仪器指针回到零点后,关闭电源。

4)注意事项

①汽油车怠速污染物的检测一定要把发动机怠速和温度控制在规定的范围内。

②取样探头、导管分为低浓度用和高浓度用两种，两者要分别使用。检测时导管不要发生弯折现象。

③多部车辆连续检测时，一定要把取样探头从排气管里抽出并待仪表指针回到零点后，再测量下一辆车。

④检测结束后，要立即把取样探头从排气管里抽出。

⑤要注意检测地点室内的通风换气，以防人员中毒。

⑥不允许在有油或有机溶剂的地方进行检测。

单元二　发动机总成的大修

学习目标

- 发动机汽缸体组件的大修
- 发动机总成的装配与调整

一、相关知识

1. 汽缸盖和配气机构的修理工艺

（1）汽缸盖的修理工艺

准备工作：彻底清除油污、积炭、结胶和水垢等。

1）汽缸盖变形的检修。汽缸盖的变形主要表现为翘曲，其变形程度可通过检测汽缸盖下平面的平面度误差获得。方法如下：

①将所测汽缸盖倒放在检测平台上。

②将直尺或刀形尺沿两条对角线和纵轴线贴靠在汽缸盖下平面上。

③在直尺或刀形尺与汽缸盖下平面间的缝隙处插入塞尺，所测数值即为汽缸盖的变形量。

④汽缸盖下平面的平面度误差在整个平面上不大于 0.05 mm。局部不平用刮研法修复。

2）汽缸盖裂纹的检修。汽缸盖裂纹的检查可采用水压试验或气压试验。方法如下：

①将汽缸盖、汽缸体和汽缸垫按要求装合在一起。

②将水压机水管接在汽缸体进水口处，并将其他水口封住。

③用水压机将水压入水套，压力在 0.2~0.4 MPa 时保持 5 min，汽缸盖表面、燃烧室等部位无水珠出现，表明无裂纹。

④在受力和受热不大的部位出现裂纹，采用环氧树脂粘接法，受热较大的部位出现裂纹时，应采用焊接法。

3）燃烧室容积的检测

①装上汽缸盖上的全部火花塞，并将待测汽缸盖倒放在检测平台上，使其保持水平。

②用量杯向燃烧室注入 80% 的煤油和 20% 的机油的混合液。

③加入量约为燃烧室容积的 95% 时，停止加注，用中间带有圆孔的玻璃板盖在燃烧室平面上。

④再用注射器或滴管注入混合油，直至液面与玻璃板相接触。

⑤总注入量即为燃烧室容积。若活塞顶部有凹坑，还应测量凹坑的容积。

4）汽缸盖厚度的检修

①将待测汽缸盖平放在检测平台上。

②用高度游标卡尺测量汽缸盖的厚度。

③若汽缸盖厚度仍在规定范围内，可对汽缸盖进行修磨；若过小，应更换。

5）汽缸盖与进排气歧管接合面（侧平面）的检修。平面度误差不大于 0.05 mm，超过应修磨，修磨量不大于 1.00 mm，否则，应更换。

(2) 配气机构的修理工艺

1）凸轮轴轴向间隙的检查。测量时，拆下挺杆，百分表装在汽缸盖上。进排气凸轮轴磨损极限为轴向间隙不大于 0.20 mm。

2）凸轮轴油封的更换

①更换排气凸轮轴油封。在油封唇上轻涂机油，将导向套筒装在凸轮轴轴颈上，把油封装到导向套筒上，用冲头套筒和专用螺栓将油封压装在轴上。

a. 装齿形带时，先检查安装位置，凸轮轴齿形带轮第一缸上止点标记朝前，并对准汽缸盖罩上的标记，再将减振器标记与齿形带下体上的标记对正。

注意：摇转凸轮轴时，活塞切勿处于上止点，以防止气门碰伤活塞顶。

b. 装上齿形带。拧紧力矩：凸轮轴齿形带轮与凸轮轴为 65 N·m，多楔 V 带张紧轮装置与支座为 25 N·m。

②更换进气凸轮轴油封。按照排气凸轮轴油封装合方法装好油封。将霍尔传感器转子的凸起装入轮轴豁口内，安装垫圈（锥面朝外），装上传感器壳体和护罩，插上传感器插头，再装上多楔 V 形带。

拧紧力矩：霍尔传感器转子与凸轮轴为 25 N·m，霍尔传感器壳体与气缸盖为 10 N·m。

3）凸轮轴及液压链条张紧机构安装检查

①安装凸轮轴后经过 30 min 方可启动发动机，液压阀补偿元件必须落座（否则将会碰

撞活塞)。

②修理配气机构后,应慢慢地转动曲轴至少2圈,以保证启动发动机时气门不碰撞活塞。

4) 液压挺杆的检查。更换整套损坏的挺杆(已损坏的不可修理),启动发动机时有不规则气门噪声属于正常现象。运转至冷却液温度达到80℃后,将转速提高到约2 500 r/min,再运转2 min(必要时应路试)。若不规则噪声消失后,短期内再出现,则须更换机油限压阀(在机油滤清器支座内)。若挺杆仍有噪声,应按以下步骤查明损坏的挺杆。

①拆下汽缸盖罩,利用曲轴齿形带轮中心螺栓顺时针转动曲轴,直至待查挺杆的凸轮朝上,这时测出凸轮与挺杆的间隙值。

②用楔形木棒或塑料棒压下挺杆,若凸轮与挺杆之间能插入0.20 mm的塞尺,则应更换此挺杆。

5) 气门杆油封的更换

①拆下凸轮轴和挺杆(将其面朝下顺序摆放,不可混淆互换)。用火花塞扳手拆下火花塞。将相应活塞摇至上止点。把专用压力软管拧入火花塞螺孔。

②装上进、排气门。将气门弹簧压缩工具用螺栓装在汽缸盖上,将相关气门调至正确位置(弹簧压缩工具上的上位为中间进气门位置,下位是其余2个进气门和2个排气门的位置)。装进、排气门时应对气门杆颈润滑。

③将压力软管接在空气压缩机上(至少6×10^2 kPa压力),用螺纹芯棒及止推件压下并取出气门弹簧。然后轻击气门弹簧座取出锁块,用专用工具拉出气门杆油封。

④安装油封。把专用塑料套套在气门杆上(防止气门杆损坏新油封),油封唇口轻涂机油,把油封装在专用工具上,缓慢推到气门导管上。

6) 气门导管的检验与更换

①测定气门杆相对于气门导管的摆动量,气门杆端部与导管端面平齐时测量。进、排气门导管磨损极限均为0.80 mm。若超限,则更换导管或气门。

②更换气门导管应使用专用工具进行拆换,如图1—46、图1—47所示。

a. 拆卸。按下列步骤安装支承板3361。将汽缸盖螺栓定位销A插入顶部2、3孔内,按气门倾角将销B插入侧面长孔中(外侧进气门21.5°;中间进气门15°;排气门20°)。用冲头冲出已磨损的气门导管。

b. 装配新气门导管。导管涂抹机油,用专用压具3360将导管压入冷压汽缸盖直至与台肩接触,此时的压力不得超过10 kN,否则台肩将破裂。

c. 用铰刀铰孔,并加冷却液。

7) 气门座的铰削(若仅漏气,研磨即可)

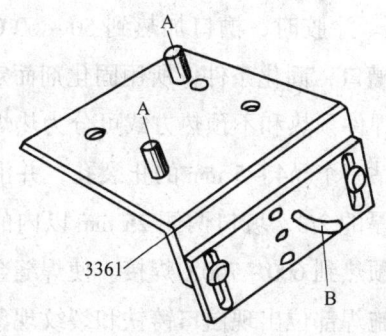
图1—46 气门导管拆卸专用工具

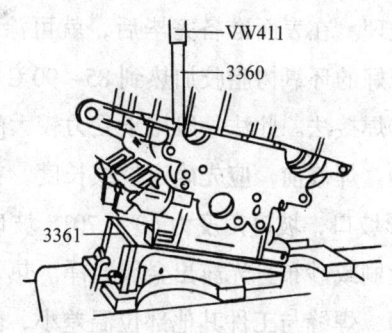
图1—47 气门导管安装专用工具

最大允许修整尺寸的计算：插入气门并压紧在气门座上。测量气门杆端部至凸轮轴中心轴线的距离（凸轮轴中心轴线与气缸盖顶面平行）。根据测得的距离及最小尺寸，计算最大允许修整尺寸。

最小尺寸：外侧进气门34.0 mm，中间进气门33.7 mm，排气门34.41 mm。

若最大允许修整尺寸小于或等于零，则更换新气门再次测量，若测量结果仍为零或小于零，则应更换汽缸盖。

计算方法：最大允许修整尺寸 = 测得的距离 − 最小尺寸。

2．汽缸体与曲柄连杆机构的修理工艺

（1）汽缸体的修理工艺

1）汽缸体裂纹的检修。如果汽缸体产生裂纹会导致漏气、漏水或漏油现象。裂纹较大时，将使发动机无法工作。汽缸体容易产生裂纹的部位与其自身的结构有关，不同车型的汽缸体易裂部位也不尽相同，但大多发生在水套的薄壁处以及应力集中的部位。

汽缸体裂纹的检查方法是水压试验。试验时，将汽缸体与汽缸盖分别进行，用专用的盖板封住水道口，用水压机或压缩空气加压（用压缩空气加压时，管路中要加装单向阀门，以防止水的倒流），要求在0～0.4 MPa的压力下，保持约5 min，检查汽缸体、汽缸盖外表面及汽缸和燃烧室等部位，应无任何渗漏现象。

水压试验的压力不能过低，并且应该在彻底清除水垢的情况下进行，否则在清除水垢以后，可能发现新的裂纹。另外，镶配气门座圈、气门导管或汽缸套时，若过盈量过大都会造成新的裂纹。必要时，在这些工序之后，再进行一次水压试验。

汽缸体裂纹和破裂的修理方法有粘结、焊接和螺钉填补等，应根据破裂的程度、损伤的部位，选择适当的修理方法。

①环氧树脂粘结法。此法一般用于受力和受热不大的部位。先在裂纹两端钻$\phi 3\sim 4$ mm的止裂孔，用砂布将裂纹周围磨光，沿裂纹开60°的坡口，坡口深度为壁厚的2/3。坡口开好后最好进行表面喷砂处理，使坡口的表面粗糙度R_a值为5～20 μm，然后对表面进行清洁和

化学处理。在表面准备完毕后，就可涂胶，最后固化。涂胶时，槽口加热到 50~60℃，将事先配好的环氧树脂胶加热到 85~90℃，均匀地涂入槽口，固化条件依所用固化剂而定。

②焊接法。此法一般用于受力较大的部位。按对焊件预热和不预热方式可分为热焊和冷焊两种。焊修前，应先确定裂纹长度，在裂纹两端各钻一个 $\phi 4$~5 mm 的止裂孔，并沿裂纹开 V 形坡口，坡口角度为 60°~70°，坡口深度为其壁厚的 2/3，坡口两侧 25 mm 以内的表面用钢丝刷或砂布打光露出金属光泽。热焊时，将工件预热到 600~700℃焊接。使焊缝金属冷却缓慢，焊缝与工件其他部位温差小，能有效地防止施焊部位出现白口铸铁和裂纹现象，但热焊变形及氧化比较严重。因此，热焊只限于对焊接质量要求高又不便于冷焊的部位。冷焊一般不预热（或预热到 400℃左右），采用有色金属焊条，执行严格的焊接工艺，以减少工件的变形。

2）汽缸体螺纹孔的检修。在发动机修理作业中，由于拆装不当或螺纹在工作中磨损造成螺纹损坏的，均可采用镶套法修理。如果螺孔周围及螺栓紧固部位附近龟裂现象严重时，应更换汽缸体。

螺孔螺纹损伤，通常用目测和将螺栓、火花塞旋入螺孔的方法进行检验。汽缸盖上装火花塞的螺孔螺纹损伤不得多于 1 牙，汽缸体与汽缸盖上其他螺孔螺纹损伤不得多于 2 牙。

镶套法修理时，将损坏的螺纹孔扩大，并按规定攻出螺纹，然后装入有外螺纹的螺栓套。螺栓套的内螺纹与原螺纹孔的螺纹尺寸相同，外螺纹则应与螺孔扩大后攻制的螺纹尺寸相同，必要时在螺套上加止动螺钉，防止螺套松动，如图 1—48 所示。

对于某些损伤的螺纹孔，也可以扩孔加工成修理尺寸的螺纹，然后配用加大的台阶形螺柱，如图 1—49 所示。

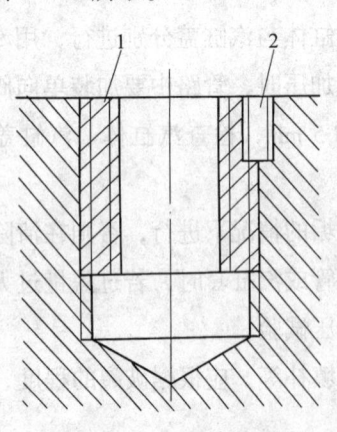

图 1—48　镶配螺套
1—螺套　2—止动螺钉

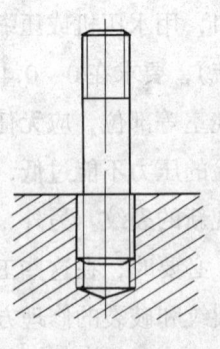

图 1—49　台阶形螺柱

3）汽缸体变形的检修。汽缸体在发动机使用过程中，往往会产生变形。这种变形不仅破坏零件的几何形状,而且使配合表面的相对位置偏差增加。通过检验确定配合关系破坏的程度,进行整形修理,可使其配合关系得到恢复。

①汽缸体基准面的检修。富康轿车铝质 TU32/K 发动机的汽缸体上部高度为 206.98 mm,汽缸体上平面不允许修磨。

检查汽缸体上平面翘曲程度的要求与汽缸盖相同。检查汽缸体上下平面的平行情况。检查时首先用高度规或游标卡尺检查汽缸体两端的高度,以确定汽缸体顶平面与底平面的平行度。然后将汽缸体翻转,检查底平面至主轴承平面的距离,以确定主轴承座孔与汽缸体底平面的平行度。镗缸时这些平面是定位基准之一,直接影响到汽缸中心线与主轴承座孔中心线的垂直度。

一般要求汽缸体顶平面与底平面的平行度在全长上不应大于 0.05 mm,在整个平面上应不大于 0.05 mm,超过上述标准应进行修整。富康 TU32/K 发动机汽缸体平面不允许修磨。

汽缸体局部不平,可用刮刀刮平,顶平面螺纹孔周围的突起,可用油石、平面砂轮推磨,或用粗锉刀修整,较大的表面不平可以用平面磨床或铣床进行磨削和铣削,但一定要注意削去的金属不得太多,以免汽缸体报废,平面磨削汽缸体顶面最大加工量 0.15 mm。

②汽缸体主轴承座孔、凸轮轴轴承座孔同轴度的检修。将主轴承盖装上并按规定扭矩拧紧,先检查轴承座孔圆度及圆柱度,可用内径千分尺沿圆周测量 3~5 点,沿轴线方向测量三处,然后检验主轴承座孔及凸轮轴轴承座孔的同轴度。

图 1—50 所示的是一种常用的汽缸体轴承座孔同轴度测量仪器。在轴承座孔中装入定心轴套 2、7,定心轴 1 支承在轴套内,可轴向滑动。在定心轴上装有本体 6,等臂杠杆 4 及百分表 5。测量时,使等臂杠杆的球形触头 3 触及被测孔的表面,当转动定心轴时,如果孔不同轴,等臂杠杆的球形触头便产生径向移动,移动量经杠杆传给百分表,便能指示出孔的同轴度偏差。

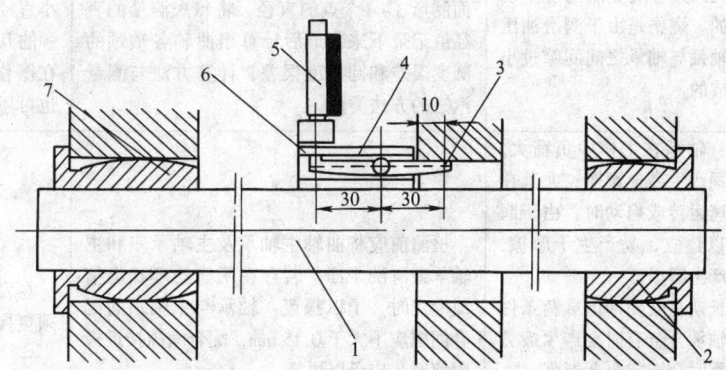

图 1—50 汽缸体轴承座孔同轴度测量仪器
1—定心轴 2,7—定心轴套 3—球形触头 4—等臂杠杆 5—百分表 6—本体

主轴承座孔的圆度及圆柱度,对于铸铁汽缸体应不大于 0.01 mm,对于铝合金汽缸体应不大于 0.015 mm。

4) 水套水垢、锈蚀现象的处理。如果发动机长期使用普通水,容易产生水垢。如果发动机添加了劣质的防冻液,将会产生严重的腐蚀现象(特别是铝合金汽缸体和汽缸盖)。水垢过多、腐蚀现象均会影响发动机的性能和寿命,导致发动机过热等一系列不良现象出现。因此,应在检修中彻底清除水垢和腐蚀现象。

汽缸体出现严重腐蚀现象时,应对其更换或对腐蚀部位实施焊补;水套水垢较多时,可用专用的除水垢溶液进行清洗除垢。

(2) 曲柄连杆机构的修理

1) 曲轴的检修见表 1—11。

表 1—11   曲轴的检修

损坏部位	出现原因	检测方法	修复方法
曲轴裂纹	曲轴裂纹一般是由冲击载荷所引起,裂纹多发生在曲柄臂与轴颈之间的过渡圆角处,裂纹发展严重时,可能导致曲轴的折断	曲轴裂纹可用渗油敲击法检查。具体做法是:将清洗干净的曲轴放在煤油中浸泡,再把曲轴取出擦净,表面撒上白粉,然后用锤子沿轴向敲击曲轴非工作面,白粉中如有明显裂纹状油迹出现,则该处有裂纹。曲轴裂纹还可用磁粉探伤法检查	曲轴裂纹发生在非受力部位或裂纹不会延伸时,可以修复。曲轴裂纹在曲柄臂与轴颈等受力部位时,应换用新件
曲轴变形	多数是由于使用或修理不当造成的,严重的变形一般是由于机械事故引起的	将曲轴第一道和最后一道主轴颈搁置在检验平板的 V 形块上,将百分表触头垂直地触及中间一道主轴颈,转动曲轴,此时百分表指针所示的最大摆差,即为曲轴主轴颈的同轴度偏差。一般要求中型货车应不大于 0.15 mm,轿车不大于 0.06 mm	曲轴弯曲的校正常采用冷压校正;曲轴扭曲的校正,可直接在曲轴磨床上结合连杆轴颈磨削来进行
曲轴轴颈磨损	轴颈表面擦伤是由于润滑油不清洁或发动机内残存有金属屑等坚硬杂物造成的。烧伤是由于润滑油压力不足或轴颈与轴承之间间隙过小等原因造成的	曲轴轴颈的磨损通常都用外径千分尺进行测量。每个轴颈测量两个截面,每个截面测量 3~4 个点的直径,将每次测量的直径值记录下来,最后计算出曲轴各轴颈的圆度误差和圆柱度误差,计算方法与测量汽缸的方法类似	曲轴轴颈的磨损超过技术要求后,应采用缩小直径的方法来恢复轴颈的几何形状。如果存在擦伤或烧伤等损伤,也可用上述方法来修理
曲轴轴承的损坏	①磨损:轴承在工作中负荷大,与曲轴轴颈产生高速摩擦;尤其在发动机低速运转或启动时,由于润滑油膜难以建立,易产生干摩擦,致使轴承产生磨损 ②轴承长期在交变冲击载荷条件下工作,轴承合金有时会产生疲劳裂纹,严重时会造成合金剥落 ③曲轴轴承在润滑油不足的条件下工作时,常会导致轴承合金熔化,引起抱轴事故	检测前应将曲轴主轴承及主轴承座和主轴承盖清洗干净。若存在明显的环状沟槽或麻点时,予以报废。轴承与主轴颈的配合间隙应不大于 0.15 mm,配合间隙接近极限值时,应予以更换	在发动机大修时,必须更换曲轴轴承

2) 连杆的检验

①弯曲和扭曲。连杆弯曲和扭曲的检验是在连杆检验器上进行的。检验前,应按规定的扭力把连杆盖用螺栓拧紧,如有调整垫片也应装入。然后,把连杆装在检验器上。连杆小端装衬套和活塞销。采用如图1—51所示的方法,通过测定活塞销的两端高度差即可了解连杆弯曲状况;采用如图1—52所示的方法,也可通过测定活塞销两端高度差了解连杆的扭曲状况。

连杆弯曲的允许量:在100 mm长度上为0.05 mm。扭曲的允许量:在100 mm长度上为0.01 mm。

②双重弯曲。如图1—53所示,首先测量小头孔端面与平板间的距离,然后将连杆翻转180°,测量小头孔另一端面与平板间的距离,两端面距离之差即为双重弯曲量。通常,连杆不允许存在双重弯曲。

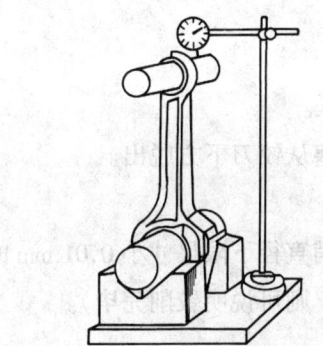

图1—51 连杆弯曲的检验

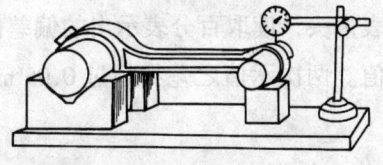

图1—52 连杆扭曲的检验

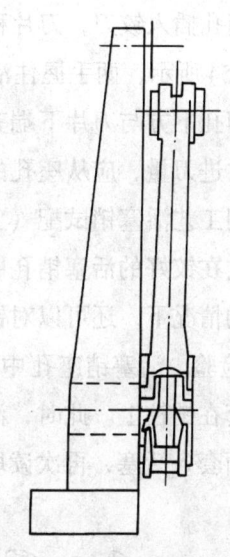

图1—53 双重弯曲的检验

3) 修理

①活塞环槽。磨损的环槽,可按加宽尺寸活塞环车削环槽。活塞环槽高度的修理尺寸见表1—12。

表1—12　　　　　　活塞环槽高度的修理尺寸　　　　　　　　　　　　mm

项	目	解放 CA15 / CA10B	东风 EQ140	跃进 NJ130	北京 BJ212
气环	标准尺寸	$\frac{3.035}{3.060}$	第一道 $\frac{2.555}{2.575}$	$\frac{2.388}{2.400}$	第一道 $\frac{2.505}{2.507}$
	修理尺寸	$\frac{3.388}{3.400}$	—	$\frac{2.688}{2.700}$	—

续表

项　目		解放 CA15 CA10B	东风 EQ140	跃进 NJ130	北京 BJ212
油环	标准尺寸	4.790 4.815	4.840 4.860	3.988 4.000	5.035 5.055
	修理尺寸	5.150 5.162	—	4.288 4.300	—

②活塞销座孔

a. 修理方法。修理活塞销座孔的方法有铰削、镗削和磨削等多种。

铰修活塞销座孔时，应尽量选用能同时铰修两个销孔的活动铰刀，目的是保证两销孔的同轴度。

作业步骤如下：

把铰刀夹在虎钳上，使其与钳口垂直。

使活塞销孔插入铰刀，刀片稍露出座孔。

如图 1—54 所示，两手握住活塞顺时针转动并轻轻下压。

当活塞销孔下方与刀片下端齐平时，停止铰修，使活塞从铰刀下方脱出。

每调一次进刀量，应从座孔的两个方面各铰一次。

边铰边用工艺活塞销试配（工艺活塞销是比各组活塞销直径下限尺寸小 0.01 mm 的一组活塞销，当它在铰好的活塞销孔中能够靠自重缓缓下滑时，则可说明铰削完毕）。

有条件的情况下，还可以对铰后的孔进行滚压加工。

b. 修后检验。活塞销座孔中心线与活塞中心线的垂直度检验。如图 1—55 所示，将活塞紧贴座架套在销柱上。此时，活塞壁面抵压着百分表量头，读取百分表示出的偏差值。然后，从另一面套入活塞，再次读取百分表示出的偏差值。两次示值之差如超过 0.05 mm，应予以调换。

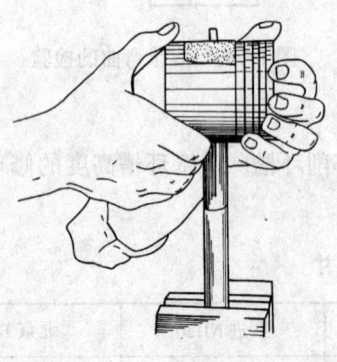

图 1—54　铰修活塞销座孔

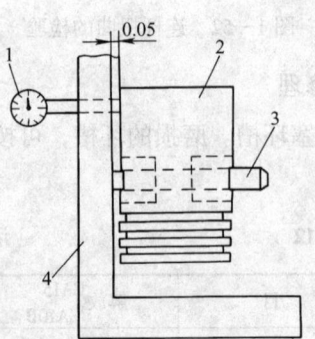

图 1—55　活塞销座孔中心线与活塞中心线的垂直度检验
1—百分表　2—活塞裙部　3—销柱　4—座架

③活塞销。活塞销磨损后，配合间隙大于 0.05 mm 时应换用加大尺寸的新活塞销。如小于 0.6 mm 时，可磨削到较小程度再采用镀铬、胀粗等方法修复。

④连杆的校正。采用如图 1—56 所示的方法校正连杆的弯曲扭曲，校正作业后将连杆加热至 400～450℃，保温 0.5～1 h，目的是消除残余应力。

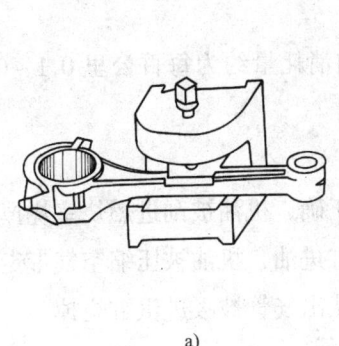 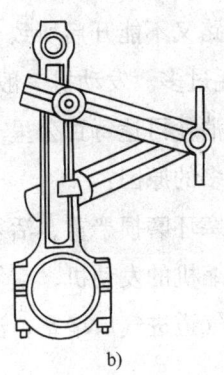

图 1—56　连杆的校正
a) 校正弯曲　b) 校正扭曲

3. 润滑系的修理工艺

(1) 润滑系的故障

润滑系常见的故障有：机油压力不正常和机油消耗过多。

1) 机油压力不正常。当机油压力低于标准压力时，一般是由于润滑系的故障和曲轴主轴颈及连杆轴颈和轴承之间的间隙过大。曲轴主轴颈与轴承间隙大于 0.01 mm 时，机油压力将下降 9.8 kPa。因此，当发动机机油压力不正常时，除了应检查润滑系外，还应该注意到曲轴轴颈及连杆轴颈与轴承的配合间隙和机油的牌号。

当发动机工作时，机油表压力低时，可按下列顺序检查：

①用机油尺检查机油量和机油黏度是否符合要求。油量不足应及时加油，机油黏度不够，要更换黏度较高的机油。

②检查机油压力表是否良好，拆下机油感应塞导线使之接地，接通点火开关，机油压力表指针应迅速上升，若指针不动，表示机油表有故障，应检修或更换机油表。

③如机油压力表正常，检查感应塞。将感应塞拆下，启动发动机，如果从主油道喷出的机油有力且无气泡，说明感应塞有故障。若喷油压力很低，说明油路有故障。

④检查限压阀弹簧是否过软，钢球是否磨损造成不密封。属限压阀故障的，应更换损坏的零件。

⑤如上述检查良好，拆下油底壳，检查集滤器是否堵塞，清洗集滤器。

⑥如集滤器未堵塞，检查机油泵是否磨损严重。

⑦如机油泵良好，应紧固曲轴主轴承和连杆轴承螺栓。

机油压力过高一般为机油黏度较高，限压阀弹簧调整过硬，油道堵塞，新装发动机曲轴、凸轮轴装配过紧等。

发动机工作时，如机油压力不足，而机油滤清器处有油漏出，则为机油太脏，滤清器被堵死，而旁通油路又不能开启所致。

2）机油消耗过多。发动机一般正常的机油消耗量约为每百公里 0.1～0.5 L，发动机磨损严重时，机油消耗可达每百公里 1 L 或更高。

机油消耗过多的原因：

①气缸及活塞环磨损严重，活塞环安装不正确，机油被刮进燃烧室烧掉。

②有空气压缩机的发动机，空气压缩机汽缸进油，机油被压缩空气带走。

③曲轴箱通气道进气口堵塞，油底壳机油从出气管被吸进汽缸烧掉。

④漏油。

（2）机油泵的拆装与检修

1）机油泵的分解（齿轮式）

①拆下泵盖，取出被动齿轮。

②有限压阀的，拧出限压阀螺塞（将垫片收放好），取出调压弹簧和钢球（或柱塞）。

③取出泵盖上限定集滤器的开口销或泵体与集滤器的连接螺钉，取下集滤器。

④用锉刀锉去传动齿轮固定铆钉头，顶出铆钉，取下传动齿轮；抽出泵轴及主动齿轮。如有必要，取出被动齿轮轴。

⑤清洗全部零件。

2）机油泵的检修。齿轮式机油泵的检修：

①主被动齿轮啮合间隙的检查（拆卸前或装配后进行）。用塞尺在互成 120°的三点测量，啮合间隙一般为 0.05～0.25 mm，各测点间隙差不应大于 0.1 mm。啮合间隙超过 0.35 mm，应更换齿轮。

②主动轴的轴向间隙一般为 0.03～0.08 mm，最大不超过 0.12 mm；从动齿轮轴的轴向间隙一般为 0.02～0.05 mm，超过 0.15 mm，应修理。

③泵盖应平整，平面度大于 0.05 mm 时应磨平。

④用百分表进行主动轴的弯曲检查（拆下进行），指针摆差不得超过 0.06 mm，否则应校直。

⑤主动轴与轴套配合间隙为 0.03～0.08 mm，最大不得超过 0.12 mm，否则，应将轴镀铬加粗，同时铰削轴孔修复配合，或更换新件，或将孔铰大 0.25 mm、0.50 mm，换加大直径的轴。

⑥盖与齿轮端面间隙检查。用一小段软金属丝（熔丝）放在齿轮端面，安装盖子，拧紧螺钉，然后再松螺钉，取下盖子，检查金属丝被压扁后的厚度，即为齿轮与盖之间的间隙。若间隙不当，可增减垫片或磨削泵壳与盖的接合面。

⑦限压阀弹簧过软，球阀磨损、失圆、麻点严重，应更换。

⑧齿顶与泵壳之间的间隙应为 0.05~0.15 mm，最大不超过 0.35 mm，间隙过大应换齿轮。

3) 转子式油泵的检修

①内外转子啮合间隙应为 0.03~0.05 mm，极限值 0.25 mm。修理方法：更换内外转子。

②转子的端面间隙应为 0.02~0.10 mm，极限值 0.12 mm。修理方法：减薄垫片或更换转子。

③从动转子与外壳间的间隙应为 0.02~0.10 mm，极限值 0.2 mm。修理方法：外转子外层镀铬，或换用新转子副。

4) 机油泵的装合试验

①转子泵轴应转动灵活，无卡阻，无松动感。

②检查泵油压力。无专用试验设备的，用简易试验法。将机油灌入机油泵内，用拇指堵住出油孔旋转泵轴，应有油泵出。

③机油泵装车后，再检查一次机油压力。油压不够，通过限压阀进行调整。在限压弹簧端增加垫片，增加弹簧强度，使油压升高。如通过调压阀调整达不到要求，必须检查润滑系。

4. 冷却系的修理工艺

冷却系常见故障是冷却液泄漏、发动机温度过高或过低和发动机升温缓慢等。发动机大修时，要认真清除散热器和水套中的水垢，同时对散热器、水泵和节温器进行检修。

(1) 节温器的检查

检查节温器时，将节温器放入盛水容器中。让水将节温器淹没（不要把节温器沉入容器底部）。容器内插入温度计。给容器内的水加温，观察节温器主阀门开始打开和完全打开时的温度，和标准温度对照。一般节温器阀门在 68~72℃ 时开始打开，在 80~85℃ 时完全打开。东风 EQ1090 汽车节温器初开温度为 76±2℃，全开温度为 86℃。全开升程 8 mm 以上（最少不得小于 6 mm）。节温器阀门开启温度过高，会使发动机过热；反之，则会使发动机升温过慢或发动机温度过低。不符合要求的节温器应予以更换。

(2) 离心式水泵的故障和修理

1) 水泵的常见故障。水泵的常见故障有：水封漏水、轴承松旷和泵水量不足等。

当发现水泵泄水孔滴水时，可用起动机转动曲轴数转后再观察，如仍滴水不止，则说明水封损坏或泵壳有裂纹，应更换水封或修理泵壳（新修水泵若有轻微漏水，通过走合期可自然消除）。

发动机急加速时，如能听到水泵轴承噪声，应加注钙基润滑脂。如仍有噪声，可将风扇皮带松脱，手持风扇叶片检查泵轴的轴向和径向松动量。如出现明显间隙，则为轴承磨损松旷，应换轴承。

在汽车行驶中，如常出现水箱液体沸腾，应先检查节温器是否失效。如节温器正常，在水温达80℃以上时，打开水箱盖，发动机急速运转，如储水室的水搅动无力或无水花，说明水泵工作不良，应检修水泵。一般水泵泵水不足的原因有：水泵叶轮滑脱，破损；水泵进水道堵塞；水封严重漏水等。如各机件工作正常，应清洗水套。

2）水泵的修理

①水封橡胶老化、胶木垫圈磨损、弹簧软化及腐蚀应更换。

②垫圈座有麻点、沟槽应车削修复，磨损严重时，可镶套修复。

③泵轴磨损，可用镀铁或镀铬修复；泵轴弯曲应校正，校正后的摆差应不大于0.1 mm。

④轴承松旷应更换。如轴与轴承为一体的，应整体更换。

⑤轴承外径与轴承座孔配合，一般为 -0.02 ~ +0.01 mm，若间隙超过0.03 mm，可镶套修复。

⑥叶轮、泵壳破损，可进行焊修。

⑦风扇皮带轮毂孔松旷，可镶套修复。

⑧叶轮与泵轴配合过盈量不够时，可局部镀铬加粗或更换新件。

⑨叶轮与泵盖间隙，一般为 0.05 ~ 1.0 mm，最大不超过 3 mm。间隙过大，应重新装配或修改尺寸。

3）水泵试验。水泵装复后，应进行试验。有条件的，在试验台上试验，EQ6100-1发动机转速为2 000 r/min 时，输水高度不低于 5 m，流量不少于 220 L/min。没有试验设备条件的简易试验方法：用手转动泵轴，应转动灵活，无卡阻现象，堵住水泵进水口，然后将水加入工作室，转动水泵轴，检验也应无水漏出。

5. 发动机主要零部件修理技术要求

(1) 汽缸体组件的装配技术要求

1）装配时应更换中间轴密封凸缘油封、曲轴前油封及凸缘衬垫。

2）主轴承盖紧固螺栓拧紧顺序如图1—57所示，分多次紧固至65 N·m的规定力矩。

(2) 活塞连杆组件的装配技术要求

1）装配活塞环时应将"TOP"朝向活塞顶，活塞环与环槽的侧隙为 0.02 ~ 0.05 mm。在活塞环上端面距汽缸顶 15 mm

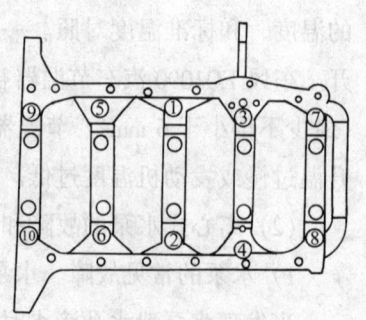

图1—57 主轴承盖紧固螺栓拧紧顺序

处测量端隙,第一道环为 0.30~0.45 mm;第二道环为 0.25~0.40 mm;油环为 0.25~0.50 mm。

2) 连杆螺栓 M9×1 的拧紧力矩为 45 N·m;M8×1 的拧紧力矩为 30 N·m。连杆标记朝向带盘。

(3) 汽缸盖组件的装配技术要求(JV 发动机)

1) 安装时应更换所有密封条或密封衬垫,将汽缸盖衬垫标有"OPEN TOP"字样的一面朝向汽缸盖安装。

2) 安装凸轮轴时,用 20 N·m 的力矩先对角交叉地拧紧第二、四道凸轮轴承盖,再用同样的力矩拧紧一、三、五道轴承盖。装好凸轮轴油封后,用 80 N·m 的力矩紧固凸轮轴正时齿轮螺栓。

3) 安装气门油封时,应先在油封上涂机油,再用塑料导套和专用工具把气门油封装入。

4) 安装好凸轮轴后,发动机在 30 min 内不得启动,以便液压挺杆的补偿元件进入状态,否则气门将撞击活塞。

(4) 曲轴飞轮组的装配技术要求

1) 应分若干次从中间向两端拧紧主轴承盖紧固螺栓,其拧紧力矩为 65 N·m。

2) 装复整体油封前,应使油封与曲轴同心。

3) 油封松紧度应适当。

4) 曲轴轴向间隙为 0.07~0.17 mm,径向间隙为 0.03~0.08 mm。

(5) 安装中间轴和中间轴齿带轮技术要求

1) 中间轴齿带轮固定螺栓最终拧紧力矩为 80 N·m。

2) 中间轴轴向间隙为 0.10~0.25 mm。

(6) 安装机油泵和油底壳技术要求

1) 机油泵盖长螺栓拧紧力矩为 20 N·m,短螺栓拧紧力矩为 10 N·m。

2) 机油滤清器盖紧固螺栓拧紧力矩为 25 N·m。

3) 油底壳紧固螺栓拧紧力矩为 20 N·m。

(7) 安装火花塞和爆震传感器技术要求

安装火花塞和爆震传感器的规定力矩均为 20 N·m。

(8) 安装齿形带技术要求

齿形带的张紧力应符合技术要求,即用手捏住凸轮轴齿带轮和曲轴齿带轮中间的齿形带用力翻转时,齿带刚好转过 90°。

(9) 安装喷油系统技术要求

1) 所有喷油器的供电电压正常。

2) 喷油器电阻额定值为 15.9±0.35 Ω。

（10）安装进、排气歧管总成技术要求

所有紧固螺母要按规定的力矩拧紧。

（11）安装其他附件技术要求

1）起动机紧固螺栓拧紧力矩为 20 N·m。

2）用拇指全力压下空调压缩机 V 带中点，允许的最大挠度为 10～15 mm。

3）水泵 V 带张紧度检查。在曲轴 V 带轮和发电机 V 带轮中间部位，用拇指压下 V 带，允许的最大挠度为 5 mm，否则应重新调整检查。紧固螺栓最终拧紧力矩为 35 N·m。

6. 柴油机燃料供给系统的检测与调整

（1）发动机喷油提前角的检测与调整（以 YC6105QC 发动机的 A 型喷油泵为例）

1）检测程序

①喷油泵各缸供油时间的检查与调整（溢流法：在喷油泵试验台上进行）

a. 将油量控制杆推至最大喷油位置。

b. 利用喷油泵试验台内部专设的高压输油泵供给高压柴油，通过油路转换阀进入喷油泵油腔中。当柱塞处于下止点，柱塞套上的进油孔露出时，高压柴油便克服出油阀弹簧压力把出油阀顶开，柴油从标准喷油器的回油管中流出。

c. 缓慢转动喷油泵凸轮轴，使第一缸柱塞逐渐上行到柱塞刚刚遮住柱塞套上的进油孔时，高压油被切断，回油管立即停止流油。这就是第一缸柱塞的开始喷油时刻。

d. 此时，将实验台上的指针对正刻度盘上的零度，这样反复试验几次，最后确定指针对刻度盘的位置。

e. 第一缸柱塞开始喷油时，要求联轴器上的刻线记号与喷油泵的壳体前盖上的记号对正，若已超过刻线，应将 A 型喷油泵挺柱上的正时调整螺钉旋出，若未到达刻线，应将 A 型喷油泵挺柱上的正时调整螺钉旋入。经反复调整，直到刻线对正，第一缸柱塞的开始喷油时刻调整结束。

f. 第一缸柱塞的开始喷油时刻调整结束后，以第一缸为基准，调整其他各缸的喷油间隔时间。

②供油提前角的检查与调整

a. 拧松喷油泵的第一缸高压油管接头螺母。

b. 顺时针慢慢转动曲轴，直到出油阀的油面开始波动为止。

c. 观察 V 带轮减振器上的刻度盘与上止点指针所指的刻度值是否在 16°～20°范围之内。

d. 松开空压机与喷油泵之间联轴器的两个紧固螺钉。

e. 缓慢地转动供油自动提前器，如果加大供油提前角，则将供油自动提前器向外旋转，如果减小供油提前角，则将供油自动提前器向里旋转。

f. 拧紧联轴器的两个紧固螺钉。

g. 复测供油提前角，如果不符合要求，应该重新调整，直到符合要求为止。

2）技术要求。YC6105QC 型柴油机供油提前角为 16°～20°，各缸喷油间隔角误差为 ±0.5°。

(2) 喷油器的调校（以 YC6105QC 型柴油机所用的 CKBL68S001 喷油器为例）

1）准备工作。喷油器调试前，应做好喷油器试验器使用准备工作。试验器的压力指示表指示正确。进行试验器密封性试验。

2）喷油器密封性试验。以 3 次/s 的频率均匀地掀动油泵手柄，直至开始喷油。在此之前，喷油器不得出现滴漏，允许喷油后有微量潮湿，但不形成油液聚滴现象。

3）喷油压力的检查。将喷油器装在专用的试验器上进行检查与调整。

4）技术要求。喷油压力应为 (23.0±0.5) MPa。

二、操作技能

1. 操作准备

(1) 一台桑塔纳 2000JV 发动机。

(2) 工作台、专用工具等汽车维修工具及设备。

2. 汽缸体组件的大修

(1) 汽缸体组件的装配与调整

以桑塔纳 2000JV 发动机为例，操作程序如下：

1）将汽缸体倒置在工作台上，如图 1—58 所示。

2）安装曲轴各主轴轴承上半片和止推环。3 号轴承是具有止推功能的轴承，轴承盖中半片轴瓦无油槽，汽缸体轴承座上半片轴瓦上有油槽。3 号轴承两端有半圆形止推环，注意定位，要使开口的安装方向朝向轴瓦。1、2、4、5 号轴承盖中的轴瓦，只有 4 号有油槽；装在汽缸体 1、2、4、5 号轴承座上的轴瓦均有油槽。

3）对正位置后平放入曲轴。

4）安装各主轴颈轴瓦及轴承盖，紧固轴承盖螺栓。紧固时不能一次拧紧到位，必须分几次从中间到两端逐步拧紧各螺栓。该螺栓拧紧力矩为 65 N·m。

5）安装油封凸缘及衬垫。

6）安装带盘曲轴油封。安装时应使用新油封，且须在油封外圈和边上涂一薄层机油，用专用工具压装到位。

7）安装中间轴，其轴向最大间隙为 0.25 mm（AJR 发动机中间轴已取消）。

8）安装中间轴油封及中间轴密封凸缘，其紧固螺栓拧紧力矩为 25 N·m。

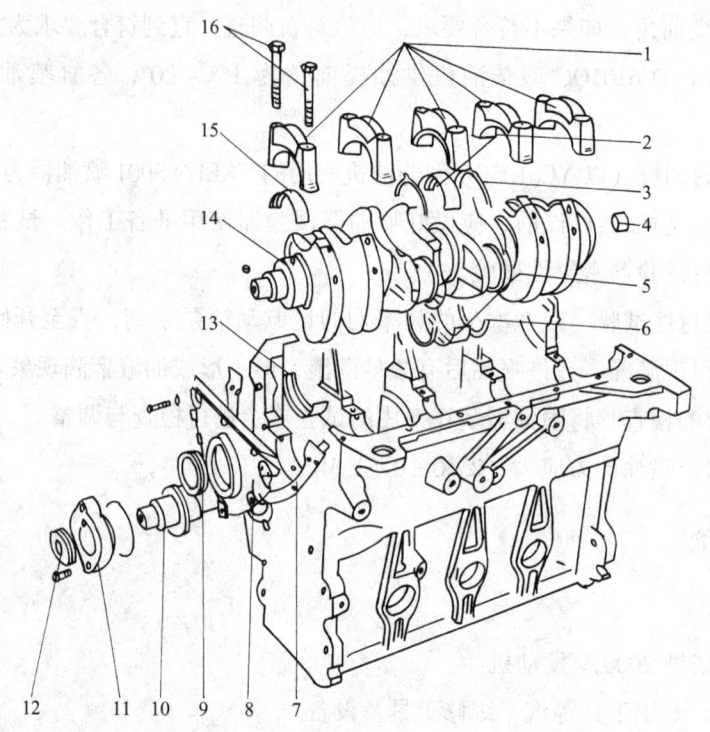

图1—58 JV型发动机汽缸体装配图

1—主轴承盖 2、5—3号主轴承 3、6—半圆形止推环 4—滚针轴承
7—衬垫 8—前油封凸缘 9—油封 10—中间轴 11—密封凸缘 12—油封
13、15—1、2、4和5号主轴承 14—曲轴 16—曲轴主轴承盖螺栓（拧紧力矩65 N·m）

(2) 活塞连杆组件的装配与调整（以桑塔纳2000JV发动机为例）

1) 将活塞加热到60℃，用专用工具装入活塞销，装配到位后再用卡簧钳安装两侧的活塞销卡簧。

2) 用活塞环钳装入活塞环，并使活塞环开口错开120°，如图1—59所示。

3) 在活塞环槽部、活塞裙部、轴承内孔涂上新机油。认清装配方向后，将连杆盖拆下。用活塞环箍圈箍紧活塞环，再用锤子木柄将活塞轻轻敲入对应的汽缸内，并使连杆轴瓦上片与连杆轴颈接触。

4) 将配对的连杆盖及轴瓦螺母按规定力矩拧紧。

(3) 气缸盖组件的装配与调整

1) 安装各气门油封。

2) 装配气门、气门内外弹簧（AJR发动机为单气门弹簧）及气门锁夹座圈，用专用工具压下气门弹簧,装上气门锁夹。

3) 安装液压挺杆总成。

4) 将第一缸凸轮大头朝上装在支承座上,对正安装好凸轮轴支承盖,紧固支承盖的紧固螺栓。

5) 装好凸轮轴油封后,紧固凸轮轴正时齿轮螺栓。

6) 安装气缸盖衬垫,并用专用工具将定位导向螺栓旋入汽缸体第8和第10孔内。放上其余8个螺栓,并稍微拧紧。用扳手拧出导向螺栓,并拧入汽缸螺栓。按图1—60所示的顺序,将汽缸盖螺栓分4次拧紧,发动机冷态时,汽缸盖紧固螺栓的拧紧力矩见表1—13。

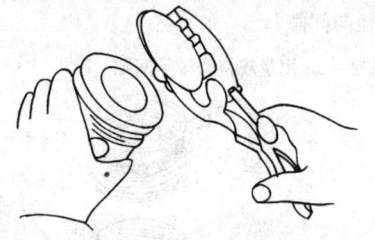

图1—59 活塞环的安装

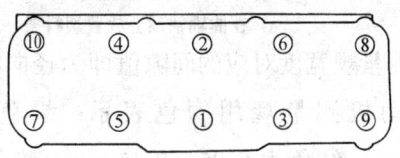

图1—60 汽缸盖螺栓的拧紧顺序

表1—13　　　　　　　　汽缸盖螺栓拧紧力矩　　　　　　　　　　　　N·m

次数	拧紧力矩	次数	拧紧力矩
第1次	40	第3次	75
第2次	60	第4次	再用扳手拧紧1/4圈

7) 安装半圆塞、机油反射罩、密封衬条和气门罩盖衬垫。

8) 安装气门罩盖、气门罩盖压条,由中间向两边顺序拧紧气门罩盖紧固螺母。

9) 安装火花塞及其垫圈、进排气管等汽缸盖附件。

3. 发动机总成的装配与调整

(1) 曲轴飞轮组的装配(以桑塔纳2000AFE型发动机为例)

1) 依次摆放好主轴承盖,把轴承按原来位置放在轴承座上(注意:衬瓦上的油孔应和座上的油孔对准,其偏差不超过0.05 mm)。

2) 将涂有少许润滑油的曲轴置于汽缸体的主轴承座孔上,再把轴承盖按原来位置安装在汽缸体上,并按规定力矩65 N·m拧紧螺栓,这时转动曲轴,曲轴应能转动,另外,各道轴承间隙和曲轴的间隙应符合规定,并按如下方法检查:

①检查曲轴径向间隙。将轴承与轴颈擦干净,在主轴颈或连杆轴颈上放置一塑料条。按标记装配轴承盖,用65 N·m的力矩拧紧(此时不能转动曲轴),再拆下轴承盖,用测量规测

量塑料条的宽度,如图1—61所示。

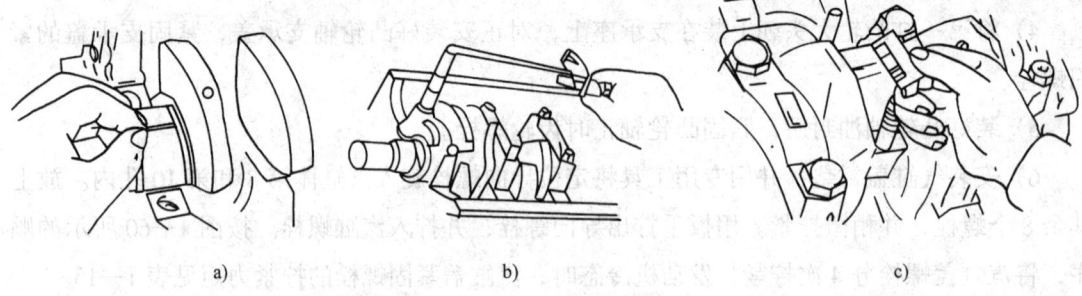

图1—61 检查曲轴主轴承径向间隙
a) 在曲轴轴颈上放置塑料条 b) 拧紧曲轴轴承螺栓 c) 用量规检查轴承间隙

测量规宽度对应的间隙值即为径向间隙。桑塔纳发动机测量规用颜色表示：绿色为 0.05 ~ 0.76 mm，红色为 0.05 ~ 0.15 mm，蓝色为 0.10 ~ 0.23 mm。如间隙超过标准，应更换主轴承。

②检查曲轴轴向间隙。将百分表触杆顶在曲轴平衡铁上，沿曲轴轴向前后撬动曲轴，观察指针转动的数值，若间隙过大或过小，应更换或修刮止推垫圈进行调整。止推垫圈设在第三道主轴颈上。

3) 安装曲轴前、后油封凸缘垫及凸缘。

4) 安装飞轮、曲轴齿带轮、飞轮固定螺栓，最终拧紧力矩为 75 N·m。曲轴齿带轮固定螺栓拧入之前，应在螺纹处涂上 D6 黏合剂，最终拧紧力矩为 80 N·m。

(2) 活塞连杆组的装配

1) 检查活塞是否偏缸。如图1—62所示，检查活塞是否偏缸时，将汽缸体侧放（凸轮轴轴承孔一侧朝上），把组装好的活塞连杆（不装活塞环）拆下连杆轴承盖，将连杆活塞推入各自的缸筒内，扣上连杆轴承盖，并按规定的扭矩拧紧各螺母。转动曲轴，使活塞分别处于上下止点和汽缸中部，用塞尺检查活塞头部前后两方向与汽缸的间隙，其前后间隙差不大于 0.1 mm。偏缸值超出规定值时应

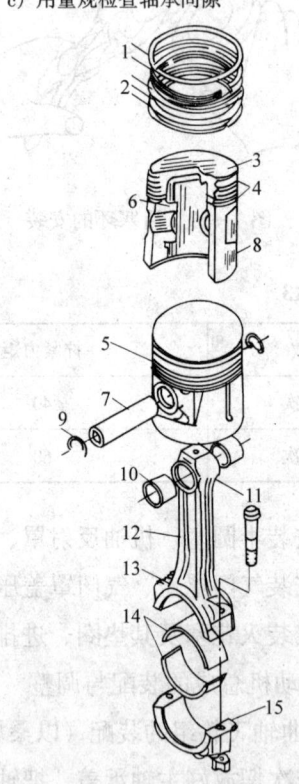

图1—62 活塞连杆组的装配
1—气环 2—油环 3—活塞顶部
4—活塞头部 5—活塞 6—销座
7—活塞销 8—活塞裙部 9—活塞销锁环
10—连杆衬套 11—连杆小头 12—连杆中部
13—连杆大头 14—连杆轴瓦 15—连杆轴承盖

查明原因，予以消除。

2）安装活塞环。安装时，第一道压缩环为镀铬环，第二道压缩环上的"TOP"标记应朝向活塞顶。活塞环开口处应润滑并转动活塞环数周。

3）装配活塞连杆组。按照活塞、连杆的朝前标记和连杆上的缸号，装入相应汽缸内，再按标记安装连杆轴承盖，并按规定力矩拧紧螺栓。

(3) 安装中间轴和中间轴齿带轮

1）将发动机倒置在工作台上。

2）把中间轴装入机体轴承孔中（中间轴轴承和油封都涂上润滑油），再将油封凸缘、油封和O形密封圈组件装在中间轴前部。安装发电机支架及齿带后护罩。

3）安装中间轴齿带轮。在装入齿带轮固定螺栓时，应在螺纹处涂以D6黏合剂。

(4) 安装机油泵和油底壳

1）装上集滤器、机油泵（机油泵的扁头对应一缸点火时的分电器驱动轴的槽口位置）。

2）安装油底壳及密封衬垫。

(5) 安装汽缸盖和配气机构

1）装配气门组。装上气门弹簧下座，再用专用工具把气门油封压装于气门导管上（油封一定要压到位），如图1—63所示，最后装上气门（气门杆要涂上润滑油）、气门弹簧、气门弹簧上座和新锁片。

2）安装液力挺杆。各气门挺杆涂抹润滑油后按顺序放入承孔中。

3）将发动机正置于工作台上，再将汽缸垫放于汽缸体上（注意有"OPEN TOP"标记的一面朝向汽缸盖），如图1—64所示。

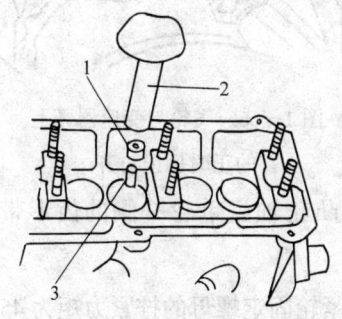

图1—63 气门油封

1—气门油封 2—顶棒 3—塑料套

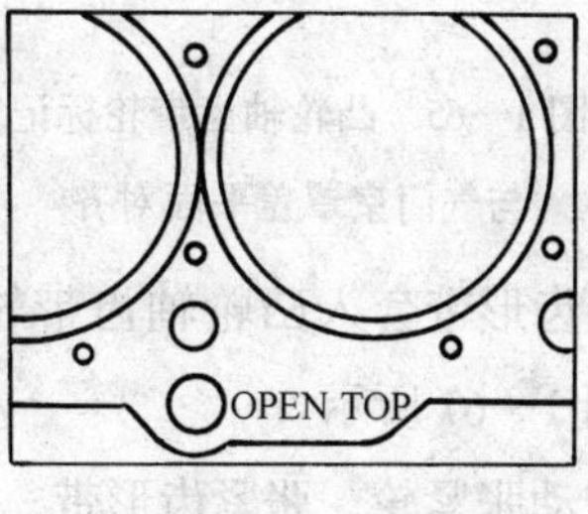

图1—64 汽缸垫安装方向

4）将汽缸盖置于汽缸体上（应使活塞避开上止点位置），按次序分4次按规定力矩拧紧汽缸盖螺栓。

5）安装凸轮轴和半圆塞。把半圆塞放在汽缸盖后端上，各轴承孔抹上润滑油，将凸轮轴置于汽缸盖上的轴承座孔中（注意一缸凸轮朝上）。要按规定扭矩对角交替拧紧轴承盖螺栓，先拧紧2、3两道再拧紧1、4两道，最终拧紧力矩为20 N·m，并装上凸轮轴油封（油封应涂抹润滑油）。

6）安装凸轮轴齿带轮。齿带轮固定螺栓最终拧紧力矩为80 N·m。

7）安装气门室罩盖密封衬垫、气门室罩盖、压条。

(6) 安装火花塞和爆震传感器

用专用工具将火花塞和爆震传感器按规定力矩安装到位。

(7) 安装齿形带

1）安装齿形带后护罩和张紧轮（张紧轮固定螺母先不要拧紧）。

2）将齿形带套在曲轴和中间轴齿带轮上，这时，转动凸轮轴（活塞不能位于上止点），使凸轮轴齿带轮标记与气门室罩盖平面对齐，如图1—65所示。

3）安装齿形带下护罩和曲轴前端的V带轮盘。转动曲轴，使V带轮盘上的上止点标记与齿形带下护罩上的箭头标记对正，或把飞轮与变速器壳上的正时标记对齐，如图1—66所示。

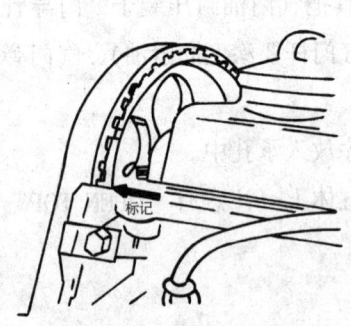

图1—65 凸轮轴齿带轮标记
与气门室罩盖平面对齐

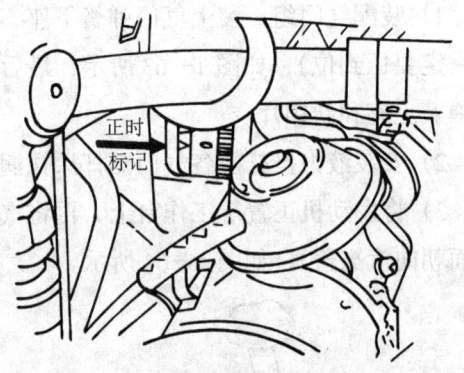

图1—66 飞轮与变速器壳上
的正时标记对齐

4）将齿形带套入凸轮轴齿带轮（曲轴齿带轮拖动凸轮轴齿带轮一侧的齿形带不能松弛），如图1—67所示。

5）转动张紧轮，张紧齿形带，如图1—68所示。张紧轮固定螺母的拧紧力矩为45 N·m。

6）转动曲轴数转，若无异常，则可安装上护罩。

(8) 安装燃油系统

燃油喷射系统装配关系如图1—69所示。

1）将喷油器装入燃油分配管并装上卡簧（O形圈应涂润滑油）。

2）将喷油器插座支架安装在燃油分配管上。

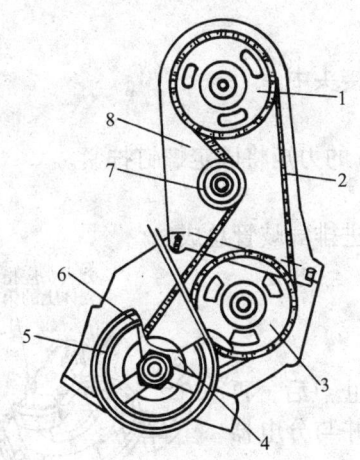

图1—67 齿形带套入凸轮轴齿带轮

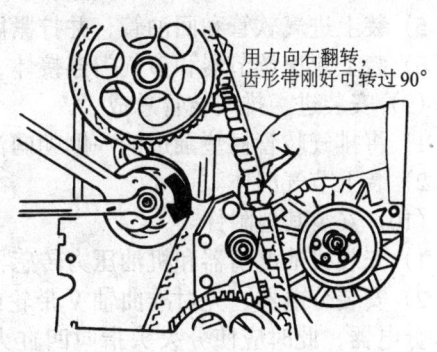

图1—68 检查正时齿形带张紧度

1—凸轮轴齿带轮 2—齿形带 3—中间轴齿带轮 4—曲轴齿带轮
5—V带轮 6—V带轮正时标记 7—齿带张紧轮 8—护罩

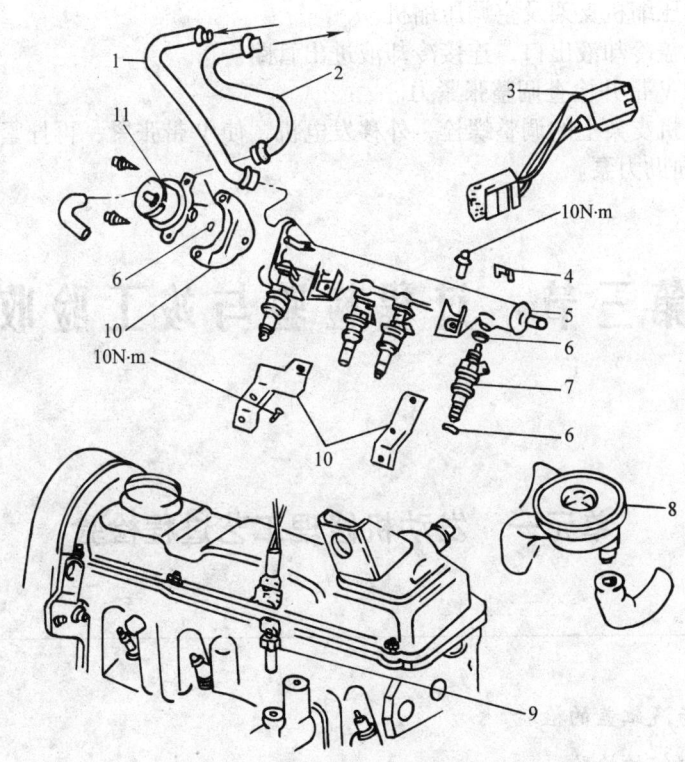

图1—69 喷射系统装配关系

1—供油软管 2—回油软管 3—喷油器电阻器 4—夹箍 5—喷油器总供油管 6—密封圈
7—喷油器 8—曲轴箱强制通风阀（PCV阀） 9—冷却液温度传感器 10—安装支架 11—油压调节器

3) 将喷油器小心插入汽缸盖的上喷射口内，并将燃油分配管安装在进气管上，以

10 N·m 的力矩将固定螺钉拧紧。

4) 将燃油压力调节器上的真空管插到进气管真空接头中。

5) 装上进气软管和回油管，并拧紧固定螺母。

6) 装上怠速调节器和节气门连接体，并以 10 N·m 的力矩将固定螺钉拧紧。

(9) 安装进、排气歧管总成

1) 将排气歧管衬垫翻边的一侧朝向汽缸盖，装上进排气歧管总成。

2) 装上节气门体。

(10) 安装其他附件

1) 安装机油滤清器和机油压力传感器。

2) 安装分电器，先对准曲轴 V 带轮或齿轮上的上止点后，再装入分电器，此时应使分火头指向四缸火花塞位置，并与分电器壳上的一缸标记对准，如图 1—70 所示。

3) 安装水泵及 V 带轮。

4) 安装发电机调整臂及发电机。

5) 安装起动机。

6) 安装空调压缩机支架及空调压缩机。

7) 安装汽缸盖冷却液出口，连接冷却液进出管路。

8) 安装水泵 V 带并检查调整张紧力。

9) 旋松发电机支架上的调整螺栓，外移发电机，使 V 带张紧，再拧紧固定螺栓。

10) 安装转向助力泵。

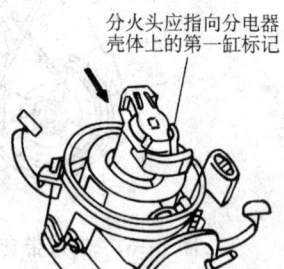

图 1—70 分电器分火头安装位置

第三节 过程检验与竣工验收

单元一 发动机修理工艺过程检验

学习目标

- 汽缸体与汽缸盖的检验
- 活塞连杆组的检验
- 曲轴和轴承的检验
- 凸轮轴的检验
- 发动机排放检测程序

一、相关知识

1. 汽缸体修理技术要求

汽缸体一般技术数据见表1—14。

表1—14 汽缸体一般技术数据

项目		汽油机		柴油机	
		大修标准	使用极限	大修标准	使用极限
汽缸体上平面平面度误差（50 mm×50 mm）（mm）		0.05		0.05	
汽缸套筒座孔	圆度、圆柱度（mm）	0.10		0.015	
	表面粗糙度（μm）	$\leq R_a 3.2$		$\leq R_a 3.2$	
汽缸套筒外壁	圆度（mm）	0.05		0.05	
	圆柱度（mm）	0.02		0.02	
	表面粗糙度（μm）	$\leq R_a 1.6$		$\leq R_a 1.6$	
汽缸套筒与座孔的配合	干式的过盈（mm）	0.05~0.07			
	凸缘外径配合（mm）	0.05			
	湿式的间隙（mm）	0.03~0.10		0.03~0.10	
	粘结镶套的间隙（mm）	0.30~0.40			
	表面粗糙度（μm）	$\leq R_a 3.2$			
汽缸套筒与汽缸体平面	干式的（mm）	平齐		0.03~0.10	
	湿式的高出缸体平面（mm）	0.30~0.10			
汽缸内孔	圆度（每100 mm）（mm）	0.20		0.20	
	圆柱度（每100 mm）（mm）	0.625		0.625	
汽缸镗磨后	圆度、圆柱度（mm）	0.007 5		0.007 5	
	各缸直径差（mm）	±0.025		±0.025	
	允许有局部凹陷（mm）	0.03		0.03	
	汽缸与曲轴中心线垂直度（mm）	0.04		0.04	
	表面粗糙度（μm）	$\leq R_a 0.80$		$\leq R_a 0.80$	
活塞与汽缸配合间隙	铝活塞（mm）	0.08~0.10		0.20~0.25	
	铸铁活塞（mm）	0.05~0.075		0.12~0.24	

注：此数据仅供参考，修理时应以原厂规定值为准。

2. 曲轴修理技术要求

曲轴修理一般技术数据参考表1—15。

表 1—15　　　　　曲轴修复技术标准（一般技术数据仅供参考）

项　　目			汽油机		柴油机	
			大修标准	使用极限	大修标准	使用极限
曲轴中心线径向圆跳动（mm）			≤0.04	≤0.08	≤0.05	≤0.10
曲轴校正光磨后圆跳动误差（mm）	正中主轴颈					
	装曲轴齿轮处轴颈		0.03		0.03	
	飞轮凸缘		0.06		0.06	
连杆颈径与主轴颈平行度（mm）			0.01		0.01	
飞轮凸缘端面与曲轴中心线垂直度（mm）			0.06		0.06	
前主轴颈与曲轴齿轮接触端面垂直度（mm）			0.05		0.05	
主轴颈与连杆轴颈磨损不得超过	公称直径在 80 mm 以下	圆度（mm）	0.01		0.012 5	
		圆柱度（mm）	0.01		0.012 5	
	公称直径在 80 mm 以上	圆度（mm）	0.015		0.02	
		圆柱度（mm）	0.015		0.02	
主轴颈与连杆轴颈光磨后	允许直径差（公差）(mm)		+0.015		+0.015	
	轴颈长度不得超过标准轴（mm）		-0.020		-0.020	
	圆度（mm）		0.30	0.005	0.30	0.005
	圆柱度（mm）			0.005		0.005
	表面粗糙度（μm）		≤R_a0.80		≤R_a0.80	
曲轴后端导引球轴承	承孔与轴承配合过盈（mm）		0.02			
	承孔与曲轴中心轴线误差（mm）		0.03			
曲轴齿轮	与轴颈的配合（mm）		-0.035~0.020	0.04	-0.035~0.020	0.04
	键槽宽度磨损（mm）			0.04		
曲轴带轮	轴颈径向圆跳动（mm）			0.05		0.05
	中心孔端面高出轴颈端面（mm）			0.50		0.50
	油封轴颈磨损限度（mm）			0.20		
	与轴颈的配合（mm）		-0.030~0.025		-0.020~0.025	

（1）曲轴后端装变速器的第一轴轴承孔，内径磨损一般不大于 0.18 mm，径向圆跳动不大于 0.06 mm，否则，将使变速器齿轮出现噪声，加速变速器的磨损。

（2）曲轴后凸缘端面应与曲轴轴线垂直，端面圆跳动不大于 0.06 mm，外圆柱面径向跳动不大于 0.04 mm，飞轮固定螺栓孔配合间隙应为 0~0.07 mm（不得松旷，防止摆振）。

（3）曲轴前端定位基准孔的锥面必须完好，螺纹损伤不得多于 2 牙。

（4）组合式曲轴各紧固部位不得有任何松动，吸油管等应完整无损、连接牢靠。

3．凸轮轴修理技术要求

(1) 一般是在发动机经过 2~3 次大修后，才需对凸轮轴进行修理。

(2) 凸轮轴弯曲度在测量中间轴颈径向圆跳动误差时一般不得大于 0.03 mm，超过 0.10 mm，必须冷压校正或更换。校正后的径向圆跳动误差不得大于 0.05 mm。

(3) 凸轮的磨损是以凸轮最大高度与基圆直径的差值来衡量凸轮的磨损程度。升程减小 5% 以上应予修复或更换。

(4) 凸轮基圆对于凸轮轴心线径向圆跳动误差，一般不得大于 0.03 mm，大修允许 0.05 mm，超限可修磨恢复。

(5) 凸轮工作表面出现击伤、麻点、毛糙或不均匀磨损，应修复或更换。

(6) 凸轮对称中心线与正时齿轮键槽中心线的夹角应符合原厂规定。

(7) 凸轮轴轴颈的圆度、圆柱度不得大于 0.015 mm，超限可修磨恢复或更换。

(8) 其他部位，如机油泵驱动齿轮、正时齿轮齿面磨损量或表面沟痕深度大于 0.50 mm，应予更换。牙齿损伤在同一齿上超过原齿长的 1/3、相邻两齿超过齿长的 1/4 及轴上的驱动偏心轮磨损超限应修复或更换。

(9) 凸轮轴的修理级别一般分为 -0.20、-0.40、-0.60、-0.80 四个级别。通常，凸轮轴只可修磨一次，在凸轮轴磨床上修磨时，应尽量减小磨削量，以消除缺陷为主，修磨后应达到质量标准。更换或修磨凸轮轴时，还需更换凸轮轴轴承，并进行必要的铰削加工。

凸轮轴修理一般技术数据见表 1—16。

表 1—16　　　　　　　　凸轮轴修理一般技术数据

项目		汽油机		柴油机	
		大修标准	使用极限	大修标准	使用极限
凸轮轴	径向圆跳动（mm）		0.10		0.10
	圆度（mm）	0.005		0.005	
	圆柱度（mm）				
凸轮	顶部磨损极限（mm）		1.00		1.00
	基圆径向圆跳动（mm）		0.04		0.05
	实际升程减小量（mm）		1.00		1.00
汽油泵驱动凸轮磨损限度（mm）			0.50		
装正时齿轮轴颈与中心轴线同轴度（mm）			0.05		0.07
凸轮轴颈与齿轮接触端面垂直度（mm）			0.03		0.03
凸轮轴轴承外颈与轴承座孔配合过盈（mm）	开缝的	0.10~0.19		0.10~0.19	
	整体式 铸铁缸体	0.05~0.13		0.05~0.13	
	整体式 铝合金缸体	0.03~0.07		0.03~0.07	
凸轮轴轴颈与轴承配合间隙（mm）		0.03~0.07	0.15	0.03~0.07	0.15

续表

项 目			汽油机		柴油机	
			大修标准	使用极限	大修标准	使用极限
凸轮轴轴向间隙（mm）			0.05~0.20	0.25	0.02~0.35	0.50
正时齿轮	啮合间隙（mm）	钢铁件	0.03~0.30	0.40	0.03~0.30	0.40
		胶木件	0~0.50	0.50		
	三点测量间隙变化（mm）	钢铁件		0.10		0.10
		胶木件		0.15		0.15

二、操作技能

1. 操作准备

（1）一辆汽车。

（2）发动机检测维修工具和设备。

2. 汽缸盖与汽缸体的检验

汽缸盖与汽缸体的修理是以整形为主，并对裂纹、烧蚀进行尽可能的修复。

（1）汽缸盖

1）裂纹。一般采用目测法判断和水压试验（应在清除水垢之后进行）。

2）变形。采用刀口直尺和塞尺，按照规定的方位检验汽缸盖下平面的平面度，也可置于检验平台上检验。

3）划痕。主要检验部位是相邻两燃烧室或汽缸之间。

4）汽缸盖高度。用检验高度的尺检验。

5）燃烧室容积。装好火花塞，平置汽缸盖，在燃烧室上盖上带圆孔的平板玻璃，用量杯盛煤油缓缓倒入，至煤油表面与玻璃板接触为止，这时，量杯中减少的容积即为燃烧室实际容积，然后与原厂规定值相比较。

（2）汽缸体

首先检查裂纹、烧蚀，然后进行下列检验。

1）上、下平面的平行度。将汽缸体置于检验平台上，用检验高度的尺测量汽缸体前后的高度即可得出平行度误差。有的发动机以汽缸体上平面对主轴承座孔轴线平行度公差作为检验标准。

2）汽缸体主轴承座孔接合平面对底平面的平行度。

3）上、下平面平面度。

4）曲轴主轴承座孔同轴度。一般要求以前、后两端主轴承座孔的公共轴线作为测量基准。

5）主轴承座孔轴线与凸轮轴轴承座孔轴线的平行度。

6）汽缸轴线与曲轴主轴承座孔轴线的垂直度。

7）飞轮壳后端面对主轴承座孔轴线的径向跳动。

3．活塞连杆组的检验

（1）活塞的检验

1）表面检验。检验表面拉伤、烧蚀程度。

2）磨损检验。检验活塞裙部、环槽、活塞销座孔、活塞销卡环槽的磨损程度。注意裙部测量位置，应按原厂规定进行测量。

3）活塞环检验。包括弹力试验，漏光检验，环隙（端隙、侧隙、背隙）、平面翘曲、表面质量的检验。

（2）活塞销检验

检验活塞销与活塞销座孔以及连杆衬套配合部位的磨损程度与配合状态。

（3）连杆的检验

1）连杆变形检验。检验弯扭程度和连杆大端承孔的圆度、圆柱度。

2）连杆螺栓的检验。包括滑扣、变形、松动、裂纹、拉长等现象。

（4）活塞与连杆装合后的检验

1）连杆大端承孔轴心线与活塞裙部中心线垂直度的检验。

2）活塞裙部变形量的检验。

3）活塞偏缸检验。

4．曲轴和轴承的检验

（1）曲轴检验工作程序

1）彻底清洁（包括油道）。

2）曲轴主轴颈、连杆轴颈、曲柄各处裂纹、损伤的检验。

3）曲轴主轴颈、连杆轴颈的圆度、圆柱度的检验。

4）曲轴弯扭变形的检验。

5）曲轴后端装变速器第一轴轴承孔磨损的检验。

6）曲轴后凸缘端面与曲轴主轴颈轴心线垂直度的检验。

7）飞轮固定螺栓孔的检验。

8）曲轴装油封轴颈部位磨损检验。

9）曲轴后端回油槽部位磨损检验。

10）装正时齿轮轴颈键槽、键（包括正时齿轮）的检验。

11）V带轮轴颈与V带轮或正时齿轮的检验。

12）曲轴前端螺纹孔、螺栓及定位基准锥面（即螺纹孔锥面）的检验。

13）油道与油孔的检验。

14）飞轮及飞轮壳的检验。

（2）曲轴轴承检验工作程序

1）表面质量检验（包括剥落、烧伤、腐蚀、擦伤等）。

2）轴承外形尺寸检验（包括宽度、厚度、自由开口尺寸、定位凸榫等）。

3）轴承及轴承座孔磨损程度的检验。

4）轴承过盈量（也称"高出量"）的检验。

5）与曲轴配合间隙的检验。

5．凸轮轴的检验

（1）凸轮磨损检验（凸轮升程的检验）。

（2）凸轮基圆相对于凸轮轴轴心线径向圆跳动的检验。

（3）凸轮表面质量（击伤、蚀斑、表面粗糙度等）的检验。

（4）凸轮对称中心线与正时齿轮键槽中心线夹角的检验。

（5）凸轮轴轴颈圆度、圆柱度的检验。

（6）机油泵传动齿轮的检验。

（7）汽油泵驱动偏心轮的检验。

（8）凸轮轴变形的检验。

（9）凸轮工作表面与轴颈中心线平行度的检验。

（10）凸轮轴与正时齿轮配合部位的检验。

（11）凸轮轴与轴承、轴承与座孔配合的检验。

（12）凸轮轴轴向间隙的检验。

6．发动机试运转

发动机经过冷磨、分解、检验，排除修理缺陷后，将全部零部件清洗干净，装合后即可在专用试验台上进行试运转（也称热试），并进行必要的调整与磨合，使其达到应有的性能。

（1）外部检验。

（2）冷却液、润滑油油面的检验。

（3）仪表检验。

（4）调整点火系统与燃油系统及其检验。

（5）传动V带松紧度的检验。

（6）紧固件的检验。

(7) 气门间隙的检验。

(8) 外特性试验。

7. 发动机排放检测程序

(1) 仪器准备

1) 准备 MEX-324F 型汽车排气分析仪，并按仪器使用说明书的要求做好各项检查工作。

2) 仪器校准

①接通电源，对分析仪预热 30 min 以上。

②按标准气样校准。先让分析仪吸入清洁空气，用零点调整旋钮把仪表指针调到零点，然后把仪器附带的标准气样从标准气样注入口灌入，再用标准调整旋钮把仪表指针调到标准指示值，在灌注标准气样时，要关闭分析仪上的泵开关。

③简易校准。先接通简易校准开关，对于有校准位置刻线的仪器，可用标准调整旋钮把仪器指针调到正对刻线的位置。对于没有校准位置刻线的仪器，要在标准气样校准后立即进行简易校准，使仪表指针与标准气样校准后的指示值重合。

④把取样探头和取样管安装在分析仪上，检查取样探头和导管内是否有残留 HC，如果管内壁吸附残留 HC 较多，仪表指针大大超过零点以上时，要用压缩空气或布条等清洁取样探头和导管。

仪器经过上述检查和校准后，即可投入使用。

(2) 车辆准备

1) 进气系统应装有空气滤清器，排气系统应装有排气消声器，并且不得有泄漏。

2) 应保证取样探头插入排气管的深度不小于 300 mm，否则排气管应加接管，但应保证接口不漏气。

3) 发动机冷却水和润滑油的温度达到规定的热状态。

4) 按汽车制造厂使用说明书规定的调整法调整怠速和点火正时。

5) 必要时在发动机上安装转速计、点火正时仪、冷却水和润滑油测温计等测试仪器。

(3) 检测方法

1) 发动机由怠速加速到中等转速或 0.7 倍的额定转速，维持 60 s 后，再降至怠速状态。

2) 把指示仪表的读数转换开关拧到最高量程挡位。

3) 将取样探头插入汽车排气管中，深度为 400 mm，并固定于排气管上。

4) 一边观看指示仪表，一边用读数转换开关选择适宜的排气量量程挡位。

5) 发动机在怠速状态维持 15 s 后开始读数，读取 30 s 内的最高值和最低值，其平均值即为测量结果。

6) 检测工作结束后，把取样探头从排气管里抽出来，让它吸入新鲜空气工作 5 min，待仪器指针回到零点后，关闭电源。

(4) 注意事项

1) 检测汽油车怠速污染物时，一定要把发动机怠速和温度控制在规定的范围内。

2) 取样探头、导管分为低浓度用和高浓度用两种，两者要分别使用。检测时导管不要发生弯折现象。

3) 多部车连续检测时，一定要把取样探头从排气管里抽出并待仪表指针回到零点后，再进行下一辆车的测量。

4) 检测结束后，要立即把取样探头从排气管里抽出。

5) 要注意检测地点室内的通风换气，以防人员中毒。

6) 不允许在有油或有机溶剂的地方进行检测。

7) 取样探头不用时要垂直吊挂，不要平放，以防管内的积水腐蚀取样探头。分析仪不要放置在湿度大、温度变化大、振动大或倾斜的地方。

8) 要定期维护分析仪，以确保使用精度。校准用的标准气样是有毒的，要妥善保管。

单元二　发动机总成竣工验收

学习目标

- 发动机的磨合试验
- 发动机总成竣工验收

一、相关知识

1. 发动机修理技术要求

(1) 发动机磨合与试验规范

1) 磨合的目的。新车或新修的发动机，为了延长其寿命，保证其工作可靠，提高动力性和经济性，装配后应进行磨合试验。通过磨合试验，能够全面检查发动机的修理质量。

2) 磨合试验规范。磨合分为冷磨合和热磨合两个阶段，其中热磨合又分为无负荷热磨合和有负荷热磨合两个阶段。

发动机的磨合规范包括发动机转速、施加的负荷大小和磨合期各阶段的磨合时间。

①发动机冷磨合。冷磨合时，一般采用低黏度的润滑油，其流动性好，导热作用强，可降低表面温度，避免磨合时发生磨损。通常用 20 号机械油或车用 6 号机油加 15% 的煤油作

为润滑油。

开始磨合时的转速是影响冷磨合的重要因素。转速一般以 550~600 r/min 为宜,然后在此基础上逐步增加,每一级以 100~200 r/min 递增。整个冷磨合时间不得少于 2 h。

②发动机热磨合。热磨合是将冷磨合后的发动机装上全部附件后放在磨合台架上,利用自身的动力运转。除进一步磨合外,主要是对发动机的工作进行检查调整。

a. 无负荷热磨合。发动机无负荷热磨合是指发动机不加载荷逐渐增速所进行的磨合,磨合过程中,还要对发动机的油路、电路进行必要的检查和调整,并及时排除故障。

b. 有负荷热磨合。发动机经过冷磨合及无负荷热磨合之后,还须进行有负荷热磨合,即通过加载装置对发动机逐渐加载增速进行磨合。

有负荷热磨合分一般磨合和完全磨合两种,一般磨合所需时间短,经一般磨合的发动机只能进行个别点的测试(如最大功率点、最大转矩点及最低耗油点的转速的测定);经完全磨合的发动机可进行整个外特性曲线的试验。对大修的发动机,要求进行一般的磨合,磨合时间应不少于 3 h。

(2) 发动机竣工出厂技术标准

1) 水冷式发动机水温应符合要求。

2) 发动机在正常工作温度下,5 s 内能启动,柴油机在环境温度不低于 5℃,汽油机在环境温度不低于 -5℃时,应启动顺利。

3) 气缸压缩压力应符合原设计规定。每缸压力与各缸平均压力之差,汽油机应不超过 8%,柴油机应不超过 10%。

4) 发动机启动运转稳定后,只允许正时齿轮、机油泵齿轮、喷油泵传动齿轮及气门脚有轻微均匀的响声,不允许活塞销、连杆轴承、曲轴轴承有异响和活塞敲缸及其他异常响声。

5) 发动机最大功率和最大转矩均不得低于原设计标定值的 90%。

6) 发动机最低燃料消耗率不得高于原设计规定。

7) 发动机不应有漏油、漏水、漏气、漏电现象,但润滑油、冷却水密封接合面处允许有不至于形成滴状的油渍。

8) 发动机应按规定加注润滑油。

2. 发动机总成竣工验收技术要求

(1) 发动机装备齐全,有效,装配符合 GB 3799—1983 中的有关规定,若有一处以上的缺陷则为不合格。

(2) 在环境温度不低于 -5℃时,应启动顺利,允许连续启动不多于 3 次,每次启动不多于 5 s;否则为不合格。

(3) 在正常工作温度下,应保证发动机能在 5 s 内启动。否则为不合格。

(4) 发动机怠速时,进气管真空度应在 57~70 kPa 范围内。真空度波动范围,六缸汽油机不超过 3 kPa,四缸汽油机不超过 5 kPa。

(5) 气缸压缩压力应符合原设计规定。每缸压力与各缸平均压力之差,汽油机不超过 8%,柴油机不超过 10%。

(6) 发动机怠速运转稳定,其转速应符合原设计规定,转速波动不大于 50 r/min。

(7) 发动机改变转速时应过渡圆滑,突然加速或减速时,不得有突爆声,不得有回火、放炮现象。

(8) 发动机最大功率不得低于原设计标定值的 90%,最大转矩不得低于原设计标定值的 90%,最低燃料消耗率不得高于原设计要求。

(9) 按 GB/T 3845 规定测量,汽油机排放应符合 GB 14761.5 的规定。按 GB/T 3846 规定测量,柴油机排放应符合 GB 14761.6 的规定。

(10) 发动机机油压力、油温、水温应符合原设计规定。

(11) 发动机润滑油规格、数量、质量应符合原设计规定。

(12) 发动机应无漏水、漏油、漏气、漏电现象。

(13) 发动机应按规定加装限速片,或对限速装置作相应的调整并加铅封。

(14) 发动机应按规定涂漆,涂层均匀,不得有漏涂现象。

二、操作技能

1. 操作准备

(1) 一台汽车发动机(已修)。

(2) 汽车检测维修工具及设备。

2. 发动机竣工验收

(1) 外观检视发动机的装备与装配。

(2) 检视发动机的启动性能,分两步进行:

1) 检视冷车启动状况。

2) 检视热车启动状况。

(3) 检查进气歧管真空度数值与真空度波动范围。

(4) 检测汽缸压力和各汽缸压力差。

(5) 发动机运转试验步骤如下:

1) 测量发动机怠速转速。

2) 检视发动机加速或减速性能。

3）检视发动机异响。
4）测量发动机功率和转矩。
5）测量发动机最低燃料消耗率。
6）检测发动机的排放值。
7）检测发动机机油压力。
8）检测发动机的水温、油温。
（6）检视或用润滑油分析仪检查发动机润滑油。
（7）检视"四漏"（漏水、漏油、漏气、漏电）情况。
（8）检视涂漆状况。
（9）加装限速装置。
（10）填写发动机大修竣工验收单。

第二章
诊断与排除发动机故障

第一节 诊断与排除发动机异响

> **学习目标**
> - 发动机异响的排除方法
> - 发动机异响产生的原因
> - 电控发动机加速怠速不稳的故障诊断与排除

一、相关知识

1. 发动机异响故障的现象及原因见表2—1。

表2—1　　　　　　　　　发动机异响故障的现象及原因

部位	现　象	原　因
曲轴轴承异响	曲轴轴承异响是一种沉重发闷的金属敲击声，当转速或负荷突然变化时响声明显；当油门突然加大时，响声更加突出；突然降速时，就会出现沉重的"铛、铛"响声，发动机本身有明显的抖动现象，机油压力明显降低。汽车载重爬坡时，驾驶室有振动感	轴承盖固定螺栓松动； 曲轴轴颈与轴承磨损严重、配合松旷； 轴承合金烧毁或脱落； 曲轴将要折断； 曲轴弯曲变形； 曲轴轴向间隙过大

续表

部位	现象	原因
连杆轴承异响	它是一种较重而短促的金属敲击声。怠速时，响声较小；中速时，较为明显；突然加速时，响声随发动机转速升高突然变大，响声清脆短促；断火后，响声明显减弱或消失，发动机温度升高后响声无明显变化；当负荷增加时，响声加剧	连杆轴承盖的连接螺栓松动； 连杆轴承合金烧毁或脱落； 轴承和轴颈磨损严重； 机油压力低或油稀而润滑不良
活塞敲缸异响	活塞敲缸异响是清脆的、有节奏的金属敲击声，像一把锤子轻敲水泥地面产生的"嗒、嗒"声。温度低时，响声明显；当发动机温度升高后，响声逐步减弱或消失；怠速时响声较为清晰；断火试验某缸时，响声会减弱或消失	活塞与汽缸壁间隙过大； 活塞裙部磨损过大或汽缸严重失圆； 活塞质量差； 活塞顶碰击汽缸衬垫； 连杆弯曲、扭曲变形； 活塞销与连杆轴承装配过紧； 机油压力过低
活塞环敲击异响	活塞环敲击异响是钝哑的"啪、啪"声，随转速提高，声响也随之增大，并且变得较为嘈杂	活塞环与环槽磨损严重； 活塞环折断； 缸壁顶部磨损成凸肩； 活塞环端口间隙过大； 活塞环弹性过软或汽缸壁有沟槽； 活塞环粘在环槽上
活塞销敲击异响	活塞销敲击异响是一种较尖锐、清脆的、有节奏的"嗒、嗒"金属敲击声，在怠速或稍高于怠速时较为明显、清晰，发动机温度升高后，响声明显，但断火后有所减弱	活塞销与连杆衬套磨损严重、间隙过大； 活塞销与销座孔配合松旷； 活塞销锁环脱落，使活塞销自由窜动； 活塞销折断； 机油飞溅不足，润滑条件差
凸轮轴异响	凸轮轴异响是一种钝重的"嗒、嗒"金属声响，发动机怠速和中速运转时声响明显；高速时，声响减弱或消失；在发动机凸轮轴轴承附近有振抖，断火试验时，声响没有变化	凸轮轴与其衬套配合松旷； 凸轮轴衬套转动； 凸轮轴弯曲变形； 凸轮轴轴向间隙过大； 凸轮轴衬套合金烧毁或脱落

续表

部位	现象	原因
气门脚异响	气门脚异响是一种连续而有节奏的"嗒、嗒"金属敲击声,任何转速情况下,均可听到,但急速和中速较为清晰,不受"断火"和温度的影响	气门间隙调整过; 气门间隙调整螺钉端头磨损严重或不平; 凸轮轴变形或凸轮磨损过量; 气门弹簧座脱落; 气门杆与气门导管积炭过多而咬住气门; 气门导管磨损严重
气门座圈异响	此声响比气门脚异响稍大,呈没有规律的忽大忽小的"嚓、嚓"声,与转速没有必然的关系,但中速时声响清晰,高速时杂乱,单缸断火试验,声响不变,有时更明显	气门座圈选用材料不当; 镶配时,过盈量过小造成松旷
正时齿轮异响	正时齿轮异响是一种连续而均匀的敲击声或咆哮声,此响声不受断火的影响,发动机急速和中速时较为清晰,有时会随发动机转速的变化而产生有节奏的清晰撞击声	正时齿轮磨损严重造成间隙过大; 凸轮轴和曲轴两中心线不平行,使齿轮啮合失常; 齿轮个别牙齿折断; 更换新齿轮后使啮合间隙过小或不均匀
点火过早异响	发动机发出清脆的金属敲击声,转速越高,声响越大,并且发动机有过热现象,发动机振动,动力下降	点火正时失准; 发动机温度过高; 断电器间隙过大

2. 电控发动机加速时急速不稳的故障诊断与排除见表2—2。

表2—2　　　　　　电控发动机加速时急速不稳的故障诊断与排除

发动机故障部位	故障现象	诊断方法与故障排除
急速开关不闭合	急速时打开空调,打转向盘。发动机转速不升高,可证明是此故障	对节气门位置传感器进行调整、修复或更换
急速控制阀(ISC)故障	检查急速控制阀的作动声音,若无作动声即表明急速控制阀出现故障	清洗或更换急速控制阀,并用专用解码器对急速转速进行基本设定
进气管路漏气	若听见进气管有泄漏的"嗤、嗤"声,则证明进气系统漏气	查找泄漏处,重新进行密封或更换相关部件

续表

发动机故障部位	故障现象	诊断方法与故障排除
配气相位错误	检查汽缸压力、ΔP_x 和正时标记,若汽缸压力不在标准值范围内或 ΔP_x 超出标准,并且正时标记不正确,即可判断发生此故障	检查正时标记,按照标准重新调整配气相位
喷油器滴漏或堵塞	用听诊器检查喷油器是否发出"咔叽、咔叽"作动声或测量喷油器的喷油量,若喷油器无作动声或喷油量超出标准,喷油器即有故障	清洗喷油器,检查每个喷油器的喷油量,并确认无堵塞、滴漏现象
排气系统堵塞	利用真空表对 ΔP_x 进行检测,若 ΔP_x 较低且加速时常常伴有发闷的现象,可确定为此故障	更换三元催化器
怠速工况 EGR 阀开启	拆下 EGR 阀,把废气再循环通道堵死,故障现象消失即为此故障	此故障大多是由于 EGR 阀被积炭卡死在常开位置所造成。清除 EGR 阀上的积炭或更换 EGR 阀

二、操作技能

1. 操作准备

(1) 一台有故障的发动机。

(2) 汽车故障排除工具及设备。

2. 诊断与排除发动机曲轴轴承异响

(1) 在机油加注口察听,反复改变发动机转速,当突然加速或减速时,若有明显的"铛、铛"金属敲击声,用旋具在汽缸体曲轴位置察听,变化转速时声响明显,则可断定为曲轴轴承异响。

(2) 利用单缸断火法察听声响无变化,而相邻两缸断火试验时,声响明显减弱,则说明故障在两缸之间的曲轴轴承处。

(3) 发动机温度越高,响声越明显,高转速时,响声变得杂乱,则可能是曲轴弯曲变形。

(4) 高速运转时,机体有较大的抖动,载重爬坡时,有振动感,机油压力明显下降,则说明配合间隙过大或合金脱落。

(5) 若踩下离合器踏板，声响减轻或消失，则为曲轴轴向间隙过大。

(6) 若发动机转速并不高，机体却振动较大，甚至有摆动、摇晃现象，同时发出沉闷的"嘭、嘭"金属敲击声，则表明曲轴将要折断。

对于造成曲轴轴承异响的部件，一定要及时检修、排除。

3. 诊断与排除发动机连杆轴承异响

(1) 从机油进口处倾听，声响清脆并且有较大的"铛、铛"声，则说明连杆轴承异响；进一步用单缸断火法可检查连杆轴承异响的故障缸位。

(2) 若声响混杂，出现"咯楞、咯楞"或"哗啦、哗啦"的声响，再用断火法检查单缸和双缸，若声响减弱或消失，说明多缸连杆轴承和轴颈磨损严重，或连杆轴承盖的连接螺栓松动。

(3) 当发动机温度变化时，在任何转速情况下，都发出有节奏的"铛、铛"声响，且汽缸盖抖动很强，做断火和复火试验都一样，则可断定是轴承合金层烧毁、熔化或脱落。

通过以上判断发现的故障，一定要及时检修、排除。

4. 诊断与排除活塞敲缸异响

(1) 若怀疑某汽缸活塞敲缸，停机后可向发响的汽缸注入机油 20~30 mL，慢慢地摇转发动机，使机油附于汽缸壁和活塞之间，然后启动发动机，察听声响，如敲缸声响减轻或消失，但不久后又出现，则说明该缸活塞有敲缸异响。

(2) 将某缸断火试验，声响减弱但不消失，则可能为该汽缸连杆与曲轴或活塞销装配过紧。

(3) 低速时，有"嗒、嗒"的金属敲击声，转速提高后，声响消失，则为活塞裙部磨损过大或汽缸严重失圆。

(4) 发动机低温响声大，温度升高后，其声响减弱至消失，则为活塞与汽缸壁间隙过大。

(5) 若发动机低温不响，温度上升后，怠速运转便听到"嗒、嗒"的金属敲击声，且伴有机体抖动，且温度越高，响声越大，则为活塞变形或活塞环过紧、润滑不良。

对于造成活塞敲缸异响的部件应及时检修、排除。

5. 诊断与排除活塞环敲缸异响

(1) 做单缸断火试验，声响减弱，但不消失，把旋具放在火花塞上细听，发出"啪啦、啪啦"声响，则为活塞环折断。

(2) 若出现"噗、噗"声响，断火后没有变化，用旋具抵汽缸盖有明显振动，则为活塞环碰撞气缸凸肩。

(3) 发动机运转有漏气声，当温度变化时，声响无明显变化，再做断火试验，漏气声减弱,则可能是活塞环黏在环槽上。

(4) 在气缸内注入少量机油,若在启动后较短时间内声响减弱或消失,则可能是端口间隙过大或弹力减弱。

对于以上判断发现的故障,应及时检修、排除。

6. 诊断与排除活塞销敲击异响

(1) 将发动机怠速升到中速位置,抖动加速踏板,声响随之变化,且每抖一下加速踏板,都能听到尖锐而连贯的"嗒、嗒"声响,则可判断为活塞销敲击异响。

(2) 若声响非常严重,并且随转速提高而声响加大,在声响比较大的转速情况下进行断火试验,声响反而杂乱,则大多为活塞销与销座孔配合松旷造成的。

(3) 若怠速运转时,出现有节奏而较沉重的"吭、吭"金属敲击声,转速提高,声响并不消失,同时伴有机体抖动现象,如进行断火试验,反而声响加重,则说明活塞销锁环脱落或磨损造成活塞销自由窜动。

(4) 若发动机急加速时,声响猛烈而尖锐,进行断火试验,声响减轻或消失,则为活塞销折断。

对于以上故障,如是轻微活塞销敲击异响,可继续运行;如响声严重,必须停驶,进行拆检。对于有损坏的汽缸,应到有修复条件的修理厂修理。

7. 诊断与排除凸轮轴异响

(1) 怠速时可听到钝重的"嗒、嗒"金属声响,中速时尤为明显,高速时似乎消失。拆下气门室盖和挺杆室盖,用旋具听诊凸轮轴以及附近部位。可将旋具放在声响最大的两凸轮轴衬套之间,压住凸轮轴,听其声响,若减弱或消失,则为凸轮轴松旷或弯曲、凸轮轴衬套松动、凸轮轴衬套合金烧毁或脱落。

(2) 发动机怠速时声响正常,稍提高转速则出现较强的声响,类似气门脚异响的连续敲击声,再提高转速声响又消失,断火试验时,声响依然,则为凸轮轴轴向间隙过大。

如出现以上故障,应慢行到修理点及时修复。

8. 诊断与排除气门脚异响和气门座圈异响

(1) 诊断与排除气门脚异响

1) 在气门室侧察听,声响随发动机转速不同而改变频率,且在各转速时均有异响,同时,发动机温度变化或断火试验时,声响不随之改变,则为气门脚异响。

2) 拆下气门室罩,使发动机怠速运转,用塞尺插入气门端部与摇臂间隙中,逐个试验。当插入时,声响随之减弱或消失,则为气门间隙调整过大造成的。

3) 若塞尺插入后,声响减轻但不消失,再用旋具撬住气门杆,声响消失,则为气门杆导管磨损严重。

对于轻微的气门脚异响，可继续行驶，而后应及时进行检修。如因气门间隙调整过大，应按要求将间隙调整合适；如锁紧螺母松动，应在调整气门间隙后再紧固；对磨损严重的调整螺钉应及时更换。

(2) 诊断与排除气门座圈异响

停机逐缸检查，将进排气门摇到关闭状态，然后在火花塞处通入压缩空气，检查排气管或化油器处有无漏气现象，如有则可断定为气门座圈异响。如有异响声，应立即停车检查，拆下汽缸盖，检查气门座圈是否松动，如松动应采取措施，并暂时停止向该汽缸供油、供气、供电，待修复后再使用。

9. 诊断与排除正时齿轮异响和点火过早异响

(1) 诊断与排除正时齿轮异响

用旋具进行断火试验异响无明显变化，用一金属棒触于正时齿轮盖上察听，当突然加速时，异响明显；若是均匀的碾击声，则为正时齿轮磨损严重、间隙过大造成的；若是有呼啸声，则为齿轮啮合间隙过小或不均匀；若是发生有节奏的撞击声，则为正时齿轮个别牙齿损坏。

(2) 诊断与排除点火过早异响

手摇发动机曲轴有倒转现象；加速时，有严重的爆燃声，并有清脆的金属敲击声；急速时易熄火，可断定为点火过早。

查看水温表，检查发动机是否过热，若过热则应按发动机过热故障排除。若不过热，应将分电器外壳按顺时针方向稍微转动，再加速，听声响，如声响明显减弱或消失，则为分电器内的断电器触点间隙过大造成的。否则，可能是点火正时有关部件磨损严重或损坏；应进一步拆检，以便发现故障发生的部位。

第二节 诊断与排除发动机油路、电路故障

学习目标
- 诊断与排除发动机启动困难
- 诊断与排除发动机不能启动
- 诊断与排除发动机动力不足

一、相关知识

发动机油路、电路故障产生的现象和原因见表 2—3。

表 2—3　　　　　　　　　发动机油路、电路故障产生的现象和原因

发动机故障	现象	原因
发动机启动困难	发动机冷车、热车启动困难，启动时有着火征兆，但不易启动	供油不足； 混合气过稀或过浓； 火花塞、分电器、点火线圈有故障； 个别汽缸断火不工作； 点火时迟或过早； 机械原因
发动机不能启动	用起动机启动发动机（或用手摇柄摇转曲轴）时，起动机旋转但不能发动	低压电路短路或断路； 高压电路故障； 油路不来油； 点火时刻错误； 火花塞不跳火； 机械原因
发动机动力不足	汽车行驶无力，加速较慢，最高车速明显下降，最大爬坡能力下降；有时发动机排气管放炮，化油器回火或抖动；高速时发动机运转不稳，各汽缸有间歇断火现象	空气滤清器堵塞或进气管凹瘪造成充气率下降； 化油器或汽油泵、汽油滤清器有故障； 点火时间过早或过迟； 点火线圈过热、火花塞积炭而导致高压火花较弱； 分电器断电触点烧蚀，容电器击穿； 汽缸与活塞配合间隙过大； 发动机过热或过冷，少数汽缸工作不良； 排气管或消声器堵塞； 配气相位发生变化而失准

二、操作技能

1. 操作准备

(1) 一台发动机。

(2) 汽车故障排除工具及设备。

2. 诊断与排除发动机启动困难

发动机启动困难，大多发生在起动系、点火系和燃料系。若起动系是正常的，那么应对油路、电路故障进行综合分析诊断。有着火征兆或着火后又逐渐熄火的，一般属油路故障；而毫无着火征兆的，一般属于电路故障；如不符合上述两种情况就属于机械故障。

(1) 检查油路

1) 冷车启动困难，主要是混合气过稀造成的。先检查化油器浮子室油面是否过低，若过低要用浮子调整螺钉进行调整；再检查阻风门是否关闭严密；再用汽油泵泵油检查油路是否阻塞或漏气，因而导致供油不足使混合气过稀。

2) 热车启动困难，主要是混合气过浓所致。检查化油器是否往外漏油，浮子是否卡住不能关闭针阀。

(2) 检查电路

1) 进行高压线试火试验。若火花弱，则第一步应检查低压电路接触是否松动；第二步检查分电器断电触点是否有脏污或间隙过小；第三步检查电容是否失效，点火线圈是否损坏。若火花不均，个别汽缸有断火现象，则第一步检查火花塞间隙是否一致，瓷芯是否裂损漏电；第二步检查高压线是否受潮漏电或松脱；第三步检查分电器盖是否裂缝窜电，高压分火触点是否烧损或磨损；第四步检查分火头是否漏电。

2) 若通过以上检查仍不能使之正常启动，应检查点火时刻是否正确，然后按点火过早或过迟故障处理。

3. 诊断与排除发动机不能启动

(1) 检查油路

1) 察看浮子室内存油是否符合要求，否则进行调整。

2) 将空气滤清器卸下，用手扳动节气门臂加油，观察喷嘴是否喷油。若不喷油，则说明不来油，按不来油故障诊断检查。

(2) 检查电路

1) 先打开点火开关，如电流表指针指"0"而不做间歇摆动，应按低压电路断路故障检查。检查蓄电池极柱接线情况；分电器各接头是否接触松脱；熔丝是否熔断；用万用表检查点火线圈及附加电阻是否断路，初级绕组的电阻应为 $0.52 \sim 0.76 \, \Omega$。

2) 打开点火开关，用起动机或手摇柄转动发动机曲轴，观察电流表指针的指示情况，若电流表指针指示 3~5 A 而不做间歇摆动，应按低压电路短路故障检查蓄电池极柱接线是否干净，分电器各接头是否接触不良；用万用表的欧姆挡测量检查点火线圈及附加电阻是否短路。

3) 若电流表指针指示 3~5 A 且做间歇摆动，随即拉阻风门和踩加速踏板，可继续启动发动机，若仍不能发动，应按高压电路故障检查。用万用表的欧姆挡检查分火头的电阻应为 $4 \sim 6 \, \Omega$，火花塞插头电阻和防干扰接头电阻均应为 $0.6 \sim 1.4 \, k\Omega$，此三项电阻的检查如图 2—1 至图 2—3 所示。

检查高压导线电阻，如图 2—4 所示，中央高压线应为 $0 \sim 2.8 \, k\Omega$，高压分线应为 0.6~

7.4 kΩ，点火线圈二级绕组的电阻应为 2.4～3.5 kΩ；检查火花塞电极间隙应为 0.7～0.8 mm，用万用表测量火花塞绝缘电阻应为 10 MΩ 或更大。否则，应更换新件。

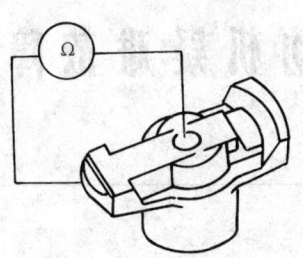

图 2—1　检查分火头电阻

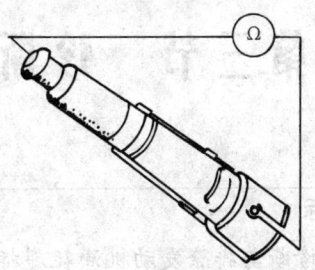

图 2—2　检查火花塞插头电阻

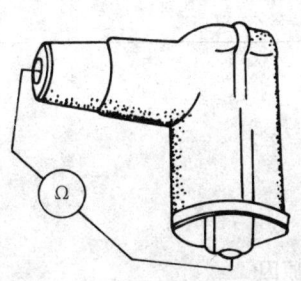

图 2—3　检查防干扰接头电阻

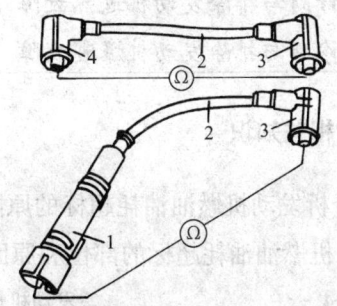

图 2—4　检查高压导线电阻

1—火花塞接头　2—高压导线
3—分电器接头　4—点火线圈接头

如通过上述检查的油路、电路均属良好，但仍不能启动，则应进一步检查点火正时或发动机的机械故障。

4．诊断与排除发动机动力不足

(1) 检查发动机空气滤清器是否堵塞，进气管是否凹瘪以及排气管或消声器是否堵塞。

(2) 检查化油器或汽油泵、汽油滤清器是否有故障使燃油供给不足。

(3) 通过汽车运行判断发动机点火是否正时，否则调整分电器。

(4) 用汽缸压力表检查汽缸压力和发动机声响，来判断汽缸与活塞配合间隙是否过大。

(5) 用单缸断火法检查是否有汽缸工作不良。

(6) 检查分电器断电触点间隙是否正常，触点是否烧蚀；检查容电器是否击穿。

(7) 检查分火头和中心高压线是否漏电，分电器是否松动。

(8) 检查点火线圈匝间是否短路，是否发热。

(9) 检查发动机是否过热或过冷。

（10）若以上检查都正常，就应该检查配气相位是否发生了变化而导致失准。

第三节　诊断与排除发动机疑难故障

> **学习目标**
> - 诊断与排除发动机油耗超标
> - 诊断与排除发动机排放超标
> - 诊断与排除发动机过热故障
> - 诊断与排除发动机爆震故障

一、相关知识

1. 分析发动机燃油油耗超标的原因

发动机燃油油耗超标的部位和原因见表2—4。

表2—4　　　　　　　　发动机燃油油耗超标的部位和原因

发动机部位	原因
供给系	混合气过浓，阻风门打不开，空气滤清器严重堵塞，浮子室油面过高，进油针阀不密封，或卡滞不能关闭； 怠速过高，节气门回位弹簧过软，怠速量孔过大，调整螺钉调整不当，节气门关闭不严，节气门轴松旷变形
点火系	点火过早，分电器安装不正确，正时齿轮故障； 点火过迟，调整不当； 分电器固定螺栓松动，分火头自行错位，分电器轴与离心调节板静配合松动过大
机械故障	活塞、活塞环、汽缸壁磨损过大； 个别汽缸活塞脱顶； 个别汽缸进气门与导管配合间隙过大
冷却系	冷却液液面过低，污垢过多； 百叶窗关闭不严或开度不足； 散热器故障，风扇故障； 水泵故障； 节温器失效

续表

发动机部位	原因
传动系	离合器打滑； 变速器缺少齿轮油，轴承预紧度过大，齿轮的轮齿有损坏或卡滞； 手制动过紧； 传动轴卡滞、变形、松旷、动不平衡； 主减速器轴承预紧度过大，齿轮啮合间隙过大或过小
行驶系	胎压不足，各轮胎直径不等； 前轮定位失准； 车架、悬架变形
制动系	制动拖滞； 制动间隙过小
其他方面	不正确操作； 不合理使用燃油

2. 分析发动机机油油耗超标的原因

发动机机油油耗超标的现象和原因见表2—5。

表2—5　　　　　　　　发动机机油油耗超标的现象和原因

现象	原因
漏油	气门室漏油（上漏）； 油底壳、放油塞处漏油（下漏）； 正时齿轮、曲轴前油封处漏油（前漏）； 曲轴后油封、凸轮轴后油封处漏油（后漏）； 机油滤清器、汽油泵密封面漏油（侧漏）； PCV曲轴箱通风阀堵塞，使曲轴箱内气体压力过高，机油易从各密封面和密封处泄漏； 机油加油量太多或油压过高，易造成机油泄漏； 发动机长期高速运转，致使过热，机油黏度过小，使机油容易泄漏
润滑油进入燃烧室被烧掉	活塞与汽缸间隙过大，活塞环磨损过大或弹力不足； 活塞环三隙（端隙、背隙、侧隙）过大，活塞环对口、抱死或扭曲环装反； 活塞环断裂、粘连等； 气门与气门导管磨损、间隙过大，气门挡油圈（油封）失效或脱落； PCV通风阀黏结而不能移动，失去控制通风量的作用，致使大量的润滑油蒸气通过曲轴箱通风管进入进气管

3. 分析发动机排放超标的原因

发动机排放超标的评价参数是个综合性评价指标，除了直接与化油器的调整有关外，还与点火正时、配气正时、点火系技术状况、发动机温度、发动机转速、汽缸密封性和汽缸内的涡流运动有关。

（1）供给系原因

化油器调整不佳，怠速不良，混合气过浓，阻风门打不开，空气滤清器严重堵塞，浮子室油面过高，进油针阀不密封或卡滞不能关闭，各量孔油道磨损或堵塞。对于柴油车，则是喷油泵和喷油器工作不良。

（2）点火系原因

火花过弱，火花塞工作不良，点火过早、过迟，分电器安装不正确，正时齿轮故障。

（3）各汽缸压力降低，活塞、活塞环、汽缸磨损，进气门与导管磨损，气缸垫烧穿，配气正时失准。

二、操作技能

1．操作准备

（1）一台发动机。

（2）汽车故障排除工具及设备。

2．诊断与排除发动机油耗超标

（1）燃油消耗超标

1）检查是否由于发动机性能下降、经济性变差而导致汽车燃油消耗过大。

①检查供给系是否混合气过浓，重点检查化油器是否故障、空气气路是否堵塞、燃油油路供给是否过大，以及怠速是否过高、进气系统是否密封不良等故障。

②检查点火系工作是否良好，是否能产生足够强的火花，点火时间是否准确正时，动态正时调整装置是否灵敏有效，火花塞性能是否良好。

③检查各汽缸压力是否正常，配气正时是否准确无误，进排气是否通畅。

④检查发动机温度是否正常，以及冷车启动后发动机是否能在规定时间内达到正常工作温度。

⑤检查发动机润滑系统在怠速、中高速时的压力是否符合规定要求，以及润滑油油质是否还能继续使用。

2）检查底盘各总成工作是否良好

①检查传动系工作是否正常，传动系游动角度、滑行距离是否符合规定要求，重点检查离合器是否打滑，变速器是否缺少齿轮油，轴承预紧度是否过大，齿轮的轮齿是否有损坏或

卡滞，传动轴是否卡滞过紧、松旷及动不平衡，主减速器是否轴承预紧度过大，齿轮啮合间隙是否过大或过小等。

②检查行驶系工作是否良好，包括轮胎情况，轮毂轴承预紧度是否过紧，前轮定位情况，车架、悬架工作情况等。

③检查制动系工作情况是否良好，包括行车制动和驻车制动情况，是否存在制动拖滞、制动间隙过小等故障。

3) 检查操作、使用方面是否符合规定要求，是否有不正确的操作，是否经常有低挡大油门、超载驾驶、不合理使用燃油等情况。

(2) 机油消耗超标

1) 检查有无漏油之处。可检查发动机前部、后部、上部、下部、侧部有无明显漏油现象。

2) 检查排气管是否排蓝烟，若有则说明机油被吸入燃烧室。

①检测汽缸压力，用向火花塞孔加机油的方法测汽缸压力，以确诊是否汽缸烧机油故障。如向汽缸加注适量机油后，汽缸压力有所回升，即可说明该汽缸磨损，机油向上窜入燃烧室。

②检查 PCV 曲轴箱通风阀是否黏结而不能滑动，为避免该阀粘连，车辆每行驶 48 000 h 应予以更换。

③如排气管排蓝烟，加机油口也脉动冒烟，说明故障为汽缸活塞组磨损过大，如排气管排蓝烟，加机油口不脉动冒烟，说明故障为气门导管处不密封。

④拆检气门与气门导管，检查其间隙是否过大，气门挡油圈是否失效等。

3. 诊断与排除发动机排放超标

(1) 检查发动机是否出现如下故障现象：发动机发出"突突"的声音；排气管排放大量黑烟、蓝烟或灰白色烟雾；发动机功率不足、运转无力、不平稳、急速不良、加速不良及回火放炮、工作粗暴等故障。

(2) 使用废气分析仪检测发动机尾气排放是否超标。

(3) 如果排放超标，首先检查发动机工作性能是否良好，否则应进一步诊断。

(4) 检查汽油车点火系工作是否正常，火花塞工作是否良好，应保证足够强的火花和准确的点火正时。必要时使用点火示波器或发动机综合测试仪检测点火系工作状况。

(5) 检查燃油供给系工作是否良好，混合气是否过浓或过稀，重点检查化油器的调整情况，尤其是急速调整。对于柴油车，重点检查喷油泵和喷油器的工作情况。对于电喷车，重点检查电控燃油喷射系统工作是否良好。必要时使用仪器检测并调整，使其处于最佳工作状态。

(6) 检查各汽缸压力是否正常，配气正时是否准确无误，进排气是否通畅，曲轴箱通风是否正常，发动机温度是否正常，发动机润滑是否符合规定要求，以及燃料的品牌是否符合要求。

(7) 如果发动机动力性能良好，重新检测发动机怠速时尾气排放。如 CO 超标，则调节混合气浓度调整螺钉，使混合气适当变稀；如 HC 超标，可适当推迟点火时刻。

4. 诊断与排除发动机过热故障

(1) 现象

1) 水温表指针指示 100℃。

2) 散热器"开锅"。

(2) 原因

1) 风扇带轮打滑或断裂。

2) 接头、软管漏水。

3) 散热器水垢过厚、堵塞，或散热片过脏、变形、损坏。

4) 冷却水道堵塞或水垢过厚。

5) 节温器失效。

6) 水泵工作不良。

7) 风扇叶片变形或角度不准。

8) 风扇电动机有故障。

9) 点火过迟。

10) 混合气过浓或过稀。

11) 发动机积炭过多。

12) 长时间大负荷工作。

(3) 诊断排除

1) 检查冷却液量，如果密闭式冷却系液面下降过快，应检查冷却系各部有无漏液处。如果无漏液处，应察看机油中有无冷却液漏入。

2) 检查风扇带是否过松、打滑、断裂。如果行车中突然过热，当油门加大时，电流表不指示充电，而在放电时间歇摆动，表明风扇带断裂。

3) 检查冷却液温差。如果发动机的温度高而散热器的温度低，可能是水泵轴与叶轮脱落，应检修水泵。

4) 检查节温器。将节温器浸于水中，逐渐加热，观察阀门开启的温度。如果不符合要求，更换节温器。

5) 检查温控开关。在车上检查，将点火开关转至"ON"位置，拆下散热器温度控制开关的接头，并将其接地，此时风扇电动机应转动。如果风扇不转动，检查相应的熔断丝。

6) 检查风扇电动机。将风扇电动机的正负极与蓄电池的正负极分别正正相连，负负相连。风扇电动机应旋转。

7) 检查其他部位：火花塞、点火正时、分电器触点、润滑系等。

5. 诊断与排除发动机爆震故障（以柴油机为例）

(1) 现象

工作粗暴，振动加剧。

(2) 原因和排除方法

1) 喷油泵供油正时太早；调整喷油泵供油正时。

2) 压缩比过大；重新安装调整，使燃烧室余隙高度适中。

3) 喷油器滴油；检查喷油器压力、针阀副、出油阀副、柱塞副的磨损情况、密封情况和调整情况。

4) 大量机油窜入燃烧室；查找原因并排除。

第四节　诊断与排除电控发动机故障

学习目标

- 诊断与排除发动机怠速不稳故障
- 诊断与排除发动机回火、放炮故障

一、相关知识

发动机的故障、现象及原因见表2—6。

表2—6　　　　　　　　发动机的故障、现象及原因

发动机故障	现　象	原　因
发动机怠速不稳	发动机在怠速运转时转速忽高、忽低	空气滤清器堵塞； 有漏气部位； 怠速旁通阀有故障； 节气门连接阻塞； 节气门位置传感器或其电路有故障； 主继电器电路故障； 燃油泵故障

续表

发动机故障	现象	原因
发动机运转不稳	不论发动机处于何种工况,发动机运转都不稳定,有抖动现象	个别喷油器或电路有故障; 个别高压分线断路; 个别火花塞积炭; 氧传感器或其电路有故障; 节气门位置传感器及其电路有故障; 发动机某处漏气
发动机回火	汽车行驶中,发动机有时回火,动力明显下降	油管漏油; 冷却液温度传感器或电路有故障; 节气门位置传感器或电路有故障; 进气压力传感器或电路有故障; 进气温度传感器或电路有故障; 油压调节器有故障; 燃油泵电路有故障; 喷油器有故障; 发动机计算机有故障; 配气相位失准
发动机放炮	汽车行驶中,发动机排气消声器有放炮声,动力不足	冷却液温度传感器或电路有故障; 油压调节器有故障; 进气压力传感器或电路有故障; 节气门位置传感器或电路有故障; 进气温度传感器或电路有故障; 燃油泵电路有故障; 发动机电脑有故障

二、操作技能

1. 操作准备

(1) 一台发动机。

(2) 汽车故障排除工具及设备。

2. 诊断与排除发动机怠速不稳故障

(1) 发动机怠速不稳

1）进行自诊断，检查诊断输出代码，按代码表找出原因。
2）检查空气滤清器是否堵塞。
3）用肥皂水检查各进气连接接头是否漏气。
4）用数字万用表检查怠速旁通阀是否有故障。
5）检查节气门连接处是否阻塞。
6）用数字万用表检查节气门位置传感器及其电路是否有故障。
7）用数字万用表检查主继电器电路及燃油泵是否有故障。

（2）发动机运转不稳

1）进行自诊断，检查诊断输出代码，按代码表找出原因。
2）用单缸断火法检查分发动机各汽缸是否有不工作的。
3）检查该汽缸火花塞是否积炭、高压分线是否断路或连接处是否接触不良；如正常，则说明该汽缸喷油器或其他电路有故障，应检查喷油器及其他电路。
4）用肥皂水检查发动机各接合处是否有漏气。
5）用数字万用表检查氧传感器及其电路是否有故障。
6）用数字万用表检查节气门位置传感器及其电路是否有故障。
7）如上述检查均正常，可能是发动机内部有机械故障，应拆检发动机。

3．诊断与排除发动机回火及放炮故障

（1）发动机回火

1）进行自诊断，检查诊断输出代码，按代码表找出原因。
2）检查进气管有无漏气，油管是否漏油，各连接软管是否松动。
3）用数字万用表检查水温传感器或电路是否有故障。
4）用数字万用表检查节气门位置传感器及其电路是否有故障。
5）用数字万用表检查进气压力传感器及其电路是否有故障。
6）用数字万用表检查进气温度传感器及其电路是否有故障。
7）用油压表检查油压调节器是否有故障。
8）用数字万用表检查油泵、喷油器电路是否有故障。
9）用数字万用表检查发动机计算机是否有故障。
10）如上述检查均正常却依然回火，则应检查配气相位是否失准。

（2）发动机放炮

1）进行自诊断，检查诊断输出代码，按代码表找出原因。
2）用数字万用表检查水温传感器或电路是否有故障。
3）用油压表检查油压调节器是否有故障而造成油压增大。

4) 用数字万用表检查进气压力传感器及其电路是否有故障。
5) 用数字万用表检查节气门位置传感器及其电路是否有故障。
6) 用数字万用表检查进气温度传感器及其电路是否有故障。
7) 用数字万用表检查油泵、喷油器电路是否有故障。
8) 用数字万用表检查发动机计算机是否有故障。

第三章 汽车底盘大修

第一节 编制汽车底盘典型零部件修理工艺卡

单元一 编制变速器壳体的修理工艺卡

> **学习目标**
> - 编制变速器壳体的修理工艺卡
> - 变速器壳体的变形规律及修理方法

一、相关知识

1. 变速器壳体的变形规律及变速器壳体的主要耗损

（1）变速器壳与飞轮壳仅由几个螺栓连接，而变速器壳前壁由于刚度不大，因此，会逐渐发生变形。

（2）变速器壳后壁由于经常受驻车制动器的制动力作用而变形。

（3）变速器壳与盖的接合面，由于受不均衡外载荷作用而产生变形。

（4）轴承座孔的磨损。

(5) 螺纹孔的磨损。
(6) 变速器壳体的裂纹。

2．变速器壳体的损坏及修理工艺

(1) 变速器壳裂纹的检修

变速器壳体的裂纹可用检视法或敲击法检查。如裂纹处在受力不大的部位，可用环氧树脂胶粘法、螺钉填补法或焊修法修复；如裂纹处在受力较大的部位，应予以更换。

(2) 变速器壳体平面的检修

1) 变速器壳体上平面的翘曲变形，可在平板上用塞尺检查。平面度超过标准时，可采用铲、磨等方法修复。

2) 变速器壳体前后端面对第一、二轴轴承孔公共轴线的圆跳动误差，可用百分表及芯棒进行检测，当误差平面超过标准时，可采用铲、磨等方法修复。

(3) 变速器轴承座孔的检修

壳体轴承座孔轴线间及其与壳体上平面的平行度误差可用高度游标卡尺、百分表及内径千分尺或量缸表进行检查。

(4) 壳体螺纹孔的检修

壳体螺纹孔的损伤不超过2牙，否则，可采用加大螺纹、镶螺纹套或焊补后重新钻孔加工的方法修复。

3．变速器轴的检修工艺

变速器轴的损伤主要是弯曲、裂纹、轴颈磨损及花键齿磨损。

(1) 轴的弯曲可用百分表测量各轴中部的径向跳动，第一轴、第二轴及中间轴的径向跳动技术要求为不大于 0.025 mm，使用极限为 0.06 mm，如超过使用极限，应予以校正或更换。

(2) 轴颈的磨损可用外径千分尺测量，如超过使用极限可换用新件。

4．GB 5372《汽车变速器修理技术条件》

(1) 技术要求

1) 变速器壳体

①壳体应无裂损。壳体上所有连接螺孔的螺纹损伤不得多于2牙。

②壳体上平面长度不大于 250 mm，其平面度公差为 0.15 mm；大于 250 mm，平面度公差为 0.20 mm。

③壳体前端面对第一、二轴轴承孔的公共轴线的端面圆跳动：其端面最大可测直径大于 50 至 120 mm，公差为 0.08 mm；大于 120 至 250 mm，公差为 0.10 mm；大于 250 至 500 mm，公差为 0.12 mm；大于 500 mm，公差为 0.15 mm。

④壳体后端面对第一、二轴轴承孔的公共轴线的端面圆跳动公差为 0.15 mm。

⑤壳体前、后端面的平面度公差值，分别不大于标准规定的端面圆跳动公差值。

⑥壳体上平面与第一、二轴轴承孔的公共轴线的平行度公差为 0.20 mm。

⑦壳体上各轴承（或轴）孔轴线间尺寸偏差的绝对值，允许比原设计规定增加 0.02 mm。

⑧壳体上各承孔轴线的平行度公差允许比原设计规定增加 0.02 mm。

⑨壳体上各承孔的圆度公差为 0.008 mm。表面粗糙度一般不低于 $\sqrt{1.6}$。

⑩滚动轴承与承孔的配合公差：当基本尺寸大于 50 至 80 mm 时，其值允许比原设计规定增加 0.02 mm；基本尺寸大于 80 至 120 mm，其值允许比原设计规定增加 0.04 mm；基本尺寸大于 120 至 180 mm，其值允许比原设计规定增加 0.025 mm。

⑪轴颈与壳体承孔的配合公差允许比原设计规定增加 0.015 mm。

2）变速器盖

①盖应无裂损。

②盖与壳体的接合平面长度不大于 250 mm，其平面度公差为 0.15 mm；接合平面长度大于 250 mm，平面度公差为 0.20 mm；非上置式盖，平面度公差为 0.10 mm。

③盖上变速杆中部球形承孔直径允许比原设计规定增加 0.50 mm。

④变速叉轴与盖（或壳体）承孔的配合间隙为 0.04～0.20 mm。

3）轴

①第一、二轴及中间轴，当以两端轴颈的公共轴线为基准时：长度大于 120 mm 至 250 mm，中部的径向圆跳动公差为 0.03 mm；长度大于 250 至 500 mm，中部的径向圆跳动公差为 0.06 mm。

②第一轴的轴向间隙不大于 0.15 mm。其他各轴的轴向间隙不大于 0.30 mm。

4）齿轮与花键

①齿轮的啮合面上不允许有明显的缺陷或不规则磨损。

②接合齿轮或相配合的滑动齿轮齿端部位磨损量不得超过齿宽的 15%。

③常啮合齿轮的啮合侧隙为 0.15～0.50 mm。接合齿轮的啮合侧隙为 0.10～0.40 mm。各齿轮的啮合印痕应在轮齿啮合面中部，且不小于啮合面的 60%。

④各轴花键与滑动齿轮键槽的侧隙允许比原设计规定增加 0.15 mm。

⑤各轴花键与齿座、凸缘及其他非滑动部件的花键槽侧隙，应符合原设计规定。

5）滚动轴承或齿轮与轴颈的配合。属过盈配合的，应无间隙，且最大过盈量不超过原设计规定；属过渡配合的，其间隙允许比原设计规定增加 0.003 mm；属间隙配合的，允许比原设计规定增加 0.02 mm。

6）滚针轴承与轴颈及承孔的配合间隙为 0.02～0.125 mm。

7）衬套与轴颈和承孔的配合。属间隙或过渡配合的，其间隙允许比原设计规定增加

0.02 mm；属过盈配合的，应符合原设计规定。

8）变速叉

①变速叉端面磨损量应不大于 0.40 mm。

②变速叉端面对变速叉轴孔轴线的垂直度公差为 0.20 mm。

③变速叉两端工作侧面与环槽的配合间隙为 0.20～1.00 mm。

9）变速杆球形中心到杆下端距离应符合原设计规定。

10）第二轴凸缘的端面圆跳动公差应符合标准的规定。

(2) 检验规则

1）磨合与试验

①变速器装合后，应在试验台上磨合并进行无负荷、有负荷试验。负荷为传递最大转矩的30%左右。运转前，选用并按规定容量加注清洁的汽油机润滑油。各挡运转时间的总和一般不少于 1 h。

②运转中，第一轴转速在 1 000～2 000 r/min、油温在 15～65℃时，不允许有自动脱挡、跳挡现象。操纵机构和同步器换挡应轻便、灵活、迅速、可靠。运转和换挡时均不得有异常响声。变速杆不允许有明显的抖动现象。所有密封装置不得有漏油现象。

③磨合与试验结束后，应进行清洗。其清洁度应符合原设计规定。非接合外露表面应涂漆或银粉。按原设计规定加注润滑油。

2）变速器最大噪声及测试方法应符合国家有关规定。

3）变速器经检验合格签证后，才能交付使用或存放。

(3) 存放

变速器应存放在通风、干燥、清洁之处，并防止锈蚀。

(4) 分动器

分动器修理技术条件，可参照本标准中的相应条款。

(5) 本标准中未规定的规范、零部件的技术要求，应符合原设计或经规定程序批准的技术文件的规定。

二、操作技能

1. 编制变速器壳体修理工艺卡

(1) 编制技术检验工艺卡，技术检验工艺卡包括以下项目：

1）变速器壳裂纹的检验。变速器壳体的裂纹可用检视法或敲击法检查。

2）变速器壳平面的检验。

①变速器壳上平面的翘曲变形，可在平板上用塞尺检查。

②变速器壳体前后端面对第一、二轴轴承孔公共轴线的圆跳动误差,可用百分表及芯棒进行检测。

3) 壳体螺纹孔的检验。壳体螺纹孔的损伤不超过2牙。

4) 变速器轴承座孔的检验。壳体轴承座孔轴线间及其与壳体上平面的平行度误差可用高度游标卡尺、百分表及内径千分尺或量缸表进行检查。

(2) 编制变速器壳体修复工艺卡

按照变速器壳体技术检验结论,确定变速器壳体需要修复的部位及修理项目。根据本企业工人技术水平及设备情况编制相应的变速器壳体修复工艺卡。对于企业不具备修复条件的,可委托其他专业维修厂予以修复。变速器壳体修复工艺程序如下:

1) 彻底清理变速器壳体内外表面。

2) 根据全面检验的结论,确定修理内容及修复工艺。

3) 修补裂纹。

4) 变速器壳体变形的修复。

①变速器壳体上平面的翘曲变形,可在平板上用塞尺检查。平面度超过标准时,可采用铲、磨等方法修复。

②变速器壳体前后端面对第一、二轴轴承孔公共轴线的圆跳动误差,可用百分表及芯棒进行检测,当误差平面超过标准时,可采用铲、磨等方法修复。

5) 壳体螺纹孔的检修。壳体螺纹孔的损伤不超过2牙,否则,可采用加大螺纹、镶螺纹套或焊补后重新钻孔加工的方法修复。

6) 变速器轴承座孔的检修。

(3) 注意事项

1) 变速器壳的修理项目与修复方法不仅复杂,而且对修理质量要求也高。为了保证修理作业的顺利完成及其修理质量,必须按照一定的工艺编制工艺卡及修理作业的顺序。

2) 由于汽车新材料与新工艺的普遍应用,近年来生产的变速器壳在结构、制造工艺、材料等方面均有许多变化,对检测、维修与装配亦有不同的要求。所以,在编制修理工艺卡时,必须按照厂方的技术要求,根据本企业的具体情况编制出正确合理的修理工艺卡,不可盲目沿用传统的经验。

3) 要学习和采用国内外在汽车修理业的新技术、新工艺,以保证修理质量。

2. 编制变速器输出轴修理工艺卡

(1) 编制技术检验工艺卡,技术检验工艺卡包括以下项目:

1) 输出轴裂纹的检验。

2) 输出轴变形的检验。

3）输出轴磨损的检验。

4）输出轴轴承的检验。

5）输出轴其他部位的检验。

(2) 编制输出轴修复工艺卡

按照输出轴技术检验结论，确定输出轴需要修复的部位及修理项目。根据本企业工人技术水平及设备情况编制相应的输出轴修复工艺卡。对于企业不具备修复条件的，可委托其他专业维修厂予以修复。输出轴修复工艺程序如下：

1）彻底清理输出轴内外表面。

2）根据全面检验的结论，确定修理内容及修复工艺。

3）输出轴如有裂纹，应更换输出轴。

4）输出轴变形的修复。输出轴弯曲变形应采用冷法校正。

5）输出轴轴颈磨损可采用涂镀法进行修复。

6）输出轴轴承的修复和选配。

7）输出轴的更换。

(3) 注意事项

1）输出轴的修理项目与修复方法不仅复杂，而且对修理质量要求也高。为了保证修理作业的顺利完成及其修理质量，必须按照一定的工艺编制工艺卡及修理作业的顺序。

2）由于汽车新材料与新工艺的普遍应用，近年来生产的输出轴在结构、制造工艺、材料等方面均有许多变化，对检测、维修与装配亦有不同的要求。所以，在编制修理工艺卡时，必须按照厂方的技术要求，根据本企业的具体情况编制出正确合理的修理工艺卡，不可盲目沿用传统的经验。

3）要学习和采用国内外在汽车修理方面的新技术、新工艺，以保证修理质量。

单元二　编制差速器壳体的修理工艺卡

> **学习目标**
> - 编制差速器壳体的修理工艺卡
> - 差速器壳体的变形规律和修理方法

一、相关知识

GB 8825《汽车驱动桥修理技术条件》

(1) 主题内容与适用范围

本标准规定了非转向驱动桥修理的质量要求、检验规则及储存。

本标准适用于国产汽车非转向驱动桥的修理，非国产汽车非转向驱动桥的修理亦应参照使用。

(2) 技术要求

1) 桥壳

①桥壳应无裂损，桥壳上各部位螺纹损伤不得多于2牙。

②桥壳上的通气孔应畅通。

③钢板弹簧座定位孔磨损不大于1.50 mm。

④钢板弹簧座厚度减少量不大于2 mm。

⑤油封轴颈的径向磨损不大于0.15 mm，油封轴颈端面磨损后，轴颈部位的长度应大于油封的厚度。

⑥半轴套管应进行探伤检查，不得有裂纹。

⑦桥壳承孔与半轴套管的配合及其伸出长度应符合原设计规定。

⑧滚动轴承与桥壳的配合应符合原设计规定。

⑨非分段式桥壳以两端内轴颈公共轴线为基准：当桥壳前端面直径大于300 mm，其端面平行度公差为0.40 mm；直径小于或等于300 mm，其端面平行度公差为0.30 mm；外轴颈径向圆跳动误差超过0.30 mm时应予修校，修竣后的径向圆跳动公差为0.08 mm。

⑩分段式桥壳以桥壳的接合圆柱面、接合平面及另一端内锥面为支承：内外轴颈径向圆跳动误差超过0.25 mm时应予修校，修竣后的径向圆跳动公差为0.08 mm；桥壳与减速器壳接合平面直径大于200 mm，其端面圆跳动公差为0.10 mm；直径小于或等于200 mm，端面圆跳动公差为0.08 mm。

⑪桥壳与制动底板接合平面及圆柱面对桥壳轴线的端面圆跳动及径向圆跳动公差均为0.10 mm。

2) 半轴

①半轴应进行探伤检查，不得有裂纹。

②半轴花键应无明显扭曲。

③以半轴轴线为基准：半轴中部未加工面径向圆跳动公差为1.30 mm；花键外圆柱面的径向圆跳动公差为0.25 mm；半轴凸缘内侧端面圆跳动公差为0.15 mm。

④半轴花键与半轴齿轮及凸缘键槽的侧隙不得大于原设计规定0.15 mm。

3) 轮毂

①轮毂应无裂损，各部位螺纹损伤不得多于2牙。

②轮毂与半轴凸缘及制动鼓的接合端面对轮毂内外轴承孔公共轴线的端面圆跳动公差均为 0.15 mm。

③轮毂轴承孔与轴承的配合应符合原设计规定。

4) 主减速器

①主减速器壳

a. 壳体应无裂损。壳体上各部位螺纹损伤不得多于 2 牙。

b. 差速器左、右轴承孔同轴度公差为 0.10 mm。

c. 圆柱主动齿轮轴承（或侧盖）孔轴线及差速器轴承孔轴线对减速器壳前端面的平行度公差：当轴线长度在 200 mm 以上，其值为 0.12 mm；当轴线长度小于或等于 200 mm，其值为 0.10 mm。

d. 主减速器壳纵轴线对横轴线的垂直度公差：当纵轴线长度在 300 mm 以上，其值为 0.16 mm；纵轴线长度小于或等于 300 mm，其值为 0.12 mm；纵、横轴线应位于同一平面（双曲线齿轮结构除外），其位置度公差为 0.08 mm。

e. 主减速器壳与侧盖的配合及圆柱主动齿轮轴承与减速器壳（或侧盖）的配合应符合原设计规定。

②圆锥主、被动齿轮

a. 齿轮不应有裂纹，齿轮工作表面不得有明显斑点、剥落、缺损。

b. 以圆锥主动齿轮壳后轴承承孔轴线为基准，前轴承承孔的径向圆跳动及各端面的端面圆跳动公差为 0.06 mm。

c. 圆锥主动齿轮轴承预紧力应符合原设计规定或圆锥主动齿轮轴承的轴向间隙不大于 0.05 mm。

d. 圆锥主动齿轮花键与凸缘键槽的侧隙不大于 0.20 mm。

e. 圆锥主动齿轮前后轴承与轴颈、承孔的配合应符合原设计规定。

f. 圆锥被动齿轮与其轴连接：铆接的应铆接可靠；螺栓连接的，连接螺栓的拧紧力矩应符合原设计规定。

g. 圆锥被动齿轮端面对其轴线的圆跳动公差为 0.10 mm。

h. 圆锥主、被动齿轮啮合齿隙为 0.15~0.50 mm。

i. 圆锥主、被动齿轮接触痕迹：应达到沿齿长方向接触，位置控制在齿的中部偏小端，离小端端面 2~7 mm，接触痕迹的长度不小于齿长的 50%，齿高方向的接触痕迹应不小于有效齿高的 50%，一般应离齿顶 0.80~1.60 mm。

③圆柱主、被动齿轮

a. 齿轮不应有裂纹，齿轮工作表面不得有明显斑点、剥落、缺损。

b. 圆柱主动齿轮轴承与轴颈的配合间隙不得大于原设计规定 0.012 mm。

c. 圆柱主、被动齿轮啮合齿隙为 0.15~0.70 mm。

5) 差速器

①差速器壳应无裂损。壳体与行星齿轮、半轴齿轮垫片的接触面应光滑、无沟槽。

②十字轴承孔轴线长度在 160 mm 以上，两轴线垂直度公差为 0.10 mm，长度小于或等于 160 mm，垂直度公差为 0.06 mm；两轴线应相交，其位置度公差为 0.15 mm；每一轴线又应与半轴齿轮承孔轴线位于同一平面内，其位置度公差为 0.20 mm。

③整体式十字轴与差速器壳及行星齿轮的配合间隙分别不大于 0.10 mm 及 0.25 mm；分开式十字轴与差速器壳及行星齿轮的配合间隙分别不大于 0.05 mm 及 0.18 mm。

④分别以左右差速器壳内外圆柱面的轴线及对接面为基准，或者以差速器壳与圆柱（锥）被动齿轮接合的圆柱面的轴线及端面为基准：

a. 与差速器轴承配合的轴颈径向圆跳动公差为 0.08 mm。

b. 与差速器轴承接合端面的端面圆跳动公差为 0.05 mm。

c. 半轴齿轮承孔的径向圆跳动公差为 0.08 mm。

d. 与半轴齿轮垫片接合平面的端面圆跳动公差为 0.08 mm。

e. 与圆锥被动齿轮（或圆柱被动齿轮）接合面的端面圆跳动公差为 0.10 mm。

f. 与圆锥被动齿轮（或圆柱被动齿轮）配合的外圆柱面的径向圆跳动公差为 0.08 mm。

⑤差速器壳连接螺栓拧紧力矩应符合原设计规定。

⑥差速器轴承与壳体及轴颈的配合应符合原设计规定。

⑦差速器壳承孔与半轴齿轮轴颈的配合间隙为 0.05~0.25 mm；

⑧行星齿轮端隙应符合原设计规定。

6) 滚动轴承

①轴承的钢球（柱）和滚道上不得有伤痕、剥落、破裂、严重黑斑或烧损变色等缺陷。

②轴承架不得有缺口、裂纹、铆钉松动或钢球（柱）脱出等现象。

(3) 检验规则

1) 驱动桥装合后应加注规定润滑油进行运转试验，试验转速一般为 1 400~1 500 r/min，在此转速下进行正反转试验，各项试验的时间不少于 10 min，试验过程中，各轴承区的温升不大于 25℃，齿轮啮合不允许有敲击声或高低变化的响声，各接合部位不允许有漏油现象。试验合格后，应进行清洗并换装规定的润滑油。

2) 经检验合格的驱动桥应签发合格证并附必要的技术资料。

(4) 其他

1) 本标准中未规定的规范、零部件的技术要求，应符合原设计或经规定程序批准的技术文件的规定。

2）修竣的驱动桥经防锈处理后，应存放在通风、干燥、清洁之处。

二、操作技能

1. 编制差速器壳体技术检验工艺卡

技术检验工艺卡包括以下项目：

（1）裂纹的检验，差速器壳体应无裂损。壳体与行星齿轮、半轴齿轮垫片的接触面应光滑、无沟槽。

（2）差速器轴承与壳体及轴颈的配合的检验。

（3）差速器壳体承孔与半轴齿轮轴颈的配合间隙的检验。

（4）差速器壳体连接螺栓拧紧力矩的检验。

2. 编制差速器壳体修复工艺卡

按照差速器壳体技术检验结论，确定差速器壳体需要修复的部位及修理项目。根据本企业工人技术水平及设备情况编制相应的差速器壳体修复工艺卡。

差速器壳体修复工艺程序如下：

（1）彻底清理差速器壳体内外表面（包括水垢）。

（2）根据全面检验的结论，确定修理内容及修复工艺。

（3）差速器壳体应无裂损。壳体与行星齿轮、半轴齿轮垫片的接触面应光滑、无沟槽。

（4）差速器轴承与壳体及轴颈的配合应符合原设计规定。

（5）差速器壳体连接螺栓拧紧力矩应符合原设计规定。

（6）差速器壳体承孔与半轴齿轮轴颈的配合间隙为 $0.05 \sim 0.25$ mm。

3. 注意事项

（1）为了保证差速器壳体修理作业的顺利完成及其修理质量，必须按照一定的工艺编制工艺卡及修理作业的顺序。

（2）由于汽车新材料与新工艺的普遍应用，近年来生产的差速器壳在结构、制造工艺、材料等方面均有许多变化，对检测、维修与装配亦有不同的要求。所以，在编制修理工艺卡时，必须按照厂方的技术要求，根据本企业的具体情况编制出正确合理的修理工艺卡，不可盲目沿用传统的经验。

（3）要学习和采用国内外在汽车修理业的新技术、新工艺，以保证修理质量。

第二节　底盘总成大修

单元一　变速器和驱动桥总成的大修

> **学习目标**
> - 手动变速器总成的大修
> - 自动变速器驱动桥总成的大修
> - 转向系大修技术检验规范知识
> - 悬架系统大修技术检验规范知识

一、相关知识

1. 变速器的装配与调整的技术条件

(1) 输出轴螺母拧紧力矩为 100 N·m。

(2) 输入轴用向心滚珠轴承垫片调整，如图 3—1 所示。具体要求：先用深度游标卡尺测量出 a、b、c 的尺寸，调整垫片厚度 s 按公式 $s = a + b - c$ 计算，再按表 3—1 和表 3—2 选用调整垫片。

(3) 输入轴用组合式滚动轴承垫片调整，如图 3—2 所示。具体要求：先测出 a、b、c、d 的尺寸，大、小调整垫片厚度按公式 $s = b - c + 0.01$ 和 $v = d - a$ 计算，其 s、v 值可再由表 3—3 和表 3—4 查得。密封垫的厚度规定为 0.40 mm。

2. 变速器壳体修理技术要求

(1) 壳体应无裂纹。变速器壳体平面的平面度误差应不大于 0.15 mm。

(2) 变速器壳体第一、二轴轴承孔与中间轴轴承孔轴线的平行度误差一般应不大于 0.10 mm，倒挡轴与中间轴轴承孔轴线的平行度误差一般应不大于 0.06 mm。

(3) 变速器壳体前端面对第一、二轴轴承孔轴线的端面圆跳动应不大于 0.10 mm，后端面不大于 0.15 mm。

(4) 滚动轴承与轴承孔的配合间隙一般为 0~0.05 mm，大修允许 0~0.075 mm，使用极限为 0.10 mm。

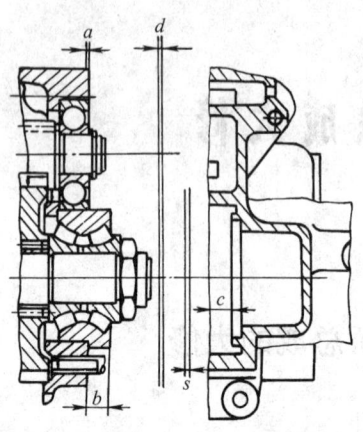

图3—1 向心滚珠轴承垫片厚度的确定
a—输入轴轴承外座圈端面高度
b—输出轴轴承外座圈端面高度
c—后盖内深度 d—密封垫厚度
s—调整垫片厚度

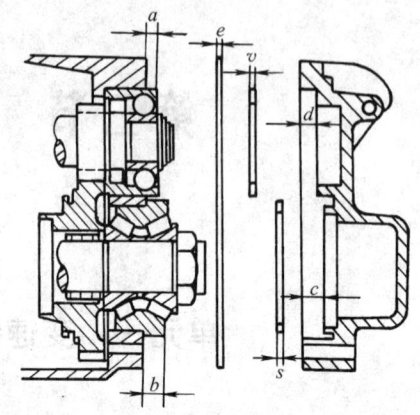

图3—2 组合式滚动轴承垫片厚度的确定
a—输入轴轴承外座圈端面高度 b—输出轴轴承外座圈端面高度
v—小调整垫片厚度 c—输出轴对应后盖内的深度
d—输入轴对应后盖内的深度 s—调整垫片厚度
e—密封垫（0.40 mm）

表3—1 密封垫的厚度

轴承的表面高度 a（mm）	密封垫的厚度 d（mm）	备用件编号
0.2 ~ 0.26	0.30	014 301 235C
0.27 ~ 0.32	0.40	014 301 235D

表3—2 调整垫片的厚度

$a+b-c$（mm）	调整垫片的厚度 s（mm）	备件号	$a+b-c$（mm）	调整垫片的厚度 s（mm）	备件号
0.10 ~ 0.13	0.15	014 301 490B	0.74 ~ 0.78	0.80	014 301 490K
0.14 ~ 0.18	0.20	014 301 490C	0.79 ~ 0.83	0.85	= 0.60 + 0.25
0.19 ~ 0.23	0.25	014 301 490D	0.84 ~ 0.88	0.90	014 301 490L
0.24 ~ 0.28	0.30	014 301 490E	0.89 ~ 0.93	0.95	= 0.70 + 0.25
0.29 ~ 0.33	0.35	= 0.20 + 0.15	0.94 ~ 0.98	1.00	014 301 490M
0.34 ~ 0.38	0.40	014 301 490F	0.99 ~ 1.03	1.05	= 0.80 + 0.25
0.39 ~ 0.43	0.45	= 0.20 + 0.25	1.04 ~ 1.08	1.10	014 301 490N
0.44 ~ 0.48	0.50	014 301 490G	1.09 ~ 1.13	1.15	= 0.95 + 0.25
0.49 ~ 0.53	0.55	= 0.30 + 0.25	1.14 ~ 1.18	1.20	014 301 490P
0.54 ~ 0.58	0.60	014 301 490H	1.19 ~ 1.23	1.25	= 1.00 + 0.25
0.59 ~ 0.63	0.65	= 0.40 + 0.25	1.24 ~ 1.28	1.30	014 301 490Q
0.64 ~ 0.68	0.70	014 301 490J	1.29 ~ 1.33	1.35	= 1.10 + 0.25
0.69 ~ 0.73	0.75	= 0.50 + 0.25	1.34 ~ 1.38	1.40	014 301 490R

表3—3　　　　　　　　　　　　　调整垫片 s 的尺寸

$b-c+0.10$ (mm)	垫片厚度 s (mm)	备件号	$b-c+0.10$ (mm)	垫片厚度 s (mm)	备件号
0.03~0.17	0.15	014 301 90B	0.78~0.83	0.80	014 301 490K
0.18~0.23	0.20	014 301 490C	0.84~0.87	0.85	=0.60+0.25
0.24~0.27	0.25	014 301 490D	0.88~0.93	0.90	014 301 490L
0.28~0.33	0.30	014 301 490E	0.94~0.97	0.95	=0.70+0.25
0.34~0.37	0.35	=0.20+0.15	0.98~1.03	1.00	014 301 490M
0.38~0.43	0.40	014 301 490F	1.04~1.07	1.05	=0.80+0.25
0.44~0.47	0.45	=0.20+0.25	1.08~1.13	1.10	014 301 490N
0.48~0.53	0.50	014 301 490G	1.14~1.17	1.15	=0.95+0.25
0.54~0.57	0.55	=0.30+0.25	1.18~1.23	1.20	014 301 490P
0.58~0.63	0.60	014 301 490H	1.24~1.27	1.25	=1.00+0.25
0.64~0.67	0.65	=0.40+0.25	1.28~1.33	1.30	014 301 490Q
0.68~0.73	0.70	014 301 490J	1.34~1.37	1.35	=1.10+0.25
0.74~0.77	0.75	=0.50+0.25	1.38~1.43	1.40	014 301 490R

表3—4　　　　　　　　　　　　　调整垫片 v 的尺寸

$d-a$ (mm)	调节垫片厚度 v (mm)	备用件号
1.2~1.25	1.55	N901 185.01
1.26~1.30	1.60	N901 186.01
1.31~1.35	1.65	N901 187.01
1.36~1.39	1.70	N901 188.01

3. 转向系大修技术检验规范知识

转向系大修技术检验规范符合 GB 8823《汽车前桥及转向系修理技术条件的规定》。主要包括：

(1) 转向器壳体及盖应无裂损。

(2) 壳体上两蜗杆轴承孔公共轴线与两摇臂轴轴承公共轴线的垂直度公差应符合规定。两轴线间的距离应符合原设计规定。

(3) 蜗杆应无损坏。

(4) 蜗杆齿面及轴承滚道应无金属剥落及明显的阶梯磨痕。

(5) 蜗杆轴承与壳体配合的最大间隙不得大于原计划规定的 0.02 mm。

(6) 蜗杆轴承与蜗杆轴配合的最大间隙不得大于原计划规定的 0.006 mm。

(7) 摇臂轴、滚轮不得有裂纹，端部花键不得有扭曲。

(8) 转向指销工作锥面应无金属剥落，更换时应成对更换。

(9) 更换摇臂轴轴承时，该轴承与壳体及摇臂轴的配合应符合原厂规定。

(10) 双销式转向器在装合转向蜗杆时，转向器上盖调整垫片的厚度不得任意改变，装合后必须保证蜗杆中心在转向器内的正确位置。

(11) 装合转向轴臂时，转动转向轴所需转矩不大于规定值。

(12) 转向盘与转向柱紧固螺母按规定力矩拧紧。

(13) 转向器装合后，应按原设计要求进行检查。

4. 悬架系统大修技术检验规范知识

(1) 钢板弹簧应视需要进行热处理恢复弹性。钢板弹簧卡子应按规定配齐，卡子内侧与钢板弹簧侧的间隙各为 0.7~1.0 mm，卡子套管与钢板弹簧顶面的距离应为 1~3 mm。

(2) 已装配好并压紧的钢板弹簧，在其中部，片与片之间应紧密配合，相邻两片在总接触长度 1/4 的长度内的间隙一般不大于 1.2 mm。已装合好的钢板弹簧，弧高应符合原厂规定。

(3) 钢板弹簧与支架、吊耳之间的相互间隙均应符合原厂规定。

(4) 减振器装合后，各部件应密封良好，无渗漏，并符合性能试验要求。

二、操作技能

1. 操作准备

(1) 汽车底盘。

(2) 汽车维修、调整及检测工具及设备。

2. 手动变速器的装配和调整

(1) 压入输出轴总成。压入输出轴总成时，要将换挡叉轴和 1、2 挡拨叉以及输出轴总成一起装入后壳体中，然后压入后轴承，如图 3—3 所示。压入轴承时应注意 1、2 挡拨叉轴的活动间隙，必要时可轻轻敲击，以免卡住。

(2) 安装 1、2 挡拨块，压入弹性销。装好倒挡齿轮，压入倒挡齿轮轴和倒挡传动臂。

(3) 安装输入轴的同时，要拉回 3、4 挡的换挡叉轴至 3、4 挡拨叉能够装入滑动齿套为止，同时应位于空挡位置，并用弹性销固定好拨叉。

(4) 放好新的密封环，将输入轴和输出轴及后壳体一起与壳体用 M8×45 的螺栓连接，紧固力矩为 25 N·m。

(5) 压入输出轴的向心轴承和组合式轴承。向心轴承保持架封闭面对着后壳体。而组合式轴承的滚柱对着后壳体。

(6) 安装 3、4 挡拨叉轴的小止动块，拧紧输出轴螺母，再将换挡叉轴置于空挡位置。

(7) 变速器后盖的安装和垫片的选择。由于输出轴本身是主减速器的主动齿轮，因此，输出轴的压紧十分重要,后盖上的垫片要合理选择。

3. 自动变速器驱动桥中各总成的装合与调整

(1) 输出轴的装合及垫片厚度的调整

1) 将输出轴、轴承及调整垫片装入驱动桥壳体内,以专用螺母作为压装工具将输出轴齿轮及轴承压装到位,如图3—4至图3—6所示。

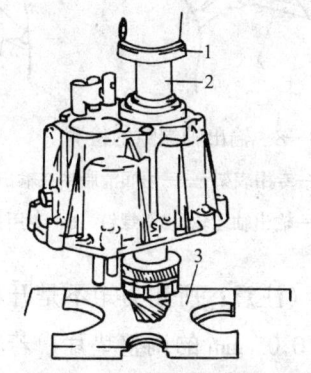

图3—3 压入输出轴轴承

1—VW412 2—VW426 3—VW402

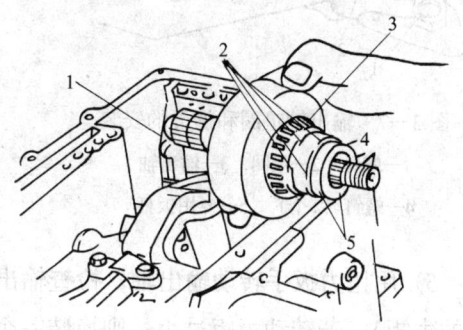

图3—4 输出轴、轴承及调整垫片的装合

1—输出轴总成 2—用润滑脂将调整垫片粘到位
3—锥形滚动轴承 4—润滑孔 5—调整垫片

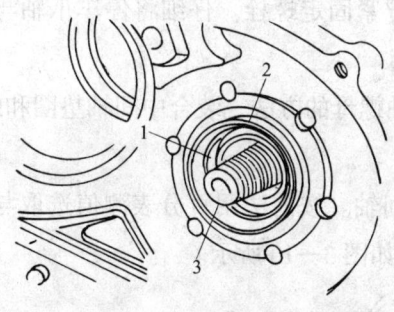

图3—5 装配后的输出轴总成

1—调整垫片 2—轴承盖 3—输出轴总成

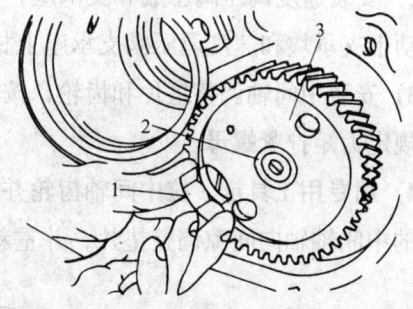

图3—6 输出轴齿轮的装合

1—专用螺母 2—输出轴 3—输出轴齿轮

2) 输出轴和齿轮总成保持不动(可用2个螺钉将一扳杆固定在输出轴齿轮上),装上输出轴垫圈和螺母,按照规定力矩拧紧。装毕拆下扳杆,如图3—7所示。

3) 把百分表支架装在驱动桥壳体上,使百分表触头对着输出轴中心孔上黏着的钢球,用专用工具推、拉并同时转动输出轴,将输出轴轴承装合到位。推、拉输出轴时,检查百分表读数,按照实测值查阅维修手册,按原厂规定选取相应厚度的调整垫片,如图3—8所示。

4) 重新拆下输出轴螺母、垫圈和齿轮。安装选取的新调整垫片,再依顺序装合,固定输出轴,按规定力矩拧紧轴端紧固螺母。

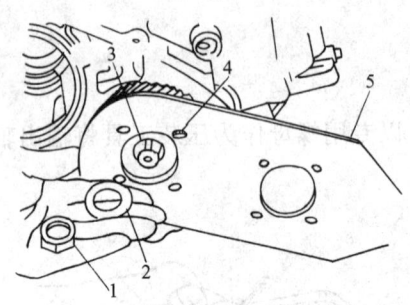 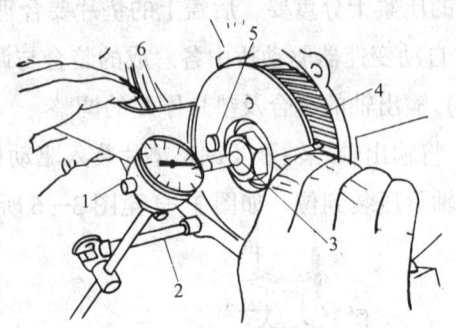

图 3—7　输出轴垫圈和螺母的安装
1—螺母　2—垫圈　3—输出轴
4—螺钉（2个）　5—专用扳杆

图 3—8　输出轴端隙的检测
1—百分表　2—专用表架　3—用润滑脂粘在输出轴中心孔上的钢球　4—输出轴齿轮　5—螺钉　6—专用推拉工具

5）用扭力扳手转动输出轴，检查输出轴的转动扭矩（注意：所测力矩不是开始转动所需的力矩）。若转动力矩过小，则换装一个较原厚度薄约 0.05 mm 的调整垫片；若转动力矩过大，则换装一个较前约厚 0.05 mm 的调整垫片，直至转动力矩达到规定值。

（2）轴的装合及转动力矩的调整

1）用专用工具将中间轴装入驱动桥壳体，如图 3—9 所示。

2）安装速度调压阀总成和支承座，按规定力矩拧紧固定螺栓。仔细将停车爪轴与倒挡后制动带支承块和速度调压阀支承座上相应的孔对正。

3）安装中间轴调整垫片和齿轮，按照安装输出轴螺母的方法，装合中间轴垫圈和螺母，并按规定力矩拧紧螺母。

4）用专用工具推、拉中间轴齿轮并同时转动中间轴。按前法用百分表测值选取与更换相应的中间轴轴向间隙调整垫片，并重新进行装合，如图 3—10 所示。

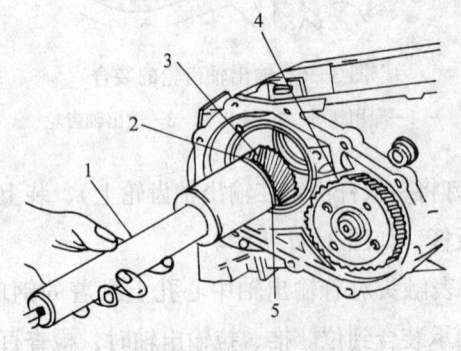 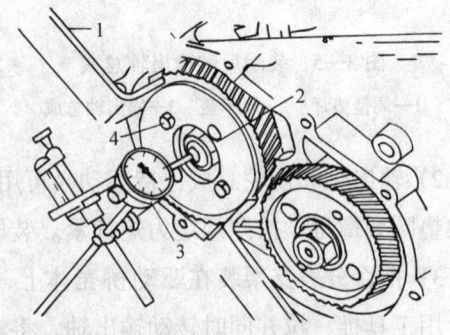

图 3—9　中间轴的装合
1—专用工具　2—轴承支座总成
3—中间轴　4—输出轴　5—O 形密封环

图 3—10　中间轴端隙的检测
1—专用推拉工具　2—用润滑脂粘在中间轴中心孔上的钢球
3—百分表　4—螺栓

5) 检查与调整中间轴端隙,用百分表检测,通过增减调整垫片厚度的方法,直至达到规定值。端隙过大,中间轴将出现轴向窜动,有噪声;端隙过小,轴承工作温度过高则会发热。

6) 安装调整好中间轴后,安装输出轴及其调整垫圈和螺母,并按规定力矩紧固螺母。

(3) 变速驱动桥的装合

1) 装好输出轴齿轮、垫圈和螺母,按规定力矩拧紧。

2) 安装停车爪、回位弹簧和枢轴,如图3—11所示。

3) 将11号止推垫片(大的)涂以润滑脂,装入驱动桥壳体后部。

4) 以专用工具将单向离合器装入凸轮圈总成中(暂勿拆下专用工具),如图3—12所示。

5) 将低挡和倒挡后制动带支承杆装入驱动桥壳体,并将支承杆和制动伺服油缸的作用杆相连接。

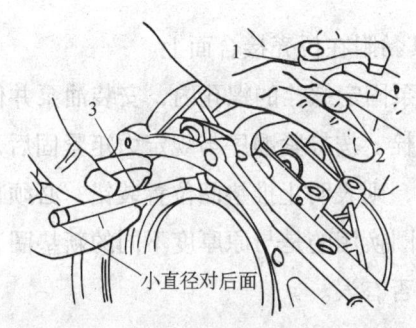
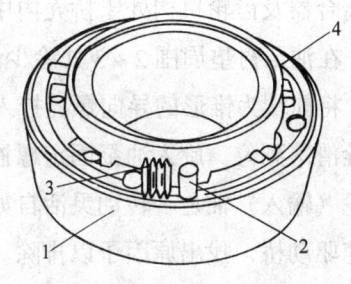

图3—11 停车爪、回位弹簧和枢轴的安装
1—停车爪 2—回位弹簧 3—停车爪枢轴

图3—12 单向离合器的装配
1—单向离合器凸轮圈总成 2—滚子(8个)
3—弹簧(8个) 4—专用工具

6) 回旋低挡和倒挡制动带调节螺钉,使制动带达到最大张开程度。

7) 仔细将单向离合器凸轮圈总成(连同专用工具)与低、倒挡离合器和单向离合器毂对正。向内推动凸轮圈总成,并顺着单向离合器超载工作的方向转动凸轮圈。当单向离合器滑阀安装到位时,专用工具自行脱落在单向离合器毂上。这时再拆除专用工具。

8) 将10号止推垫圈涂以润滑脂,并装在后排行星架后部。连同行星架一起装入驱动桥壳体内与行星齿圈相接合。

9) 将9号止推垫圈涂以润滑脂,并装在后排行星架前部。8号、7号止推垫圈涂以油液,装在驱动桥壳上,再装上弹性卡环和公用中心轮。

10) 安装驱动壳总成,使公用中心轮与后行星架的齿轮相啮合。再将前行星轮总成装入前行星轮齿圈内。

11) 将6号止推垫圈涂以润滑脂，并装在前行星轮总成与齿圈后部表面上，再一起装入驱动桥壳体内，使中心轮与前行星齿轮相啮合。

12) 将前行星齿轮总成与齿圈用弹性卡环固装在驱动桥输出轴上（不要忘记装4号和5号止推垫圈）。

13) 将3号止推垫圈涂以润滑脂，并粘装在输出轴前端。

14) 将离合器总成、前离合器鼓、涡轮轴和2号止推垫圈装入驱动桥壳体内。

15) 将后离合器总成与其花键鼓相对正，轻转后离合器及涡轮轴，使摩擦片键齿与花键鼓键齿相啮合。当完全啮合时，将各件组装后自行落座在离合器花键鼓上。

16) 将直接挡离合器总成与前离合器鼓相对正，慢慢向后移动涡轮轴（并轻转），使前离合器摩擦片与钢压片相接合。当前离合器自行落座时，即安装到位。

17) 将降挡制动带和支承杆装入桥壳内，并套装在前离合器鼓上。拧紧制动带调整螺钉，使离合器及齿轮机构处于桥壳内中心位置。

18) 在油泵衬垫周围2~3处涂少许润滑脂，将其黏附在桥壳接合面上。

19) 将前端为锥形的导向螺栓拧入驱动桥壳上油泵固定螺栓的螺孔内，安装油泵并使其导向螺栓滑落到位。旋入油泵固定螺栓，取下导向螺栓。按拧紧顺序与规定力矩紧固后，应检查涡轮（输入）轴是否转动灵活自如。若不能转动，则表明止推垫圈位置装错，必须再次分解变速驱动桥，找出原因予以排除。若3号止推垫圈换用的是与原厚度不同的新垫圈，则应用百分表检查涡轮（输入）轴端隙，再次核实其是否有误。

(4) 降挡制动带、低挡与倒挡后制动带的装调

旋松其调整螺钉锁母及螺钉，按规定力矩拧紧调整螺钉。按维修手册中的规定将调节螺钉回旋一定圈数，用扳手固定住调节螺钉，拧紧锁紧螺母，即装调完毕，如图3—13、图3—14所示。

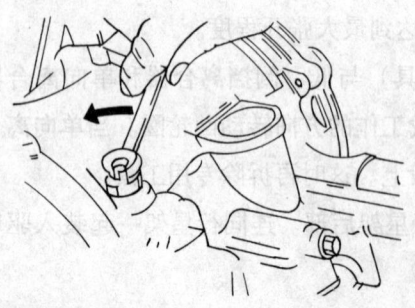

图3—13　拧松前降挡制动器锁紧螺母和调整螺钉

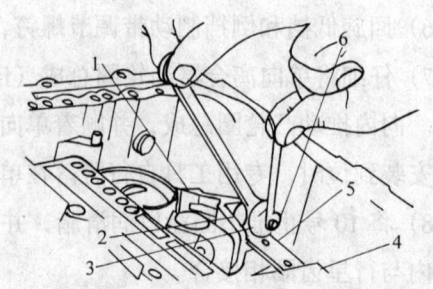

图3—14　低挡与倒挡后制动带的装调
1—低挡和倒挡制动带作用杆　2—作用杆（短）
3—锁紧螺母　4—低挡和倒挡制动带
5—支承杆　6—调整螺钉

（5）变速驱动桥装合质量的检验

以 206 kPa 干燥洁净的压缩空气，按图 3—15 所示的各油孔依次吹入压缩空气进行检验。专用工具为带橡胶接头的空气枪，将喷嘴紧压在孔口即可。

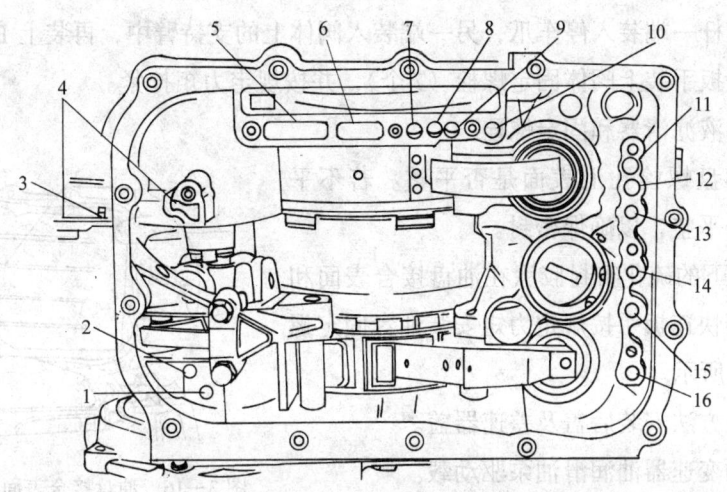

图 3—15 压缩空气实验
1—速度调节压力孔 2—主压力至速度调压阀孔 3—速度调节压力螺塞 4—速度调节压力孔
5—油泵进油孔 6—油泵压力孔 7—前离合器作用油孔 8—后离合器作用油孔
9—至变矩器油孔 10—来自变矩器的油孔 11—至油液冷却器油孔 12—降挡伺服油缸放松油孔
13—降挡伺服油缸作用油孔 14—储能器放松油孔 15—储能器作用油孔 16—低挡和倒挡伺服油缸作用油孔

1）前离合器的检验。压缩空气吹入前离合器作用孔时，离合器应发出"砰"的一声响，表明其工作性能良好。若无此响声，必有漏气之处（有时可听到桥壳内"咝咝"的漏气声），出现此种现象，必须将变速驱动桥解体，找出原因予以排除。否则，在三挡行驶时，前离合器将发生打滑现象。

2）后离合器的检验。吹入压缩空气时，后离合器立刻接合并发出"砰"的响声。放出压缩空气，离合器立即分离，表明其工作性能良好。若出现不接合现象并伴有"咝咝"的漏气声，必须予以排除。

3）伺服油缸的检验。向作用油孔吹入压缩空气时，制动带应立即抱紧（制动）。吹入放松油孔时，制动带应立即放松（解除制动）。否则，表明伺服油缸工作不良，应查明原因予以排除。

注意：试验时，不要将手放在油缸摇臂和制动带的前方，以防其弹出伤人。

4）储能器的检验。向其作用孔及放松孔吹入压缩空气，即能判断工作性能是否良好。

注意：手与面部切勿正对储能器，以防其弹出伤人（一般是由于弹性卡环未完全入槽）。

4．变速驱动桥总装配

（1）将阀体上的速度调压阀油管与变速驱动桥上相应的孔对正。用旋具轻击油管，使其插入该孔中。

（2）把阀体放置在桥壳上，并对正位置。

（3）将停车杆一端装入停车爪，另一端装入阀体上的支持臂中，再装上 E 形夹。

（4）用快速扳手装上阀体固定螺栓（7个），并按规定力矩拧紧。

（5）安装油液滤清器和固定螺栓。

（6）检查油盘螺栓孔上表面是否平整。若不平整，应用锤轻击平整，以确保密封。

（7）将室温下的硫化密封胶涂在油盘接合表面和各螺栓孔处，用快速扳手按规定力矩安装油盘固定螺栓，如图 3—16 所示。

（8）用以上方法安装后盖及差速器盖。

（9）用自动变速器油润滑油泵驱动毂。

（10）将变矩器装合在变速驱动桥内，并与涡轮轴、导轮支承座、油泵驱动毂及油泵驱动齿轮相接合。

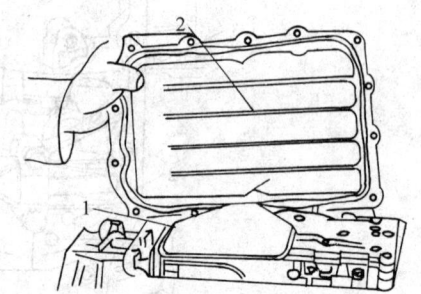

图 3—16 油盘接合表面和各螺栓孔位置
1—油液滤清器 2—变速驱动桥油盘

5．变速驱动桥装车

（1）将变速驱动桥置于专用拆装千斤顶上，插好安全链条。

（2）在车下将变速驱动桥移至与发动机对齐。

（3）将变速驱动桥移向发动机，并使变矩器的导向柱插入曲轴导向孔中，以多用途润滑脂润滑变矩器导向柱。

（4）插入 1~2 个变矩器壳体固定螺栓，以固定变速驱动桥位置。

（5）将变矩器前移，使其与柔性板孔相对齐。

（6）若变矩器为原车所配的，则应使柔性板与变矩器的装配标记对齐。

（7）装好变矩器，按规定顺序与力矩拧紧周围的固定螺栓（可通过右侧挡泥板孔转动曲轴）。

（8）安装发动机、起动机总成。

（9）安装发动机左支架及其固定螺栓。

（10）安装支架隔振垫贯穿螺栓。

（11）将发动机安装支架装到十字架上。

（12）连接停车及空挡安全开关。

(13) 装上左挡泥板及孔塞。

(14) 清洁、润滑传动轴防护套，并装在传动轴万向节上。

(15) 安装传动轴整体。安装时应把万向节支承好，以防止内部部件损伤。安装好内万向节后，再装外万向节，并将外万向节花键轴装入转向节总成内，如图 3—17 所示。

(16) 转向节与下球节接触时，必须按规定力矩拧紧转向节螺栓，如图 3—18 所示。

图 3—17　花键轴的装合

1—花键轴　2—防尘套　3—花键毂

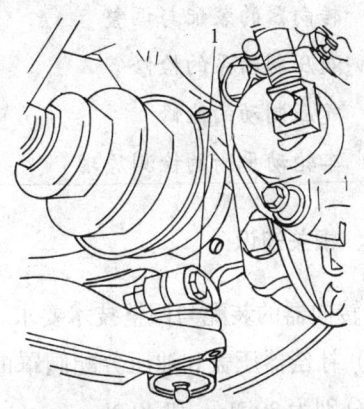

图 3—18　转向节螺栓的紧固

1—转向节夹头螺栓

(17) 更换车速表小齿轮表接头的油封，并将其接头总成装入变速器驱动桥右延伸壳内。

(18) 安装轮毂垫圈及螺母，按规定力矩拧紧。

(19) 紧固锁紧螺母，以便安装和紧固锁销。

(20) 安装车轮总成，注意对正装配标记，按规定力矩拧紧车轮螺母。

(21) 在发动机罩盖下安装 3 个变矩器壳体螺栓。

(22) 移去发动机支承物。

(23) 由计算机控制的变矩器，应将其电线接头插接到变速驱动桥上。

(24) 连接变速驱动桥冷却软管。

(25) 连接节气门杆，并进行调整。

(26) 连接与调整选挡手柄杆。

(27) 连接蓄电池负极导线。

(28) 变速器驱动桥内加注新的自动变速器油 5 L。

(29) 在发动机运转和选挡手柄位于停车挡的情况下，调整油液平面至油尺规定位置。

(30) 进行路试及路试的检查。

单元二　发动机转向、制动总成的大修

> **学习目标**
> - 转向器的装配与调整
> - 液压制动系的检修
> - 气压制动的检修
> - 车轮动平衡的检测原理

一、相关知识

1. 转向器的装配与调整技术要求

(1) 补偿器压盖和油压分配阀罩的螺栓拧紧力矩为 20 N·m，高压油管和回油管螺塞拧紧力矩分别为 30 N·m 和 40 N·m。

(2) 各 O 形密封圈装配时应更换新件。

(3) 转向器齿轮、齿条应处于无间隙啮合，且齿轮转动灵活。

2. 鼓式制动器的装配与调整技术要求

(1) 检查制动蹄摩擦衬片的厚度，标准值为 5 mm，磨损极限为 2.5 mm。

(2) 制动鼓内径标准值为 $\phi 200$ mm（或 $\phi 180$ mm），磨损量不得超过 1 mm。

3. 盘式制动器的装配与调整技术要求

(1) 安装制动钳壳体时，用 70 N·m 的力矩紧固定位螺栓。

(2) 安装后，停车状态用力将制动器踏板踩到底数次，以便使制动摩擦片正确就位。

(3) 各部件装配完毕，应加注制动液并排出系统中的空气。

4. 车轮动平衡的检测原理

被测车轮安装在平衡机主轴的一端，主轴中部用轴支承，另一端为自由端。当主轴带动车轮旋转时，若车轮质量不平衡，将引起主轴另一端振动。其振幅的大小，在一定转速下，只与车轮不平衡质量大小成正比。如果在垂直于轮轴的两个平面内，存在着两个相差 180°相位的质量，则车轮旋转时，这两个质量产生的离心力将形成一个使主轴偏斜的力偶。在主轴的自由端，有一对垂直于主轴的平衡锤。在主轴旋转时，它也将产生一个使主轴偏斜的力偶。车轮平衡机中有两组杠杆，测试时，用一组杠杆调整平衡锤相位使之于车轮不平衡质量相对应；用另一组杠杆调整平衡锤倾斜角，使之产生的力偶于不平衡车轮产生的力偶相抵消，使主轴不再振动。此时，两组杠杆所移动的位置，分别表示车轮的不平衡质量的大小和相位。

随着汽车技术和运行道路条件的改善,汽车运行速度也有很大的提高。因此,车轮动平衡的问题也就显得十分重要。车轮动平衡的检测必须使用专用的设备,即车轮动平衡机。

二、操作技能

1. 操作准备

(1) 汽车底盘。

(2) 汽车维修、检测、装配工具及设备。

2. 转向器的装配与调整

桑塔纳2000型轿车液压助力转向器结构组成如图3—19所示。

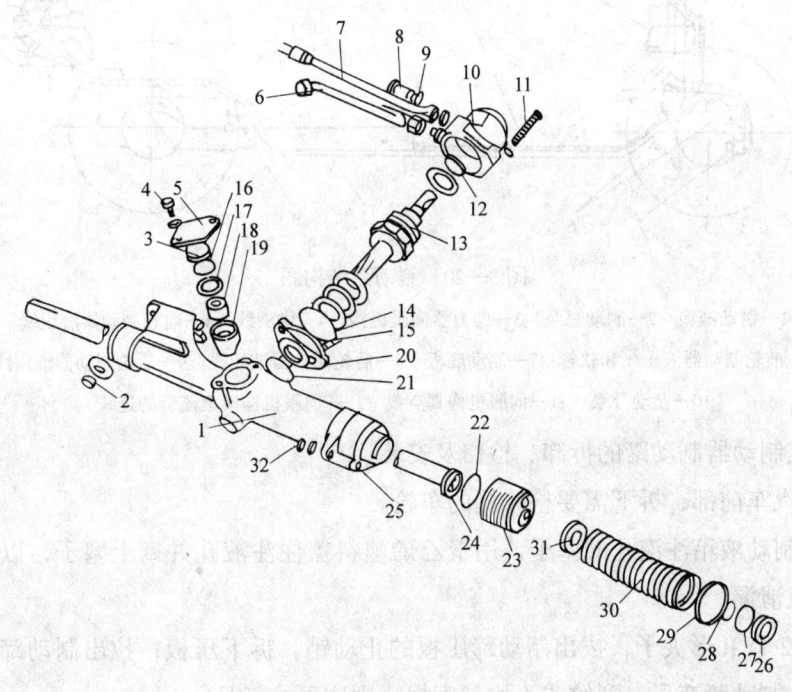

图3—19 液压助力转向器的组成

1—转向器外壳 2—自锁螺母 3—密封座 4,11—螺栓 5—压盖 6—高压油管 7—回油管 8—油管螺栓 9,16—密封圈 10—油压分配阀体罩壳 12—油封 13—带液压分配阀的主动齿轮 14,15,21,22—O形圈 17—补偿垫圈 18—弹簧 19—滑块 20—中间盖 23—密封盖 24—带活塞的齿条 25—内六角螺栓 26—齿条密封罩 27—挡圈 28—齿形垫圈 29—夹箍 30—防尘罩 31—固定环 32—螺母

(1) 齿条表面涂转向器润滑脂,用相应的专用套管将各密封件装入转向器壳体中。

(2) 安装密封圈和密封盖。

(3) 安装主动齿轮和油压分配阀体罩的密封圈。

(4) 将阀体和主动齿轮总成用螺栓紧固在转向器外壳上。

(5) 将补偿器压块、弹簧、补偿垫圈、密封圈和压盖依次装入转向器壳体,并用螺栓紧固。

(6) 安装各油管和左右横拉杆。

3. 液压制动系的检修

(1) 制动系结构

制动系结构如图3—20所示,制动系要求周期性地进行技术维修。

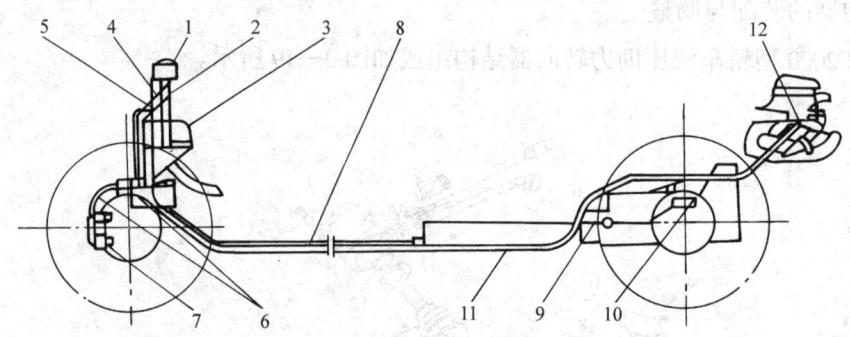

图3—20 制动系结构图

1—制动液箱 2—制动总泵 3—助力器伺服机构 4—供液线 5—前轮制动器液压线
6—前轮制动器液压线和软管 7—制动底板 8—后轮制动器液压线 9—后轮制动器液压线
10—制动分泵 11—伺服机构真空线 12—伺服机构接集流管的连线

(2) 盘式制动器制动蹄的拆卸、检修及安装

1) 支起汽车前部,拆下需要检修侧的车轮。

2) 拧出制动液箱注液孔的塞子,用聚乙烯塑料盖住注液孔并塞上塞子,以便在拆软管时减少制动液泄漏。

3) 抽出2个R形夹子,拔出制动蹄压板的止动销,拆下压板;拉出制动蹄,并注意哪一面朝外。若制动蹄变形、裂纹或不均匀磨损,则应更换新品。

4) 制动蹄安装顺序则相反。

(3) 盘式制动器底板的拆装

1) 支起汽车前部,拆下前轮。

2) 将制动软管接至底板,摘下底板液压管,堵住液压管和底板上的接嘴。

3) 旋下底板固定螺栓,卸下底板。并注意垫片的厚度。检查底板及垫片有无裂纹及磨损,必要时要更换新品。

4) 底板安装顺序刚好相反。

(4) 盘式制动器底板的检修

1) 拆下制动底板,仔细清洗其外表面。

2) 抽出制动蹄。摘下液压连接管,旋出螺钉,拆下液压缸弓形夹;取下橡胶套;用气泵往进气孔内充气,抽出活塞,摘下密封环。

3) 任何情况下也不要拆下制动蹄导架,因为导架是制造厂调整好的。

4) 清洗所有零件,检查一下有无磨损,必要时更换新品。

5) 底板装配顺序则相反。

(5) 制动盘的拆装及检修

1) 先拆下底板,拧出轮毂螺母,再拧下4个定位螺栓,从轮毂上摘下制动盘。

2) 如果盘严重划伤或磨损,则应更换新品。盘的最小允许厚度为7.5 mm。制动盘也可进行加工。加工时自盘两侧削下相同数量的金属。盘的摆动不应超过0.15 mm。

3) 制动盘的安装顺序与拆卸相反。

(6) 后制动鼓和制动片的拆装及检修

1) 后制动鼓同时起轮毂的作用。拆卸制动鼓必须用专用扳手。首先支起汽车后部,拆下后车轮。放下驻车制动器。拉出制动挡板上的上封口螺钉。用旋具旋出自调制动机构的月牙板。

2) 拔出开口销,旋出轮毂螺母。

3) 用专用扳手拆下制动鼓。若制动垫片厚度小于允许值或接近允许值,则垫片应更换。

4) 为了拆下制动蹄片需用钳子调整制动片的调整垫片,使其切口与销钉头重合,之后旋出销钉、弹簧和垫片。

5) 用旋具摘下钩住制动片上部的弹簧和下部的弹簧。拆下制动杆上的驻车制动钢索。

6) 摘下制动片。

7) 将橡胶环套在车轮分泵上,以防止活塞移动。在拆制动片时不能踩制动踏板。

8) 仔细清洗制动片、挡板和制动鼓。检查车轮分泵上橡胶套的状况,看是否有泄漏制动液的痕迹。

9) 制动鼓的安装顺序与拆卸顺序相反。安装前应在滑块表面涂上一些制动润滑油。安装应注意下列因素:安装定位销钉和弹簧;检查一下回位弹簧安装是否到位。为了正确安装弹簧,先钩住其中一端,之后用旋具拉起另一端使之安装到位;安装轮毂;调整驻车制动器。

(7) 后轮制动分泵的拆装及检修

后轮制动分泵如图3—21所示。

1) 为了拆卸、检修或更换后轮制动分泵必须拆下后车轮、制动鼓和制动片。

2) 从制动挡板上摘下液压软管,同时应注意液压软管的安装角度,以便正确安装。同时将软管缠在一边,以免妨碍其他部件的拆卸。

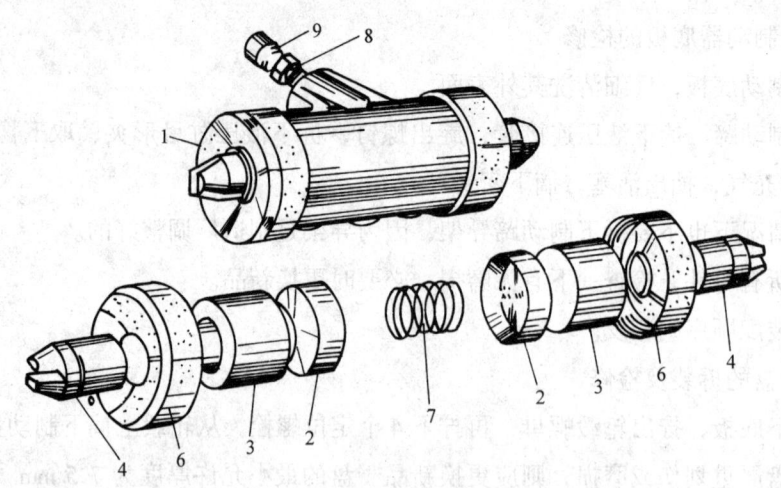

图3—21 后轮制动分泵
1—制动分泵 2—密封件 3—活塞 4—推杆 6—橡胶套 7—弹簧 8—排出口 9—防尘罩

3）摘下排出口，拧出两个螺栓，并从制动挡板上拆下制动分泵。

4）仔细清洗制动分泵的外表面。制动分泵的拆卸应在干净的纸上进行。

5）自制动分泵的两端拆下橡胶套，抽出推杆和活塞，以及内、外密封件。

6）仔细清洗所有零件，检查密封件、活塞和分泵内表面，看有无磨损、裂纹，损坏是否严重，若磨损严重应更换；检查活塞皮碗有无老化、变形和损伤，必要时应更换；检查分泵弹簧是否变形和损坏，必要时应更换。

7）制动分泵的装配则相反。为了便于密封件的安装应事先涂清洁的制动液。密封件的边缘应位于活塞的反面。

(8) 制动总泵的拆卸、检修及装配

制动总泵如图3—22所示。

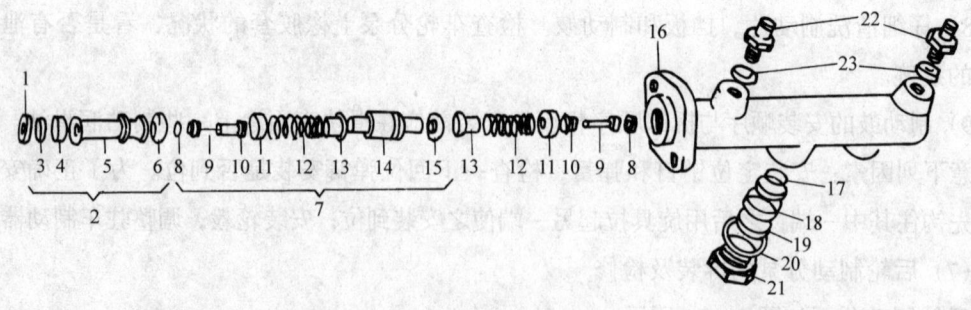

图3—22 制动总泵
1—止动环 2—第一活塞件 3—罩式环 4—密封件 5—第一活塞 6—活塞皮碗 7—第二活塞件 8—阀门 9—连接杆 10—弹簧 11—衬套 12—弹簧 13—压板 14—第二活塞 15—密封环 16—总泵体 17—弹簧 18—阀体 19—阀密封件 20—密封环 21—引出接头 22—引入接头 23—密封环

1)拆卸制动总泵前应仔细清洗其外表面。

2)自制动总泵后端摘下橡胶套,拉出止动环。

3)从总泵内抽出两个活塞及其辅件,对零件的先后顺序及其布置状态做好标记。

4)用制动液仔细清洗总泵零件,并将它们放在干净的工作台面上。检查活塞皮碗,如磨损严重、变形或损伤应更换新品;检查活塞有无台阶磨损,测量活塞和总泵内壁间隙,若超出允许值则应更换活塞;检查回油孔是否堵塞,如堵塞可用钢丝疏通,并用压缩空气吹净。

5)总泵的装配顺序与拆卸顺序相反。装配时应注意:

①安装活塞及其辅件时,辅件不应过紧。

②检查阀门和推杆安装是否正确,活塞皮碗是否变形。

③装配前用清洁的制动液润滑所有零件。

(9)制动系助力器伺服机构的拆装

1)通常助力器很少出现故障。

2)若助力器出现故障不能单独修理,应拆下伺服机构,或更换新助力器,或交给维修站修理。

3)伺服机构布置在制动总泵和制动踏板支架之间,因此,要拆下伺服机构必须先拆下总泵。然后拆下制动踏板。

4)拆下伺服机构的真空软管。拧下制动踏板支架上的止动螺母,卸下伺服机构总成。

5)伺服机构的安装顺序与拆卸顺序相反。检查并调整伺服机构回动杆和总泵弹簧之间的间隙,其值应为 0.5~1 mm。

6)若离合器踏板和制动器踏板不在同一水平线上,应调整伺服机构回动杆的长度。为此应拆下伺服机构,摘下联轴节并重新将伺服机构接至踏板。转动调整螺母,使两踏板处于同一水平线上。重新拆下伺服机构,安上联轴节并将伺服机构接到踏板上。

(10)制动管、软管和管接头的检查及拆装

1)制动管、软管和管接头应定期检修。

2)首先检查所有管接头是否漏制动液,然后检查制动软管有无损坏及磨损,必要时应更换新品。

3)检查制动软管,要清洗干净并检查是否损坏或生锈。小的锈蚀点可用刮刀除去。如果锈蚀严重应更换新管。

4)检查与前盘式制动器支架软管相连的前供液管。该管应避免与轮胎接触,并穿过挡泥板内表面,避免为悬架杆损坏。必要时该管可向一旁稍弯一点。绕制动支架弯曲的制动管可套在制动盘上,因此,管和盘之间的间隙至少应为 6 mm。

5)在汽车悬架负载时,检查汽车后部的橡胶制动软管不要与推杆相摩擦。

6)若需更换某个管时,应首先拆下制动液箱的塞堵,用聚乙烯塑料盖住箱口并安上塞堵。这样在换管时可减小制动液的损失。

7)制动软管与制动管连接处通常有硬支承。首先应拆开两管的接头,以便将管头自支架上拿下来。

8)拆下制动软管后,检查其内部,是否有不平整处。若有则应更换。

9)更换制动管时应精确测量旧管长度,及其两端的扩口程度。

10)制动管、软管的安装顺序与拆卸顺序相反。

11)目前一般都用铜和铜合金制造制动管。铜不会锈蚀,但会发生老化损坏或振动折断。因此,安装时必须注意看使用说明书。

(11)驻车制动器的调整

1)通常,驻车制动器不需专门调整,它由后轮制动器自调机构自动调整。但是,若驻车制动杆出现自由行程时应完成下列工序。

2)支起汽车后部使后车轮离开地面,前轮定位。卷起车室内地板覆盖物,摘下检修孔盖,下面有驻车制动器连接拉杆和钢索机构。

3)完全断开驻车制动器,然后接至第二孔隙。调整钢索,拧紧调整螺母,选择钢索间隙。

4)调整完后检查一下调整结果,直至调整准确为止。

(12)驻车制动器制动杆的拆卸及安装

驻车制动器制动杆如图3—23所示。

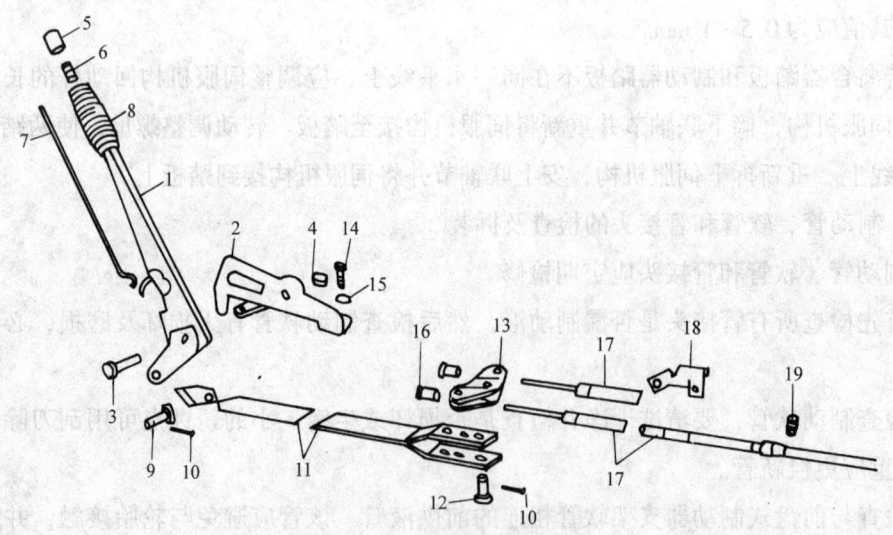

图3—23 驻车制动器制动杆

1—制动杆 2—棘轮 3—连接销钉 4,19—止动环 5—按钮 6—弹簧 7—制动爪
8—制动杆手柄 9,12—销钉 10—开口销 11—拨叉 13—推杆 14—螺钉
15—垫圈 16—螺母 17—钢索 18—接线夹

1) 卷起车室内地板覆盖物，露出制动杆固定处。

2) 旋出钢索调整螺母，拧出制动杆棘轮板的螺栓。

3) 拔出开口钉，拆下制动杆连接销，并举起制动杆。

4) 从棘轮板上拆下制动杆，拔出开口钉和调整销钉。必要时还要拆下连接拉杆、弹簧和制动杆按钮。

5) 制动杆的安装顺序则相反。安装时应调整，若有损坏件要更换。

(13) 制动踏板的拆装及调整

1) 自蓄电池接线柱上拆下搭铁线，再从制动踏板制动信号开关和信号装置开关拆下电线。

2) 拧下固定到制动总泵支架上的螺母及其弹性垫圈；拆下车室内支架的止动螺母，并小心抽出支架和踏板。

3) 制动踏板的安装顺序则相反。安装完后，检查制动转换开关的工作情况。在更换踏板或者自支架上拆下踏板时，必须测量和调整踏板的自由行程。踩下制动踏板，测量踏板和地板之间的距离，若大于规定值，则全行程是正常的。制动踏板的自由行程若大于规定值，则应调整，直至符合规定值为止。

4. 气压制动的检修

(1) 空气压缩机的检修

1) 机体的检修。用直尺、塞尺进行检验，缸体、缸盖、曲轴箱及底盖各接合面的平面误差应不大于规定值，否则，应换用新件或进行磨削加工。缸体出现裂纹，应换用新件。用量缸表测量气缸的磨损情况，超过规定值，应换用新件或用修理尺寸法进行修复。

2) 曲轴的检修。空压机曲轴出现裂纹或轴颈与前、后支撑轴承的配合间隙超过规定值时，均应换用新件。连杆轴颈的圆柱度误差超过规定值时，应换新件或磨削修复，超过极限磨损量，必须换用新件。

3) 活塞连杆组的检修。连杆出现弯扭变形，应进行校正，连杆衬套与活塞销配合间隙超过规定值时，应更换衬套。连杆出现裂纹、活塞环磨损严重或折断，均应换用新件。连杆轴承与轴颈的配合间隙大于规定值，应换用新轴承。

4) 其他零件的检修。进、排气阀阀片及松压阀回位弹簧、油堵弹簧弹力减弱或折断，应换用新件。进、排气阀阀板出现磨损凸痕，应更换阀板总成。后盖油堵磨损严重；各密封圈及松压阀失效，均应换用新件。空气滤清器滤芯脏污时，可用清洗剂清洗干净。

(2) 空气压缩机的装配

空压机装配前，各零件应清洗干净，装配过程中，各摩擦表面应涂抹适量润滑油。其装配顺序如下：

1) 将曲轴装入曲轴箱中，并依次装好前、后轴承。

2) 安装曲轴油堵、油堵弹簧及曲轴箱后盖。

3) 安好曲轴油封及曲轴箱前盖，紧固好皮带轮。

4) 将汽缸体及其衬垫紧固到曲轴箱上。

5) 组装好活塞连杆组，使活塞环开口相互错开180°。然后按活塞、连杆及连杆盖上的装配标记将其装入气缸中，以规定的力矩拧紧连杆螺栓。此时，曲轴的旋转力矩应不大于规定值，活塞在汽缸内应升降灵活，无卡滞及划伤缸臂现象，否则，应查明原因予以排除。

6) 将空压机底盖紧固到曲轴箱上。

7) 将松压阀安装到汽缸盖上，并组装好阀板总成、汽缸盖及相应的密封垫用缸盖螺栓紧固到汽缸体上。

8) 组装好空气滤清器，并将其安装到空压机上。

9) 将空压机装车并紧固调整螺栓调整皮带预紧度。然后拧紧空压机固定螺栓。

(3) 制动气室与制动调整臂的检修与装配

1) 制动气室与制动调整臂的检修。制动气室外壳及盖出现凹陷，可用敲击法整形。推杆明显弯曲，可进行冷压校正。膜片老化或破裂、膜片弹簧严重锈蚀或折断，应换用新件。制动调整臂蜗杆、蜗轮磨损严重，使用中出现滑牙现象，或蜗杆锁止套不能锁止，应换用新的制动调整臂。

2) 制动气室与制动调整臂的装配

①将制动调整臂及调整垫片安装到制动凸轮轴上，插入开口销。此时推拉制动凸轮轴检查，其轴向间隙符合规定值，否则，应改变调整垫片的厚度进行调整。

②将推杆、复位弹簧及推杆连接叉安装到制动气室壳上，放好橡胶膜片，并扣合外壳盖。

③将制动气室夹在台钳上，紧固好制动气室夹箍。此时，通入规定值的压缩空气进行检验，制动气室不得有漏气现象。出现漏气时，可进一步拧紧夹箍螺栓。拧紧无效时，应更换相应零件。

④将制动气室安装到支架上，并使推杆连接叉与制动调整臂连接。

⑤安装完毕后调好车轮制动器间隙。

第三节　过程检验及竣工验收

> **学习目标**
> - 离合器修理工艺过程的检验
> - 前桥及转向系修理工艺过程的检验
> - 变速器与分动器修理工艺过程的检验
> - 驱动桥修理工艺过程的检验
> - 传动轴及万向节修理工艺过程的检验

一、相关知识

1. 后桥壳体修理技术要求

（1）后桥壳体不得有裂纹。

（2）桥壳装油封处轴颈径向磨损不得超过 0.15 mm。

（3）要求两半轴轴心位置之差小于 1.0 mm。

2. 离合器修理技术要求

（1）离合器踏板自由行程为 15～25 mm。

（2）膜片弹簧分离指均应在同一平面上，翘曲变形引起的平面度误差应不大于 0.5 mm。

二、操作技能

1. 操作准备

（1）汽车底盘（已修理）。

（2）汽车底盘调整检测维修工具和设备。

2. 离合器修理工艺过程检验（以上海桑塔纳 LX 型为例）

（1）从动盘的检验

1）从动盘铆钉埋入深度不小于 0.3 mm，超过极限值，应更换从动盘总成。

2）用百分表检查从动盘的摆差，其最大极限为 0.4 mm，从外缘测量径向跳动量最大为 2.5 mm，超过极限值，应更换从动盘总成。

（2）压盘总成的检验

1）膜片弹簧的检验。用卡尺测量膜片弹簧的深度和宽度。磨损深度大于 0.6 mm，宽度大于 5 mm，应予以更换；检查膜片有无变形，要求弹簧片的小端均在同一平面上，翘曲变形所引起的平面度误差不大于 0.5 mm，误差过大时，需用专用工具以对弹簧进行校正，把弹簧弯曲到正确位置；膜片分离指过软或折断，则应更换压盘总成。

2) 压盘的检验。检查压盘平面是否有过度烧蚀、不平或沟痕。轻度的不平或烧蚀，可用油石修磨；平面上沟痕严重时，应予以更换。

(3) 分离轴承的检验

1) 检查时，先擦净轴承，然后手持轴承内缘再转动外缘，如有阻滞或明显间隙，则应更换。

2) 轴向间隙超过规定也要更换。

(4) 其他零件的检验

1) 踏板衬套与支承销、分离轴与轴承磨损松旷，应更换衬套、轴承。

2) 拉索卡滞、回位弹簧折断，则应更换新件。

3) 驱动臂变形，应予以校正或更换；导向套筒配合表面不光滑，可用细砂布进行修磨。

3．前桥及转向系修理工艺过程的检验（以 EQ1092 型汽车为例）

(1) 前轴的检验

1) 前轴裂纹的检验。将前轴清洗干净后，用磁力探伤法或浸油敲击法进行检验。出现裂纹时，应更换前轴。

2) 钢板弹簧座的检验。用直尺、塞尺检验，如图 3—24 所示，钢板弹簧座的平面度误差不大于 0.4 mm，超过 0.4 mm 时应进行修磨，或用刨削、铣削等方法进行加工，但钢板弹簧的厚度减少量应大于 2 mm，否则，应进行堆焊修复或换用新件；钢板弹簧座上 U 形螺栓孔及定位孔的磨损量应不大于 1 mm，否则，进行堆焊修理。

图 3—24 钢板弹簧座平面度的检验

3) 前轴变形的检验

①两钢板弹簧座之间变形的检验。用直尺、塞尺检验两钢板弹簧座位应在同一平面内，按图 3—25 所示进行检验，其平面度误差应不大于 0.80 mm。或用水平仪检验，将前轴固定于台钳或专用支架上，利用水平仪将一侧的钢板弹簧座调整成水平。然后再把水平仪放在另一弹簧座上进行检查，如图 3—26 所示。水珠若不在中间位置，表明两面钢板弹簧座之间存在明显的弯扭变形，应予以校正。

②钢板弹簧座与主销孔之间变形的检验。用试棒与角尺检验：按图 3—27 所示安放好试

图3—25 用直尺、塞尺检验　　　　　图3—26 利用水平仪检验

棒及角尺（角度与被测车型主销内倾角相同），如果试棒与角尺间存在间隙，表明前轴存在垂直方向上的弯曲变形。或用拉线检查：按图3—28所示，在前轴主销孔上端中间拉一细线，然后用直尺测量拉线到两钢板弹簧座的距离 H，测得值应符合原设计规定，否则，表明前轴存在垂直方向上的弯曲变形。

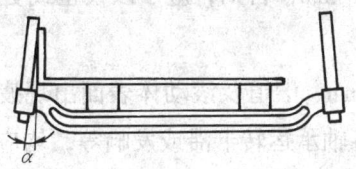

图3—27 用试棒与角尺检验　　　　　图3—28 用拉线法检查

4）前轴主销孔的检验。用游标卡尺测量，前轴主销孔与主销的配合间隙应符合原设计规定，不符合要求时，可按修理尺寸法进行修理。

5）前轴主销孔上、下端面的检查。前轴主销孔上、下端面在使用过程中会发生磨损，其端面磨损沟槽应不大于0.50 mm，否则，应锪钻修平，前轴主销孔端面修理后，其厚度减少量应不大于2 mm，否则，应堆焊修复或换用新件。

（2）转向节的检验

1）转向节裂纹的检验。用磁力探伤法或浸油敲击法检验，转向节不得有任何裂纹出现，否则，应换用新件。

2）转向节轴颈磨损的检验。用内径表及外径千分尺进行测量，轮毂外轴承与轴颈的配合间隙应不大于0.040 mm，内轴承与轴颈的配合间隙应不大于0.055 mm。轴颈磨损过大时，可进行电镀修复或换用新件。

3）转向节轴端螺纹的检验。用检视法检查，螺纹损伤超过2牙时，应堆焊修复，并重新车削螺纹。

4）主销衬套及主销的检验。用内、外径量具测量，主销衬套内孔磨损超过0.07 mm，或衬套与主销的配合间隙超过0.20 mm时，应更换主销衬套。主销直径磨损超过0.10 mm时，应更换主销。转向节主销孔两端面磨损起槽时，应修磨平整，并使其对主销孔公共轴线的端面全跳动误差符合原设计要求。

4．变速器修理工艺过程检验（以上海桑塔纳LX型为例）

(1) 变速器壳体的检验

1) 变速器壳体出现裂纹、各接合平面发生明显的翘曲变形或各轴承座孔磨损严重与轴承配合松旷时,应换用新件。

2) 壳体上各衬套磨损严重,与轴颈的配合间隙超过 0.20 mm 时,应换用新衬套。

3) 变速器前、后壳体及后盖、侧盖间各密封衬垫,拆卸后,必须换用新件。

(2) 齿轮轴及齿轮的检验

变速器输入轴、输出轴不得有裂纹,各轴颈磨损不得超过 0.03 mm,输入轴前端花键齿磨损应不大于 0.10 mm,或与离合器从动盘花键毂键槽的配合间隙不大于 0.20 mm;用百分表测量输入轴与输出轴的径向圆跳动误差应不大于 0.05 mm,否则,应予以校正或更换。

(3) 轴承的检验

齿轮轴支承轴承内圈与轴颈的配合间隙大于 0.02 mm、滚道及滚动体表面出现疲劳剥落及烧蚀现象、输入轴后轴承的轴向及径向间隙过大、各轴承运转卡滞或发响等,均应予以更换。

(4) 同步器的检验

同步器齿圈锁止面磨损严重、滑块磨损严重、滑块弹簧弹力减弱或折断、键齿磨损使接合套与花键毂齿的配合间隙超过 0.50 mm 等,均应换用新件。

(5) 操纵机构的检验

1) 检查变速杆、换挡杆及内选挡杆的磨损及变形情况。

2) 检查换挡接合器的连接部位不应松旷,否则,应换用新件。

3) 检查变速叉的弯曲、扭曲变形,检查变速叉下端的磨损情况,变形严重时,可进行冷压校正或更换。检查变速叉下端的磨损量超过 0.20 mm,或与接合套拨槽的配合间隙超过 0.50 mm 时,应予以更换。

4) 检查变速叉轴的直线度及磨损情况。变速叉轴在平板上滚动检查,变速叉轴的直线度误差应不大于 0.20 mm,否则应进行冷压校正或更换。变速叉轴导向切槽的磨损量不大于 0.50 mm;变速叉轴上的定位及互锁凹坑沿轴向的磨损量不大于 0.30 mm;变速叉轴的轴颈磨损量不大于 0.80 mm,否则应更换变速叉轴。

5. 分动器修理工艺过程的检验

(1) 分动器的清洗与换油方法与变速器相同。

(2) 凸缘螺母应按规定力矩拧紧,拧紧后应锁止。

(3) 检查各轴的轴向间隙。用手推拉齿轮轴时,应无轴向间隙感觉,转动齿轮轴时,应转动灵活,否则,应进行调整。调整方法是通过调整轴承盖与壳体的垫片厚度进行。

(4) 检查调整分动器操纵机构。操纵杆在各挡位时,变速叉轴应能进入定位槽,否则应调整。

(5) 润滑里程表软轴。软轴弯曲半径不得小于 150 mm。

6. 驱动桥修理工艺过程的检验（以 EQ1092 型汽车为例）

(1) 主减速器壳的检验

1) 主减速器壳应无裂纹，壳体上各螺纹的损伤不得超过 2 牙。

2) 用内径千分尺或量缸表检查各轴承孔的磨损情况。各轴承的尺寸应符合要求。

3) 将主减速器壳前端面修平，放到检验平板上，用百分表检查主减速器壳上安装差速器轴承的承孔的同轴度，其误差应不大于 0.03 mm。

(2) 主从动圆锥齿轮的检验

1) 齿轮工作表面不得有明显的斑点、剥落缺损或阶梯形磨损，否则，予以更换。

2) 主动圆锥齿轮的螺纹部分其损伤不多于 2 牙，超过规定后，应予以更换或堆焊后重新加工。

3) 主动圆锥齿轮的轴颈尺寸应符合要求，磨损后应予以更换或电镀修复。

4) 主动圆锥齿轮上的花键与凸缘齿槽的配合侧隙可用百分表检查，原厂规定为 0 ~ +0.20 mm，许用配合侧隙为 0 ~ +0.25 mm，当键齿磨损其厚度减少 0.20 mm 以上时，应予以更换。

5) 检查从动圆锥齿轮与差速器壳连接螺栓孔的磨损情况，若螺栓磨损，予以更换；若螺栓孔磨损，应更换差速器壳或将孔铰削到修理尺寸，用相应加大的螺栓连接或换用新件。

(3) 差速器的检验

1) 差速器壳应无裂纹，否则，予以更换。

2) 检查从动圆锥齿轮内径与差速器左壳的配合间隙。

3) 检查十字轴与壳体及行星齿轮的配合间隙。

4) 检查差速器轴承与轴颈的配合间隙。

5) 检查半轴齿轮与差速器座孔的配合间隙。

6) 检查行星齿轮、半轴齿轮的磨损情况，检查半轴齿轮内的花键的磨损情况。

7) 检查半轴齿轮垫片、行星齿轮垫片的磨损情况。

(4) 半轴套管的检验

1) 套管轴颈磨损超过规定值，应更换或采用电镀修复。

2) 端头螺纹部分其损伤不多于 2 牙，超过规定后，应予以更换或堆焊后重新加工。

3) 对套管进行探伤检查，如有裂纹应予以报废。

4) 套管弯曲变形的检验如图 3—29 所示，要求套管中间两轴颈径向圆跳动误差不得大于 0.05 mm。变形超过规定时，可采用冷压校正的方法。

(5) 半轴的检验

1) 半轴应进行探伤检查,可用磁力探伤法或浸油敲击法,如有裂纹应予以更换。

2) 半轴中部未加工的径向圆跳动误差应不大于 1.5 mm;花键外圆柱面的径向圆跳动

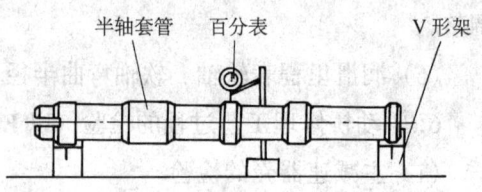

图 3—29 套管弯曲变形的检验

误差应不大于 0.25 mm;半轴凸缘内侧端面圆跳动误差不得大于 0.15 mm。径向跳动超限,应进行冷压校正;端面圆跳动超限,可车削端面进行修正,如图 3—30、图 3—31 所示。

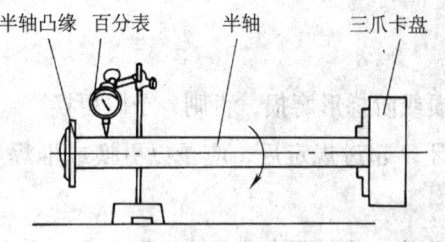

图 3—30 半轴变形的检测

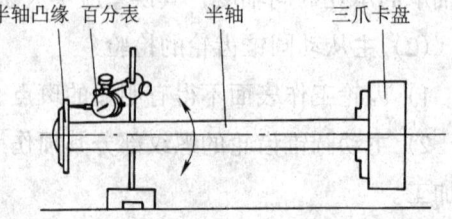

图 3—31 半轴凸缘平面垂直度的检测

3) 半轴花键的侧隙增大量较原厂规定不得大于 0.15 mm。

7. 传动轴及万向节修理工艺过程的检验(以上海桑塔纳 LX 型轿车为例)

(1) 万向节的检验

内、外万向节球毂、球笼壳及钢球严重磨损,表面出现疲劳剥落或裂纹,出现转动卡滞现象,以及万向节球毂花键磨损松旷时,均应更换万向节总成。万向节不得拼凑使用及单件更换。

(2) 传动轴的检验

用百分表检查,传动轴中部的径向圆跳动误差应不大于 1.0 mm,否则,应予以校正或更换;传动轴出现裂纹,轴端花键磨损严重,均应换用新件。

(3) 防尘套的更换

防尘套老化破裂,应予以更换。

8. 汽车制动系统修理工艺过程检验

(1) 制动软管不得老化。

(2) 制动鼓,不得有变形、裂纹。用制动鼓检测量具检查,制动鼓圆度误差不得大于 0.125 mm,圆柱度误差不得大于 0.25 mm,沟槽深度不得大于 0.50 mm。

(3) 检查制动凸轮轴与凸轮支架承孔的间隙,不能超过规定值。

(4) 用制动地板检测量具检测制动地板。应符合规定值。

(5) 检查制动蹄轴与制动蹄轴承孔的配合间隙,应符合规定值。

(6) 用弹簧测试仪检查制动蹄回位弹簧的性能，应符合规定值。

(7) 检查制动蹄与摩擦片。

(8) 检查制动气室。

(9) 调整前轮制动间隙。

第四节　汽车底盘总成竣工验收

学习目标
- 手动变速器总成竣工验收
- 驱动桥的装配验收
- 转向桥的调整验收
- 车身总成竣工验收
- 汽车制动性能检测项目检测方法及有关标准
- 汽车滑行性能检测

一、相关知识

以下内容是汽车修理和运行中的有关国家标准，这里只作简单的说明，具体内容可以参见相关的国家标准。

1. GB/T 15746.1—1995《汽车修理质量检查评定标准——整车大修》

(1) 评定内容

1) 汽车大修检验基本技术文件（简称"三单一证"）评定

①汽车大修进厂检验单。

②汽车大修工艺过程检验单。

③汽车大修竣工检验单。

④汽车大修合格证。

2) 汽车大修竣工质量评定

①一般技术要求。

②主要性能要求。

(2) 评定规则

1) 评定项目按其重要程度分为"关键项"和"一般项"。

2）汽车大修质量的评定采用综合项次合格率来衡量，分为优等、一等、合格、不合格四级。

3）汽车大修质量分级应符合下表规定。

等 级	要 求	
	关键项次合格率	综合项次合格率
优等	$\beta_3 = 100\%$	$\beta_0 \geq 95\%$
一等	$\beta_3 = 100\%$	$85\% \leq \beta_0 < 95\%$
合格	$\beta_3 = 100\%$	$70\% \leq \beta_0 < 85\%$
不合格	$\beta_3 < 100\%$	$\beta_0 < 70\%$

（3）评定办法

1）汽车整车大修基本检验技术文件的评定按附录A（补充件）规定执行。

2）汽车整车大修竣工质量评定按附录B（补充件）规定执行。

2. GB/T 15746.2A—1995《汽车修理质量检查评定标准——发动机大修》

（1）评定内容

1）汽车发动机大修基本检验技术文件的评定

①汽车发动机大修进厂检验单。

②汽车发动机大修工艺过程检验单。

③汽车发动机大修竣工检验单。

④汽车发动机大修合格证。

2）汽车发动机大修竣工质量评定。汽车发动机大修竣工后质量评定应包括启动运转检查，动力性、经济性测定，发动机四漏及涂漆等。

（2）评定规则

1）评定项目按其重要程度分为"关键项"和"一般项"。

2）发动机大修质量评定，采用综合项次合格率来衡量，分为优等、一等、合格、不合格四级。

3）汽车发动机大修质量分级应符合下表规定。

等 级	要 求	
	关键项次合格率	综合项次合格率
优等	$\beta_3 = 100\%$	$\beta_0 \geq 95\%$
一等	$\beta_3 = 100\%$	$85\% \leq \beta_0 < 95\%$
合格	$\beta_3 = 100\%$	$70\% \leq \beta_0 < 85\%$
不合格	$\beta_3 < 100\%$	$\beta_0 < 70\%$

(3) 评定方法

1) 发动机大修基本检验技术文件评定按附录 A（补充件）规定执行。

2) 发动机大修竣工质量评定按附录 B（补充件）规定执行。

3．GB/T 15746.3—1995 汽车修理质量检查评定标准车身大修

(1) 评定内容

1) 汽车车身大修基本检验技术文件评定

①汽车车身大修进厂检验单。

②汽车车身大修工艺过程检验单。

③汽车车身大修竣工检验单。

④汽车车身大修合格证。

2) 汽车大修竣工质量评定。汽车车身大修竣工质量评定内容是对蒙皮、护板、门窗、行李舱盖、发动机罩、坐椅、装饰件附件等形状、涂层和主要技术性能的检查评定。

(2) 评定规则

1) 评定项目按其重要程度分为"关键项"和"一般项"。

2) 汽车车身大修质量的评定采用综合项次合格率来衡量，分为优等、一等、合格、不合格四级。

3) 汽车大修质量分级应符合规定。

(3) 评定办法

1) 汽车车身大修基本检验技术文件的评定按附录 A（补充件）规定执行。

2) 汽车车身大修竣工质量评定按附录 B（补充件）规定执行。

4．GB 3798—1983《汽车大修竣工出厂技术条件》

本标准适用于公路和城市道路用的国产客、货汽车（不包括专用设备和附属装置）。其他汽车参照执行。

(1) 一般技术要求

1) 装配的零件、部件、总成和附件应符合相应的技术条件。各项装备应齐全，并按原设计的装配技术条件安装。允许在汽车大修中按经规定程序批准的技术文件改变某些零件、部件的设计，但其性能不得低于原设计要求。

2) 主要结构参数应符合原设计规定。由于经修理而增加的自重，不得超过原设计自重的 3%。

3) 驾驶室、客车厢应形状正确、曲面圆顺、转角处无褶皱，蒙皮平整，无松弛、污垢及机械损伤等缺陷。

4) 喷漆颜色协调、均匀、光亮，漆层无裂纹、剥落、起泡、流痕、纹绉等现象。不需涂漆的部位，不得有漆痕。刷漆部位允许有不明显的流痕和刷纹。

5) 驾驶室、客车厢、货厢及翼板左右对称。各对称部位离地面高度差：驾驶室、翼板、客车厢不大于 10 mm，货厢不大于 20 mm。

6) 坐椅的形状、尺寸、座间距及调节装置应符合原设计要求。

7) 门窗启闭灵活，关闭严密，锁止可靠，合缝匀称，不松旷。风窗玻璃透明，不眩目。

8) 转向机构各连接部位不松旷，锁止可靠。转向盘自由转动量（带转向助力器的除外），总重不小于 4.5 t 的汽车不大于 30°，总重小于 4.5 t 的汽车不大于 15°。

9) 离合器踏板、制动踏板的自由行程和手制动的有效行程应符合原设计要求。

10) 仪表、灯光、信号、标志齐全，工作正常。

11) 轮胎充气气压应符合原设计要求。

12) 限速装置应铅封。

13) 各部润滑应符合原设计要求。

14) 各部运行温度正常，各处无漏油、漏水、漏电、漏气现象。但润滑油、冷却水密封接合面处允许有不致形成滴状的浸渍。

(2) 主要性能要求

1) 发动机启动容易，在各种转速下运转正常、无异响。

2) 传动机构工作正常，无异响。离合器接合平稳、分离彻底、操作轻便、工作可靠。变速器换挡轻便、准确可靠。

3) 转向机构操纵轻便。行驶中无跑偏、摆头现象。前轮定位、最大转向角及最小转弯半径应符合原设计要求。

4) 制动性能应符合《中华人民共和国机动车制动检验规范》（试行）的规定。

5) 汽车空载行驶初速为 30 km/h 滑行距离应不少于 220 m。

6) 带限速装置的汽车，以直接挡空载行驶，从初速 20 km/h 加速到 40 km/h 的时间应符合下表的规定。

发动机标定功率与汽车自重之比（马力/t）	加速时间（s）
10 ~ 15	< 30
> 15 ~ 20	< 25
> 20 ~ 25	< 20
> 25 ~ 50	< 15
> 50	< 10

7) 带限速装置的汽车，以直接挡空载行驶，在经济车速下，每百公里燃油消耗量应不

高于原设计规定值的85%,汽车走合期满后每百公里燃油消耗量应不高于原设计规定。

8) 驾驶室、客车厢不得漏水。汽车在多尘路上行驶,在所有门窗都关闭的情况下,当车外空气含尘量不低于 200 mg/m³ 时,驾驶室、客车厢内的含尘量不得高于车外含尘量的25%。

9) 汽车噪声应符合 GB 1495—1979《机动车辆允许噪声》的规定。

10) 汽车排放限值应符合国家有关规定。

11) 汽车性能测试条件见附录A(补充件)。

(3) 检验规则

1) 大修竣工的汽车,经检验合格,应签发合格证。

2) 大修竣工的汽车,应在明显部位安装铭牌,其内容包括发动机和车架号码、承修单位名称、修竣出厂年、月、日等。

3) 修竣的车辆,经送修与承修单位双方确认合格后,办理出厂交接手续。出厂合格证和有关技术资料应随车交付送修单位。

(4) 保用条件

承修单位对大修竣工的汽车应给予质量保证,质量保证期自出厂之日起,不少于三个月或行驶里程不少于 10 000 km。在送修单位严格执行走合期规定,合理使用、正常保养的情况下,质量保证期内出现的维修质量问题,承修单位应负责包修。

5. GB/T 3799—2005《商用汽车发动机大修竣工出厂技术条件》

GB/T 3799—2005《商用汽车发动机大修竣工出厂技术条件》是2005年新发布的国家标准,已于2005年8月1日起正式实施,本标准分为两个部分:第1部分为汽油发动机;第2部分为柴油发动机。

本标准代替 GB/T 3799—1983《汽车发动机大修竣工技术条件》中有关柴油发动机大修竣工技术条件的内容。

本标准与 GB/T 3799—1983 中的有关内容相比主要变化有如下几部分。

增加了关于柴油发动机增压的相关内容。

标准中规定:带有增压或中冷增压的发动机,增压装置应按原厂规定进行装配和检验,增压器工作应正常,转速应达到原设计规定。具有增压器旁通管道控制的发动机,旁通管道的开启与关闭应灵活可靠,开启及关闭的转速应符合原设计规定。

对大修竣工后的柴油发动机的性能要求参数值进行了修订。

对竣工检验条件提出了更科学合理的要求。

增加了关于对不同海拔高度功率、转矩修正系数的内容。

标准中规定:海拔高度为 1 000 m 修正系数 K 为 0.93,高度为 2 000 m 修正系数 K 为

0.85，高度为 3 000 m 修正系数 K 为 0.77，高度为 4 000 m 修正系数 K 为 0.69，高度为 5 000 m 修正系数 K 为 0.61。

6. GB 17691—2001 车用压燃式发动机排气污染物排放限值及测量方法

本标准规定了车用压燃式发动机排气污染物的排放限值及测量方法。

本标准适用于车速大于 25 km/h 的 M_2、M_3、N_1、N_2 和 N_3 类及总质量大于 3 500 kg 的 M_1 类机动车装用的压燃式发动机（不包括农用车装用的发动机）。

若装备压燃式发动机的 N_1、M_2 类车辆已按《轻型汽车污染物排放限值及测量方法（Ⅰ）》、《轻型汽车污染物排放限值及测量方法（Ⅱ）》认证，则其发动机不按本标准进行认证。

采用非柴油的其他燃料（如液化石油气、天然气或混合燃料等）的压燃式发动机参照本标准执行。

7. GB 7258—1997 机动车运行安全技术条件

本标准规定机动车的整车及发动机、转向系、制动系、照明与信号装置、行驶系、传动系、车身、安全防护装置等有关运行安全和排气污染物排放控制、车内噪声和驾驶员耳旁噪声控制的基本技术要求及检验方法。

二、操作技能

1. 操作准备

（1）一台汽车底盘（已修）。

（2）汽车检测调整维修工具及设备。

2. 手动变速器总成竣工验收

（1）加注清洁机油。

（2）进行无负荷和有负荷试验，试验规范如下：

1）第一轴转速 1 000～1 400 r/min。

2）无负荷时间。各挡运行应大于 10 min。

3）以 30% 的最大传递转矩运转 3～5 min。如用驻车制动器当负荷，时间不超过 1 min。

（3）用普通声级计测定噪声。

（4）检视密封状况。

（5）检视机油温度。

（6）将机油放净，进行清洗，加入适应季节的齿轮油。

3. 车身总成竣工验收

汽车车身主要是由若干冲压钣金件、型材、焊接组件或非金属材料成型件组合而成。一一般包括车前、车底、侧围、顶盖和后围等部件。结构复杂的汽车车身在修复后必须保证符合设计要求的形状和尺寸，以及足够的结构强度。轿车车身的修复一般采用的是整形法，通过收缩整形、撑拉、垫撬复位、焊、铆、挖补、黏结、涂装等方法，从而达到恢复原有形状、尺寸、结构强度及外观质量的目的。其工作程序一般是：

（1）整形的验收。

（2）焊接、挖补、黏结、铆接及其修整的验收。

（3）装配与调修的验收。

（4）修补涂装的验收。

（5）内饰件及其他附件的修换的验收。

4．汽车制动性能检测项目、检测方法及有关标准

（1）制动性能台试检验的主要检测项目：制动力；制动力平衡要求；车轮阻滞力；制动协调时间。

（2）制动性能检测方法

1）用反力式滚筒试验台检验。制动试验台滚筒表面应干燥，没有松散物质及油污。驾驶员将车辆驶上滚筒，位置摆正，变速器置于空挡，启动滚筒，使用制动，测取各轮制动力、每轴左右轮在制动力增长全过程中的制动力差、制动协调时间、车轮阻滞力和驻车制动力等参数值，并记录车轮是否抱死。

在测量制动时，为了获得足够的附着力以避免车轮抱死，允许在车辆上增加足够的附加质量和施加相当于附加质量的作用力（附加质量和作用力不计入轴荷）；也可采取防止车轮移动的措施（例如加三角垫块或采取牵引等方法）。

2）用平板制动试验台检验。制动试验台平板表面应干燥，没有松散物质或油污。驾驶员以 5~10 km/h 的速度将车辆对正平板台并驶上平板，置变速器于空挡，急踩制动，使车辆停住，测得各轮制动力、每轴左右轮在制动力增长全过程中的制动力差、制动协调时间、车轮阻滞力和驻车制动力等参数值。

（3）制动性能台试检验的技术要求

1）制动性能台试检验车轴制动力的要求见表3—5。

表3—5

车辆类型	制动力总和与整车质量的百分比（%）		前轴制动力与轴荷的百分比（%）
	空载	满载	
汽车、汽车列车	≥60	≥50	≥60

注：空、满载状况下测试应满足此要求。

2）制动力平衡要求。在制动力增长全过程中，左、右轮制动力差与该左、右轮中制动

力大者比较对前轴不得大于20%，对于后轴不得大于24%。

3) 车轮阻滞力。汽车和无轨电车车轮阻滞力均不得大于该轴轴荷的5%。

4) 驻车制动性能检验。当采用制动试验台检验车辆驻车制动的制动力时，车辆空载，乘坐一名驾驶员，使用驻车制动装置，驻车制动力的总和应不小于该车在测试状态下整车重量的20%。对总质量为整备质量1.2倍以下的车辆此值为15%。

5) 机动车制动完全释放时间限制。机动车制动完全释放时间（从松开制动踏板到制动消除所需要的时间）对单车不得大于0.8 s。

5. 转向桥及转向传动机构的调整验收

(1) 将安装完毕的转向桥的转向节用弹簧拉动检查，转向节应转动灵活。

(2) 按顺序组装好横、直拉杆，并按要求调整好球头销预紧度。

(3) 将转向传动机构装到车上。

(4) 检查转向盘自由行程，转向系安装完毕后，转向盘应转动灵活。

(5) 按要求调整好前轮前束。

(6) 按要求调整好前轮最大转向角。

6. 驱动桥的装配验收

(1) 将装复好的主减速器及差速器总成按规定装入桥壳。

(2) 装复车轮制动器。

(3) 将清洗后的通气塞装于桥壳的上部。

(4) 将左右半轴按规定装入半轴套管内。

(5) 加注符合原厂规定的齿轮油。

(6) 按规定对主减速器及差速器总成进行磨合试验。

7. 汽车滑行性能检测（转向轮侧滑量检测）

汽车转向轮侧滑量的检测应在侧滑试验台上进行，检测方法如下：

(1) 将车辆对正侧滑试验台，并使转向盘处于正中间位置。

(2) 使车辆以3~5 km/h的车速沿台板上的指示线平稳前行（在行进过程中不得转动转向盘）。

(3) 转向轮通过台板时，车轮侧滑会带动试验台的台板侧向移动，并通过测量及显示装置显示出其移动量。利用双板侧滑试验台检测时，侧滑量应不大于5 m/km，利用单板侧滑试验台检测时，侧滑量应不大于7 m/km。

第四章
诊断与排除汽车底盘故障

第一节 诊断与排除底盘异响

> **学习目标**
> - 排除万向传动装置的异响
> - 排除离合器的异响
> - 排除手动变速器的异响
> - 诊断与排除自动变速器故障灯报警故障

一、相关知识

1. 万向传动装置异响故障产生的现象和原因

（1）现象

汽车起步时，车身发抖并能听到"咔啦、咔啦"的撞击声，且在车速变化时响声更加明显。车辆在高速挡用小油门行驶时，响声增强，抖动更加严重。

（2）原因

1）万向节十字轴及滚针轴承磨损松旷或滚针碎裂。

2）传动轴花键齿与叉管花键槽磨损松旷。

3）各连接部位的螺栓松动。

4）传动轴万向节叉等速排列破坏。

5）中间支承轴承内圈过盈配合松旷。

6）万向节轴承壳压得过紧。

7）中间支承轴承散架。

8）变速器第二轴（输出轴）花键齿与连接凸缘花键槽磨损严重。

2. 离合器异响

（1）现象

发动机怠速运转，离合器在分离、接合或汽车起步等不同时刻出现异响。

（2）原因

1）分离轴承缺少润滑油或损坏。

2）变速器输入轴轴承磨损严重。

3）从动盘铆钉松动、钢片破裂或减振弹簧折断。

4）离合器踏板或分离轴承回位弹簧折断或脱落。

5）从动盘花键孔与变速器输入轴花键齿磨损严重。

6）离合器盖与压盘连接松旷。

3. 手动变速器异响

1）现象。变速器处于空挡时有异响，踩下离合器踏板时异响声消失；低速挡时有异响，高速挡时异响减弱或消失；变速器仅个别挡位有异响；变速器直接挡工作无异响，其他挡位均有异响；变速器各个挡位均有异响。

2）原因

①齿轮啮合间隙过小或过大。

②常啮合齿轮磨损成梯形或轮齿损坏。

③齿轮齿面金属剥落或个别牙齿折断。

④中间轴、第二轴弯曲。

⑤第二轴花键与滑动齿轮配合松旷。

⑥各轴的轴承间隙过大或损坏。

⑦变速器壳体变形。

⑧润滑油太稀或过少、变质。

⑨变速杆弯曲或操纵机构的各连接处松动。

二、操作技能

1. 操作准备

(1) 一台有故障的汽车。

(2) 汽车故障排除工具及设备。

2. 诊断与排除万向传动装置异响

(1) 行驶中对油门和车速进行变换，如出现"咔啦、咔啦"的撞击声，多半是轴承磨损松旷或缺油。

(2) 在起步时，出现"咣当"一声响或响声较杂乱，在缓坡上向后倒车时，出现"嘎巴、嘎巴"的断续声，一般是滚针折断、碎裂或丢失。

(3) 行驶中，声响杂乱无规则，时而出现金属撞击声，说明传动轴万向节叉等速排列破坏。

(4) 行驶中突然改变速度时，出现一种金属敲击声，一般是个别凸缘或万向节十字轴轴承磨损松旷。

(5) 起步和变换车速时，有明显的撞击声，低速比高速时明显，多为中间支承轴承内圈过盈配合松旷。

(6) 起步或行驶中，始终有明显的"咔啦"异响，并伴有振抖，说明中间轴承支承架固定螺栓松动。

(7) 低速行驶时，出现清脆而有节奏的金属撞击声；脱挡滑行时，声响清晰存在，多为万向节轴承壳压紧过甚，使之转动不灵活。

(8) 汽车行驶时，声响随车速增大而增大，若声响混浊、沉闷、连续，说明中间支承轴承散架。若声响是连续的"呜——"声，检查中间支承轴承支架的橡胶垫环、紧固螺栓是否过紧或过松。

(9) 为了进一步验证以上诊断，可在停车时检视并晃动传动轴各部，察看其安装是否正确，表面有无损伤，连接是否松动，间隙是否过大，用手前后拉动中间传动轴凸缘，如有松旷，说明十字轴滚动轴承松旷，或变速器第二轴花键松旷，中间传动轴花键轴键齿松旷，中间传动轴后端螺母松动。

上述故障轻微时，可继续行驶，严重时应拆下检修。

3. 诊断与排除离合器异响

(1) 发动机运转，出现"嚓、嚓"的摩擦声时，应先检查踏板自由行程，若无，但踏板放松后还能用力抬起少许，且异响随之消失，说明踏板回位弹簧过软或折断。若踏板不能抬起，则为调整不当。

(2) 发动机怠速运转时，踩下踏板少许，若此时发响，则为分离轴承响。应注入润滑油后再试，若响声消失或减弱，则是轴承缺油。若仍有，再踩下踏板少许并略微提高发动机转速，如有金属破碎声，则为分离轴承损坏；如响声增大，则为轴承磨损严重。

(3) 在踩下离合器踏板的过程中并无异响，但踩到底后出现金属敲击声，且随发动机转速升高而加重，但在中速稳定运转时声响明显减弱或消失，松抬踏板时响声并不重现，则为压盘与离合器盖连接松旷。

(4) 连续踩动离合器踏板，在即将分离或接合的瞬间有异响，则为摩擦片铆钉松动、外露。

(5) 汽车起动时，出现金属干摩擦声并伴有发抖现象，说明从动盘毂铆钉松动或钢片破裂。若在接合时出现一次撞击声，一般为从动盘花键孔与变速器输入轴花键齿配合松旷或减振弹簧折断。

(6) 踩下离合器踏板时，响声在离合器前面，则是曲轴后端孔内导向轴承损坏而产生异响；抬起离合器踏板时，响声在离合器后面，则是变速器内有故障需对变速器进一步进行检查。

4. 诊断与排除变速器异响

(1) 变速器在空挡位置，发动机怠速运转，若听到"咯噔"声，踩下离合器踏板后响声消失，说明第一轴后轴承响。若听到均匀的噪声，在拉紧驻车制动器操纵杆后声响更大，踩下离合器踏板声响消失，说明常啮合齿轮啮合不良。

(2) 在空挡位置异响并不明显，但在汽车起步或换挡的瞬间发出强烈的金属摩擦声，而在离合器完全接合后声响消失，说明第一轴前轴承损坏。

(3) 低速行驶时，发出一种"咔啦"声，而车速提高后变为"嘎嘎"声，则是齿轮啮合不良或损坏，如在某挡运转有响声，一般是由该挡齿轮引起的。

(4) 发动机不运转，将变速杆置于空挡，放松驻车制动器，在地沟里用手径向晃动第二轴凸缘，若其晃动量大，则说明第二轴后轴承松旷或损坏。

(5) 变速器直接挡工作无异响，其他挡位均有异响，说明第二轴前轴承损坏。

(6) 车速急剧变化，响声加大，而车速相对稳定，响声消失，说明是齿隙过大造成的；若响声是一种连续的"呜、呜"声，且随车速增大而增大，有时换挡困难，说明是齿轮间隙过小引起的。

(7) 高速行驶时，有明显声响，突然加速时，响声很清晰，多为滑动齿轮花键配合松旷。

(8) 在任何挡位、任何车速下均有"呲、呲"声，且伴有过热现象，说明变速器缺油或油质变坏。

如出现以上故障，应降速行驶到修理厂去检修，排除故障后方可运行。

5. 诊断与排除自动变速器故障灯报警故障

在读取故障代码之前，应先检查汽车蓄电池电压是否正常，以防止蓄电池电压过低而导致电脑故障自诊断电路工作不正常。然后，按下列操作方法读出故障代码：

(1) 打开点火开关，将它置于"ON"位置，但不要启动发动机。

(2) 按下超速挡开关，将它置于"ON"位置。

(3) 打开位于发动机附近的汽车电脑故障检测插座罩盖，依照罩盖内所注明的各插孔的名称，用一根导线将 TE1 和 E1 两插孔相连接。

(4) 根据自动变速器故障警告灯的闪光规律读出故障代码。

(5) 读取所有的故障代码后，从检测插座拔下连接导线，关闭点火开关。

(6) 根据故障代码的含义，排除故障。

(7) 排除故障后，按维修手册中的方法清除故障代码。

第二节　诊断与排除轮胎故障

学习目标
- 诊断与排除前轮异常磨损故障
- 诊断与排除前轮摆振故障

一、相关知识

1. 前轮异常磨损故障产生的现象和原因

(1) 现象

轮胎胎面磨损不均匀，胎冠两肩磨损，胎壁擦伤，胎冠中部磨损，胎冠外侧或内侧单边磨损，胎冠由外侧向里侧呈锯齿状磨损，胎冠呈波浪状磨损，胎冠呈碟边状磨损，胎面呈羽片状磨损等。

(2) 原因

1) 轮胎气压不符合要求。轮胎气压不足，将使轮胎内侧弯曲变形过大，帘布层之间摩擦加剧，导致轮胎过热，降低了橡胶的耐磨性，使帘线松散断裂，胎体脱层或胎面剥离，胎冠两肩磨损加剧，增大滚动阻力，严重时还将导致轮胎碾烂或爆破。气压不足是造成在用车轮胎早期耗损的主要原因。轮胎气压过高将使帘线层过度伸张，甚至拉断，胎面接地面积小，加剧胎冠中部磨损，花纹底部开裂，行驶中出现跳动，前轮摆头，受障碍物冲击而爆破。

严格遵守充气标准是防止轮胎早期磨损、达到最高使用寿命的基本条件。

2) 前轮定位不正确，前束和外倾调整不当。前轮前束过大，则胎冠由外侧向内侧呈锯齿状磨损；前束过小，则胎冠由内侧向外侧呈锯齿状磨损。前轮外倾过大，则使轮胎的外肩磨损严重；外倾过小，则使轮胎的内肩磨损严重；不相等的外倾造成轮胎单边拖曳磨损。

3) 轮毂轴承松旷或转向节与主销松旷，使前轮外倾发生变化，造成轮胎单边磨损。

4) 前梁或车架弯扭变形，改变了前轮的前束值和外倾角，使前轮定位参数变化，加速轮胎的磨损。前后桥变形或不平行时，会改变轮胎的正常位置与负荷，致使部分轮胎因超载和滑移而遭受严重的磨损。

5) 纵横拉杆或转向机构松旷。

6) 钢板弹簧 U 形螺栓松旷。

7) 前钢板吊耳销和衬套磨损，前桥弯曲将造成主销后倾和内倾的变动。主销后倾和内倾失调，行驶中将引起轮胎摇晃，使轮胎磨损不均匀。

8) 前轴刚度不足，前轴与车架纵向中心线不垂直或车架两边的轴距不等。

9) 转向横拉杆（尤其是弓形横拉杆）或横拉杆臂刚度不足。

10) 前轮径向圆跳动或端面圆跳动太大。

11) 前轮旋转质量不平衡。

12) 轮胎螺栓松动。

13) 轮辋变形、破损、锈蚀直接影响轮胎的正常工作，使轮胎胎侧受力情况不均匀。严重时由于轮辋凸缘变形、破损，可使轮胎趾折断报废。轮辋的偏摇，使轮胎在行驶中扭摆前进，加速胎冠的磨损。

14) 前轮偏摇或摆振，会使胎冠呈波浪状磨损和碟边状磨损。

15) 转向梯形不能保证各车轮纯滚动，出现过多转向或转向不足。

16) 轮胎质量不佳。

17) 轮胎长期未换位或翻面作业不恰当。

18) 前轮放松制动回位慢或制动拖滞。

19) 经常超载、起步过急、高速转弯或制动过猛。

20) 经常行驶在拱度较大的路面上。

2. 前轮摆振故障产生的现象和原因

(1) 现象

汽车行驶时，有时出现两前轮各自围绕主销进行角振动的现象，即前轮摆振。前轮摆振分为低速摆振和高速摆振。低速摆振指时速在 20 km/h 以下，即感到方向不稳摆头。高速摆振指汽车在高速行驶时或在某一较高车速时，出现行驶不稳摆头。两前轮左右摆振严重时，握转向盘的手感觉强烈，有麻木感，甚至在驾驶室内可看到整个车头晃动，或有前轮颠簸或摇摆现象。

(2) 原因

1) 转向器内主从动部分啮合间隙或轴承间隙过大。

2) 转向器垂臂与垂臂轴配合松旷。

3) 纵横拉杆球关节配合松旷。

4) 直拉杆臂与转向节臂的连接松旷。

5) 转向节衬套与主销配合松旷或转向节与前梁拳形部位沿主销轴线方向配合松旷。

6) 前轮轴承间隙过大，轮毂轴承磨损松旷。

7) 转向器与车架连接松动。

8) 前钢板弹簧 U 形螺栓松动或钢板销与衬套配合松动。

9) 左右两悬架前钢板弹簧的厚度、片数、弧度、长度或新旧程度不等（前悬架挠度不良）。

10) 前轮不圆或端面偏摆太大。

11) 前轮动不平衡。

12) 前轮使用翻新轮胎。

13) 前梁或车架弯扭变形。

14) 前轮外倾、前轮前束或主销内倾、主销后倾失准。

15) 转向系与前悬架的运动相互干涉。

16) 转向系刚度太低。

17) 减振器失效或支承失效。

18) 轮胎气压不当。

19) 稳定器失效。

20) 传动系各部件松动。

21) 传动轴弯曲、动不平衡。

二、操作技能

1. 操作准备

(1) 一台汽车。

(2) 汽车故障排除工具及设备。

2. 诊断与排除前轮异常磨损故障

(1) 诊断程序

1) 察看轮胎胎面的磨损情况有无规律，如呈现胎冠两肩磨损、中部磨损、单边磨损、锯齿状磨损、波浪状磨损等。若呈现无规律磨损，则为各部松旷、变形、使用不当或轮胎质量不佳等原因造成。

2) 察看轮胎的胎面，如发现胎面中部磨损严重，则为轮胎气压过高所致；如发现胎面两侧胎肩磨损严重，则为轮胎气压过低所致。用专用气压表检查轮胎气压，若不符合标准，证明故障在此。

3) 察看胎面，如发现胎面一侧磨损严重，则为前轮外倾失准或长期不换位造成。在轮胎定期换位的情况下，当胎面外侧肩部磨损严重时，为外倾过小所致。

4) 察看胎面，如发现胎面外侧磨损严重，内侧磨损较轻，磨损痕迹从内向外横过胎面，则为前束过大或前梁在水平面内弯曲造成；反之，为前束过小或负前束造成。

5) 面对轮胎侧面，用手沿汽车横向反复推、拉轮胎顶部，并支起前桥用撬杠上下撬动前轮，检查转向节衬套与主销和轮毂轴承的松旷是否严重（会改变前束和外倾角的大小），如是则故障在此。

6) 如果胎面呈现羽片状磨损，则为前束过大所致。当前束过大时，左右前轮胎面上羽片的尖部指向汽车纵向中心线；当前轮为负前束时，则会呈现羽片尖部背离汽车纵向中心线。而呈现锯齿状，则是由于长期在超载情况下频繁使用制动而又未按期换位等原因造成。

7) 观察胎面，若为波浪状磨损，说明车轮旋转质量不平衡，车轮端面圆跳动太大或轮毂轴承、转向节、横拉杆、悬架等处松旷。呈现碟边状磨损的原因是车轮旋转质量不平衡、车辆径向圆跳动太大、前轮摆头或轮毂轴承、转向节、横拉杆、悬架等处松旷。

8) 支起前桥，将大型划针分别指向轮辋与轮胎，转动前轮，检查轮辋与轮胎是否偏摇或摆振严重，这些均会造成前轮不正常磨损，如是则故障在此。

9) 对车辆进行解体，检查前梁的弯扭变形。前梁弯扭变形会造成前轮定位发生变化，使轮胎磨损异常。

(2) 排除方法

1) 按标准充气。为保持轮胎缓和路面冲击的能力，充气标准可略低于最高气压。

2) 检查和调整前轮前束和外倾。

3) 更换悬架和转向机构中磨损、变形、不合格的零件，对轮毂轴承等松旷部位重新进行调整。

4) 检修车轮制动器，排除制动拖滞故障。

5) 更换车轮。

3. 诊断与排除前轮摆振故障

(1) 诊断程序

1) 首先查看前轮是否装用翻新轮胎。

2) 如果前轮未装用翻新轮胎，再检查前桥与转向系各连接部位是否松旷。具体步骤如下：

①先检查转向盘与转向轴连接部位是否松旷。用一只手握紧转向盘沿转向轴轴线方向作上、下拉压动作，在转向盘面内作推动动作。如果感到转向盘与转向轴之间松旷，则故障在此。

②如果转向盘与转向轴之间不松旷，再轻轻地左右转动转向盘。在转向器垂臂不动的情况下，若此时转向盘转动量超过规定，则故障在转向器内。两手左右抓住转向盘，沿转向轴轴线方向做上下拉压动作，如果感到有明显的松旷量，则故障为转向器主动部分（如螺杆或蜗杆）轴承松旷；如果感觉不到松旷，则故障为转向器内主从动部分啮合部位松旷或垂臂轴承松旷。

③如果转向器内不松旷，用力左右转动转向盘，用手分别握住直横拉杆各球关节处，如果感到有明显松旷量，则故障在此。

④面对轮胎侧面，用手沿汽车横向反复推拉轮胎顶部，并支起前桥用撬杠撬动前轮下部，检查转向节衬套与主销和轮毂轴承是否有明显松旷量。同时视轮胎异常磨损情况检查和判断前束是否正常。

⑤另外检查转向器在车架上的固定情况，松旷之处均为故障所在。

3) 如果无松旷之处，再检查前钢板弹簧 U 形螺栓，前钢板销与衬套等处是否松旷；对于独立悬架，检查各连接处是否松旷，减振器是否失效等，若松旷则故障在此。若不松旷，再检查左右两钢板的厚度、片数、弧高、长度和新旧程度是否相等，如果其中之一不等，则故障在此。

4) 如前钢板技术状况良好，可支起前桥，转动前轮，用大型划针检查前轮的径向跳动量和端面跳动量。若小型车超过 5 mm，其他车辆超过 8 mm，则故障在此。

5) 如前轮的径向跳动量和端面跳动量符合要求，应借助设备检查车轮的不平衡度。若不平衡度超过规定值，则故障在此。前轮的径向跳动量、端面跳动量、不平衡度过大，是造成车轮在高速时强烈振动的主要原因。

6) 如果前轮的不平衡度在规定范围内，可用前束尺等工具检查前束值，若前束值过小或过大，则易造成前轮摆头。

7) 如果前束值也在规定范围内，则故障可能在前轮外倾、主销后倾。

8) 如果前轮定位无误，再检查转向系与悬架的运动是否发生干涉。

9) 经上述检查无问题，则前轮摆头的原因可能是转向系刚度不足造成的，提高转向系刚度以后，可提高抵抗前轮摆头的能力，故障即可消失。

10) 汽车在不平的道路上行驶时发生前轮摆头，这是不平道路对前梁产生冲击进而使前轮绕主销角振动造成的。此时驾驶员通过改变车速、大幅度回转转向盘等方法，可使前轮摆头现象减弱或消失。

11）检查故障是否在传动系。前轮加垫安全塞块，支起后驱动桥，启动发动机，逐步换入高速挡，使驱动轮达到摆振速度，若出现车身与转向盘振抖，说明故障在传动系，因为前轮前桥处于静止状态。若转速提高无振抖，说明故障在前桥。

（2）排除方法

前轮摆振的主要故障是各部分间隙过大、松旷及变形。所以其故障排除方法就是调整松旷处、校正变形、更换新件。

1）前轴变形后直接影响前轮定位的准确性，使用前轴检测仪检验前轴各项弯曲度，然后使用前轴液压校正机进行校正。

2）钢板弹簧座平面磨损厚度不得多于 2 mm，定位孔磨损量不得大于 1 mm，超限可堆焊修复。

3）主销孔上下端面磨损起槽深度不大于 2 mm，可用刨钻修复，装合时增配"补偿垫片"进行调整，以保证转向节和主销孔上下端之间的间隙（0.05~0.22 mm）。磨损起槽深度超过 2 mm 时，可用堆焊修复。

4）球头销的松紧度调整。将调整螺塞旋到底，使弹簧紧抵球座，退回 1/8~1/4 圈。调整完毕，转动球头销，应无阻力、无卡滞，球头销锥形端面应低于锥孔端面 1~2 mm。

5）调整轮毂轴承预紧度。将调整螺母旋到底，退回 2 个锁止孔，装上锁止垫，按规定力矩拧紧锁止螺母。

6）车轮动不平衡，可在动平衡仪上检测并加平衡块校正。

7）转向系与悬架运动干涉和转向系刚度不足，应由生产厂家来调整。

第三节　诊断与排除汽车制动故障

学习目标

- 诊断与排除制动跑偏故障
- 诊断与排除制动拖滞故障
- 诊断与排除制动防抱死装置故障
- 诊断与排除制动防抱死故障灯报警故障

一、相关知识

1. 制动跑偏故障产生的现象和原因

(1) 现象

驾驶员必须紧握转向盘方能保证直线行驶，若稍微放松转向盘，汽车便自行跑向一边。

(2) 原因

1) 前轮左、右轮轮胎气压不一致，前钢板弹簧左、右弹力不一致。

2) 一侧前轮制动器制动间隙过小或轮毂轴承过紧。

3) 两侧主销后倾角或车轮外倾角不等，前束不符合要求。

4) 有一侧钢板弹簧错位或折断。

5) 转向节臂变形。

6) 转向桥或车架变形，左右轴距相差过大，点火过早，分电器安装不正确，正时齿轮故障。

2. 制动拖滞故障产生的现象和原因

(1) 现象

1) 踩下制动踏板感到高而硬，踩不下去。汽车起步困难，行使无力。当松抬加速踏板踩下离合器踏板时，尚有制动感觉。

2) 汽车行驶一定里程后，用手触摸制动鼓感觉发热。

(2) 原因

1) 制动踏板自由行程过小或无自由行程。

2) 制动主缸皮碗发胀，回位弹簧过软，致使皮碗堵住旁通孔不能回油。

3) 制动轮缸皮碗发胀、老化、变形影响活塞运动。

4) 制动蹄摩擦片与制动鼓间隙过小，制动蹄回位弹簧过软、折断。

5) 制动蹄与制动蹄轴锈蚀，使制动蹄转动复位困难。

6) 制动管凹瘪、老化或油管内有污物堵塞，回油不畅。

3. 制动防抱死装置失效故障产生的现象、原因与处理方法

(1) 现象

1) 防抱死控制系统的警告灯持续点亮。

2) 感觉防抱死控制系统工作不正常。

(2) 原因及处理方法

1) 确认故障情况和故障症状。

2）对系统进行直观检查，是否有制动液渗漏、导线破损、插头松脱、制动液液位过低等现象。

3）读解故障代码，既可以用解码器直接读解，也可以通过警告灯读取故障代码后，再根据维修手册查找故障代码所代表的故障情况。

4）根据读解的故障情况，利用必要的工具和仪器对故障部位进行深入检查，确诊故障部位和故障原因。

5）排除故障。

6）清除故障代码。

7）检查警告灯是否仍然持续点亮，如果警告灯仍然持续点亮，可能是系统中仍有故障存在，也有可能是故障已经排除而故障代码未被清除。

8）警告灯不再持续点亮后，进行路试，确定系统是否恢复正常工作。

9）如果故障指示灯一直点亮，再按以下方法检查：

①检查驻车制动是否全释放。

②检查制动液液面是否在规定的范围内。

③检查 ABS 电脑导线插头、插座的连接是否良好，连接器及导线是否合适。

④检查下列导线连接器和导线的连接或接触是否良好：

a．液压调节器上的电磁阀体连接器。

b．液压调节器上的主控制阀连接器。

c．连接压力警告开关和压力控制开关的连接器。

d．制动液液面指示开关连接器。

e．四轮车速传感器的连接器。

f．电动泵连接器。

⑤所有的继电器、熔丝是否完好，插接是否牢固。

⑥检查蓄电池是否完好和电压是否在规定范围内，检查蓄电池正负极导线的连接是否牢靠，连接处是否清洁。

⑦检查 ABS 电脑，液压控制装置灯的搭铁端接触是否良好。

⑧检查车轮胎面纹槽的深度是否符合规定。

二、操作技能

1．操作准备

（1）待排除的有转向系故障的汽车一辆。

（2）齐全、合格用来排除故障的工、量具以及专用工具和设备。

2. 诊断与排除制动跑偏故障

（1）检查前轮左、右轮轮胎气压是否一致，按规定充气。

（2）气压一致，可用手触摸跑偏一边的制动鼓和轮毂轴承是否过热。若过热，应调整制动间隙或轮毂轴承。

（3）若不过热，应检查钢板弹簧是否折断或弹力不足。

（4）钢板弹簧完好，应检查前束是否符合要求，两侧主销后倾角或车轮外倾角是否相等，若不相等，应予以修理。

（5）以上检查均正常，则应检查左右轴距是否相等，转向桥或车架是否变形。如有不符合要求的，应予以修理。

3. 诊断与排除制动拖滞故障

（1）汽车行使一定里程后，用手触摸每一个制动鼓均感觉发热，表明故障在制动主缸；若个别制动鼓发热，则故障在车轮制动器。

（2）若故障在制动主缸，应先检查踏板自由行程是否过小，若过小，应予以调整。

（3）若自由行程符合规定，放松制动踏板不能迅速复位，应检查制动踏板回位弹簧弹力、踏板轴及连杆机构的润滑情况。必要时进行修理或更换。

（4）若制动踏板回位良好，可将制动主缸储液缸盖打开，连续踩、松踏板，观察回油情况。若不回油，表明主缸回油孔堵塞，应予以疏通。若回油缓慢，则应拆检制动主缸，检查皮碗和复位弹簧。

（5）若故障在车轮制动器，应先拧松放气螺钉，若制动解除，则为油管堵塞，应予以疏通。若仍不能解除制动，则应调整制动鼓与制动蹄片之间的间隙。

（6）经上述检查制动仍然拖滞，则进一步拆检车轮制动器。

4. 诊断与排除制动防抱死系统（ABS）失效故障

当防抱死控制系统的警告灯持续点亮时，或感觉防抱死控制系统工作不正常时，应及时对系统进行故障诊断和排除。在故障诊断和排除时应该按照一定的步骤进行，才能取得良好的效果。一般包括四个方面：初步检查；故障自诊断；快速检查；故障指示灯诊断。具体步骤如下：

（1）确认故障情况和故障症状。

（2）对系统进行直观检查，检查是否有制动液渗漏、导线破损、插头松脱、制动液液位过低等现象。

（3）读解故障代码，既可以用解码器直接读解，也可以通过警告灯读取故障代码后，再根据维修手册查找故障代码所代表的故障情况。

（4）根据读解的故障情况，利用必要的工具和仪器对故障部位进行深入检查，确诊故障部位和故障原因。

（5）排除故障。

（6）清除故障代码。

（7）检查警告灯是否仍然持续点亮，如果警告灯仍然持续点亮，可能是系统中仍有故障，也有可能是故障已经排除而故障代码未被清除。

（8）警告灯不再持续点亮后，进行路试，确认系统是否恢复正常工作。

（9）如果故障指示灯一直点亮，再按以下方法检查：

1）检查驻车制动是否完全释放。

2）检查制动液液面是否在规定的范围内。

3）检查 ABS 电脑导线插头、插座的连线是否良好，连接器及导线是否合适。

4）检查下列导线连接器和导线的连接或接触是否良好：

①液压调节器上的电磁阀体连接器。

②液压调节器上的主控制阀连接器。

③连接压力警告开关和压力控制开关的连接器。

④制动液液面指示开关连接器。

⑤四轮车速传感器的连接器。

⑥电动泵连接器。

5）检查所有的继电器、熔丝是否完好，插接是否牢固。

6）检查蓄电池容量和电压是否在规定范围内，检查蓄电池正负极导线的连接是否牢靠，连接处是否清洁。

7）检查 ABS 电脑、液压控制装置灯的搭铁端接触是否良好。

8）检查车轮胎面纹槽的深度是否符合规定。

（10）诊断与排除制动防抱死故障灯报警故障（以福特车系列 ABS 为例）

1）将车上的点火开关关掉，找到 ABS 电脑，一般自诊断连接器就在电脑旁边。

2）先不要连接"STAR"扫描仪和 ABS 自诊断连接器，而是先接通扫描仪的电源，证明扫描仪内部运行正常。

3）连接"STAR"扫描仪和 ABS 自诊断连接器，接通"STAR"扫描仪上的电源开关，按下中间按钮，再将车上的点火开关转到"ON"位置，如果有故障码存储在电脑中，那么在

45 s 钟内将从扫描仪的显示器显示出来。

4）所有的故障码全部读完后，要关掉车上点火开关和扫描仪上的电源，拔下扫描仪，再对照排除故障，然后，驾驶汽车以 40 km/h 以上的速度行驶，ABS 电脑确认完全修复正常后自动消除存储器中的故障代码。

第五章
汽车电器设备修理

第一节 充电系统的修理

单元一 蓄电池的修理

学习目标
- 蓄电池的检测与充电

一、相关知识

1. 蓄电池技术标准和要求

（1）电解液相对密度见表5—1。

表5—1　　　　　　　　电解液相对密度　　　　　　　　g/cm³

气温	充足电时电解液相对密度	放电时电解液相对密度			
		放电25%	放电50%	放电75%	全放电
冬季气温低于-40℃地区	1.31	1.27	1.23	1.19	1.15
冬季气温高于-40℃地区	1.29	1.25	1.21	1.17	1.13
冬季气温高于-20℃地区	1.27	1.23	1.19	1.15	1.11
冬季气温高于0℃地区	1.24	1.20	1.16	1.12	1.09

注：表中相对密度值是指温度为25℃时的值，环境温度每升高1℃，应在测得的密度计上加0.000 7，每降低1℃则应减0.000 7。

表中相对密度值是指温度为25℃时的值，记为 $\rho_{25℃}$，实测密度 ρ_T 与相对密度 $\rho_{25℃}$ 之间的关系是：

$$\rho_{25℃} = \rho_T + \beta(T - 25)$$

T——实测电解液温度（℃）；

β——密度温度系数，$\beta = 0.0007$。

（2）蓄电池电压与放电程度见表5—2。

表5—2　　　　　　　　　　蓄电池电压与放电程度

蓄电池开路端电压（V）	≥12.6	12.4	12.2	12.0	≤11.7
高率放电计检测蓄电池电压（V）	11.6~10.6		9.6~10.6		≤9.6
高率放电计（100 A）检测单格电压（V）	1.7~1.8	1.6~1.7	1.5~1.6	1.4~1.5	1.3~1.4
放电程度（%）	0	25	50	75	100

2．免维护蓄电池选择的原则

（1）按需选择

根据自己的需要，计算出需要的电池容量与数量。

（2）安全

出于安全的原则，选择有一定品牌知名度的蓄电池厂家和有技术力量以及服务好的经销代理商。

（3）性价比

根据产品的质量，有的蓄电池寿命只有2年，有的蓄电池寿命长达10年，进行比较选择最适合本车的蓄电池。

二、操作技能

1．操作准备

（1）蓄电池一个、发动机一台、充电机一台。

（2）万用表、电解液密度计、温度计、高率放电计、钢丝刷、玻璃棒及管、盛水容器各一。

（3）适量凡士林、润滑脂、蒸馏水、密度为 1.835 g/cm^3 的纯硫酸。

2．蓄电池的检测

（1）外部检查

1）检查蓄电池封胶有无开裂和损坏，极柱有无破损，壳体有无泄漏，如有上述情况应修复或更换。

2）用温水清洗蓄电池外部的灰尘泥污，然后再用碱水清洗一遍。

3）疏通加液盖通气孔，用钢丝刷或极柱接头清洗器除去极柱和接头的氧化物并涂一层薄薄的工业凡士林或润滑脂。

(2) 静止电动势（开路电压）检测

若蓄电池刚充过电或车辆刚行驶过，应接通前照灯远光 30 s，消除"表面充电"现象。然后熄灭前照灯，切断所有负载，用万用表测量蓄电池的开路电压，根据表 5—2 判断放电程度。

(3) 电解液液面高度检测

如图 5—1 所示，用内径为 4～6 mm、长度约 150 mm 的玻璃管检测电解液液面高度。要求液面高出隔板上沿 10～15 mm。对于半透明式蓄电池，液面应位于最高和最低液面标记之间。液面过低时，应补加蒸馏水；液面过高时，应用密度计吸出部分电解液。

(4) 电解液相对密度检测

如图 5—2 所示，用密度计测量相对密度，根据表 5—1 判断放电程度。对于免维护蓄电池多数均设有内装式密度计（充电状态指示器），根据指示器的颜色判定。绿色表示充足电；当变黑或深绿色时，表明存电不足，应予以充电；当显示浅黄色或者无色透明时，必须更换蓄电池。

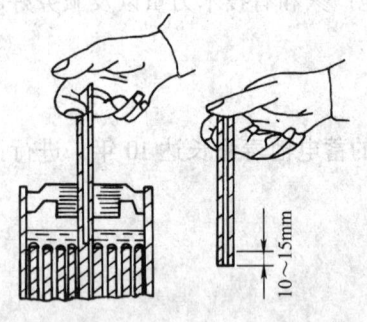

图 5—1　电解液液面高度检测

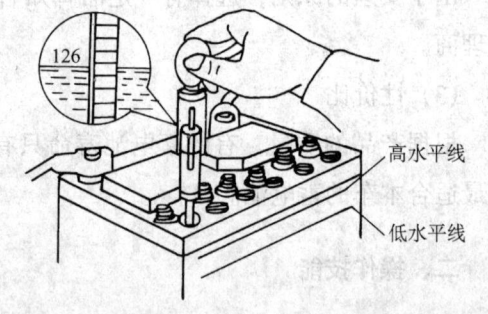

图 5—2　电解液相对密度检测

(5) 负荷试验检测

1）高率放电计测试。对于只能检测单格电池电压的普通高率放电计（见图 5—3），测量时将两个叉尖紧压在单格电池的正负极柱上，若电压稳定，根据表 5—2 判断放电程度；若在 5 s 内电压迅速下降，或某一单格电池比其他单格要低 0.1 V 以上时，则表示有故障。

对于新式 12 V 高率放电计（见图 5—4），将两放电针压在蓄电池正负极柱上，保持 15 s，若电压稳定，根据表 5—2 判断放电程度；若电压迅速下降，说明蓄电池已损坏。

2）车上起动测试。拔下分电器中央线并搭铁，将万用表接在蓄电池正负极柱上，接通起动机 15 s，电压应不低于 9.6 V。

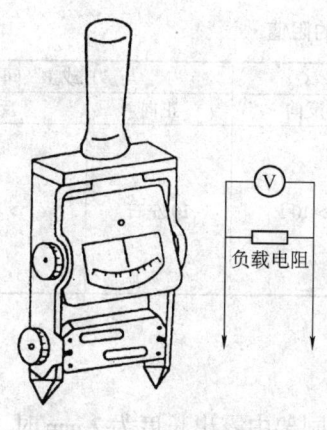
图5—3 普通高率放电计

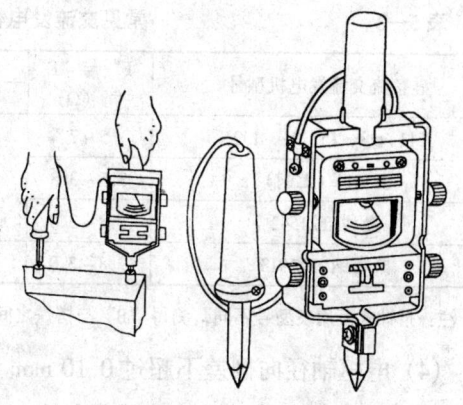
图5—4 新式12 V高率放电计

3. 蓄电池的充电

（1）蓄电池的初充电

对于干荷蓄电池初次使用，只需按规定加足电解液后，静放20～30 min即可装车使用。

（2）蓄电池的补充充电

1）清洁蓄电池外部的脏污以及极柱上的氧化物，疏通通气小孔并拧下加液孔盖。

2）连接充电机的正、负极到蓄电池的正、负极，准备充电。

3）补充充电常采用改进恒流充电法，其步骤如下：

①检查电解液液面高度，若不足应补加蒸馏水。

②选择充电电流为蓄电池额定容量的1/10，充至单格电压达2.3～2.4 V。

③充电电流减半，即为蓄电池额定容量的1/20，充至单格电压达2.5～2.7 V。

单元二　发电机的修理

学习目标

- 发电机的性能测试与修理

一、相关知识

（1）常见交流发电机各接线柱之间的阻值见表5—3。

（2）一般12 V发电机转子绕组电阻约为3.5～6 Ω，24 V的约为15～21 Ω。

（3）集电环圆柱度不超过0.025 mm，厚度不小于1.5 mm。

表 5—3　　　　　　　　　　常见交流发电机各接线柱之间的阻值

硅整流交流发电机型号	"F"与"E"间（Ω）	"B"与"E"间（Ω）		"N"与"E 或 B"间（Ω）	
		正向	反向	正向	反向
JF11、13、15、21、132N	5～7	40～50	>10 k	10 左右	>10 k
JFW14（无刷）	3.5～3.8				
夏利 JFZ1542	2.8～3.0				
桑塔纳 JFZ1913	2.8～3.0	65～80			

注：指针式万用表型号不同，测得"B"与搭铁之间的阻值不同。

（4）电枢轴径向摆差不超过 0.10 mm。

（5）电刷磨损后不得超过原高度的 1/2；当电刷从电刷架中露出长度为 2 mm 时，电刷弹簧力一般为 2～3 N。

（6）发电机空载试验和发电机负载试验的技术标准应符合要求。

二、操作技能

1. 操作准备

（1）电器试验台一台，发动机试验台架一台或汽车一辆，硅整流交流发电机一台。

（2）台钳及平台、蓄电池各一，一字旋具、十字旋具大小各一，开口扳手、梅花扳手各一套。

（3）万用表、弹簧秤、游标卡尺或钢板尺、拉器、百分表各一，V 形铁一对。

（4）油盆、毛刷各一，适量清洗剂、润滑脂、"00"号砂布及棉纱。

2. 硅整流交流发电机的不解体检测

用万用表检测发电机各接线端子间的电阻，应与规定相符。

3. 硅整流交流发电机的检修

（1）转子检修

1）转子绕组检修

①如图 5—5 所示，用万用表 $R \times 1$ 挡检测两集电环之间电阻，应与标准相符。若阻值为 ∞，说明断路；若阻值过小，说明短路。

②如图 5—6 所示，用万用表电阻最大挡检测集电环与铁心（或转子轴）之间的电阻，应为 ∞，否则为搭铁。

③若断路应焊修或更换转子总成，若短路或搭铁应更换转子总成。

2）集电环检修

①集电环表面应平整光滑，若有轻微烧蚀，用"00"号砂布打磨；烧蚀严重，应在车床上精车加工。

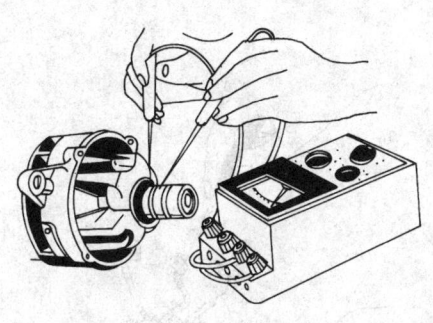

图 5—5 用万用表 $R \times 1$ 挡检测两集电环之间电阻

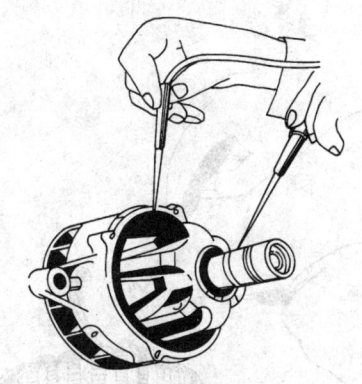

图 5—6 用万用表电阻最大挡检测集电环与铁心（或转子轴）之间的电阻

②用直尺测量集电环厚度，应与规定相符，否则应更换。

③用千分尺测量集电环圆柱度，应与规定相符，否则应精车加工。

3）转子轴检修。如图 5—7 所示，用百分表测量转子轴摆差，应与规定相符，否则应予校正。

（2）定子检修

1）定子绕组短路检修。通过台架试验测其输出功率或通过示波器测其输出电压波形进行判断。若短路应更换定子绕组或定子总成。

2）定子绕组断路检修。如图 5—8 所示，用万用表 $R \times 1$ 挡检测定子绕组三个接线端，两两相测，阻值应小于 1 Ω，若阻值为∞，说明断路。断路故障应用 35 W、220 V 的电烙铁焊接修复，若不能修复，应更换定子绕组或定子总成。

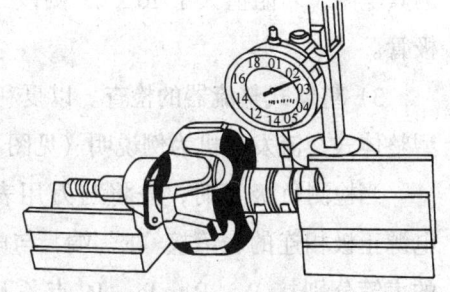

图 5—7 用百分表测量转子轴摆差

3）定子绕组搭铁检修。如图 5—9 所示，用万用表电阻最大挡检测定子绕组接线端与定子铁心间的电阻，应为∞，否则说明有搭铁故障。有搭铁故障应更换定子绕组或定子总成。

（3）检查整流器

1）检查二极管好坏。将万用表的两测试棒接于二极管的两极测其电阻，再反接测一次，若电阻值一大（10 kΩ）一小（8～10 Ω），差异很大，说明二极管良好。若两次测量阻值均为∞，则为断路；若两次测得阻值均为 0，则为短路。

对焊接式整流二极管来说，只要有一只二极管损坏，则需更换该二极管所在的正或负整流板总成；若为压装结构，则只需更换故障二极管即可。

2）二极管的极性判别。常用的万用表有机械式和电子式两种，机械式万用表检测方法是：将万用表的正测试棒（红色）接二极管引出极，负测试棒（黑色）接二极管的另一极，

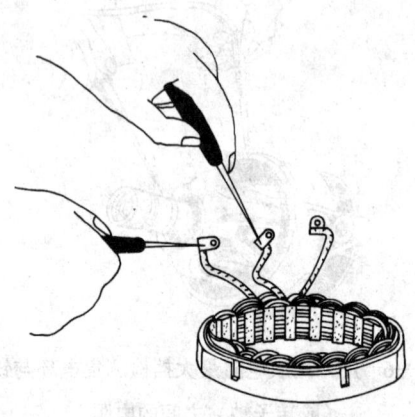
图5—8 用万用表 $R \times 1$ 挡检测定子绕组三个接线端

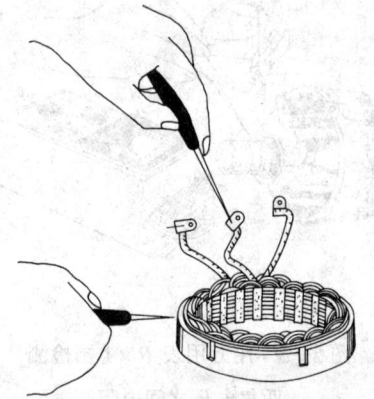
图5—9 用万用表电阻最大挡检测定子绕组接线端与定子铁心间的电阻

测其电阻。若阻值大于10 kΩ，则该二极管为正极管；若阻值为8～10 Ω，则该二极管为负极管。

3) 整体式整流器的检查。以夏利轿车JFZ1542型整体式交流发电机为例说明（见图5—10）。

当检测负极管时，先将与万用表（$R \times 1$ 挡）电源正极相连的表笔接"E"端，与电源负极相连的表笔分别接 P_1、P_2、P_3、P_4 点，万用表均应导通，如不通，说明该负极管断路，应更换整流器总成；再调换两表笔检测，万用表应不导通，如导通，说明该负极管短路，需更换整流器总成。

当检测正极管时，先将与万用表内电源负极相连的表笔接整流器端子"B"；另一只表笔分别接 P_1、P_2、P_3、P_4 点进行检测，万用表均应导通，如不通，说明该正极管断路，则应更换整流器总成；再调换两表笔检测部位进行检测，此时万用表应不导通，如导通，说明该正极管短路，亦应更换整流器总成。

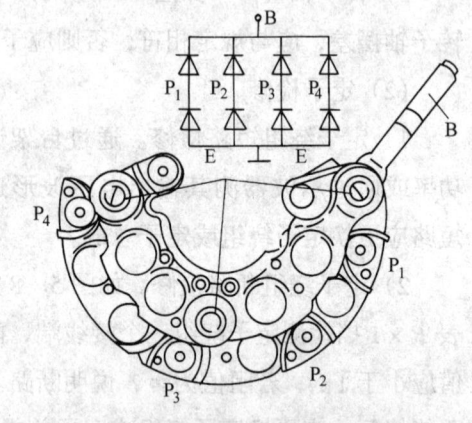
图5—10 整体式整流器的检查

(4) 检查电刷组件

1) 外观检查。电刷表面应无油污，无破损、变形，且应在电刷架中活动自如。

2) 电刷长度检查。如图5—11所示，用游标卡尺或钢板尺测量电刷露出电刷架的长度，应与规定相符。

3) 弹簧压力测量。如图5—12所示，用天平秤检测电刷弹簧压力应与规定相符。

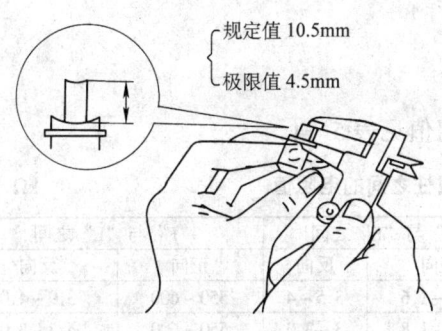

图 5—11 用游标卡尺或钢板尺测量电刷露出电刷架的长度

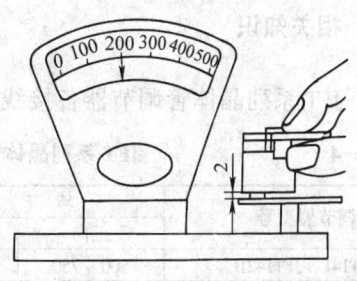

图 5—12 弹簧压力测量

(5) 其他零件检查

检查发电机各接线柱绝缘情况，发现搭铁故障应拆检；检查轴承轴向和径向间隙均应不大于 0.20 mm，滚珠、滚道无斑点，轴承无转动异响；检查前后端盖、带轮等应无裂损，绝缘垫应完好。

4. 硅整流交流发电机的试验

(1) 试验台试验

1) 空载试验。将发电机正确安装在试验台上，起动试验台，记录试验数据，应与规定相符。

2) 负载试验。将发电机正确安装在试验台上，起动试验台，加载，记录试验数据，应与规定相符。

(2) 就车测试

1) 检查传动带松紧度。如图 5—13 所示，用 30～50 N 的力按下传动带，挠度应为 10～15 mm。

2) 发电机电压测试。关闭车上所有电器，启动发动机保持在 2 000 r/min，测量蓄电池的空载充电电压，应比参考电压（原蓄电池端电压）高些，但不超过 2 V；仍在 2 000 r/min 时，接通所有电器，测量蓄电池负载电压，应至少高出参考电压 0.5 V。

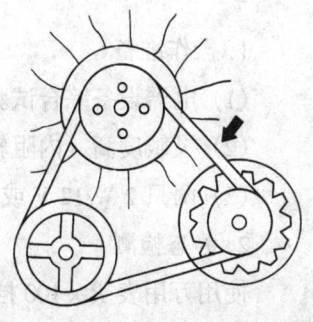

图 5—13 检查传动带松紧度

单元三　发电机调节器的检测与试验

学习目标
- 发电机调节器的检测与试验

一、相关知识

（1）JFT 系列晶体管调节器各接线柱之间的电阻值见表 5—4。

表 5—4　　　　JFT 系列晶体管调节器各接线柱之间的电阻值　　　　　　　　　kΩ

调节器型号	"S"与"F"之间		"S"与"E"之间		"F"与"E"之间	
	正向	反向	正向	反向	正向	反向
JFT141、JFT142B	500~750	5~7.5	1.2~1.6	3.5~4	550~600	3.9~4.0
JFT241、JFT242B	650~700	5~5.5	1.6~1.8	3~3.3	550~600	4.3~5.0
JFT106、JFT107	1 500~2 000	3~4	1.4~1.6	1.4~1.6	1 400~1 600	3.0~4.0
JFT206、JFT207	1 300~1 500	2~3	1.5~2.0	1.5~2.0	1 300~1 500	4.0~6.0
JFT126	4 600~5 000	7.5~8	3.0	3.0	550	6.5~7.0

（2）使用万能电器试验台测试晶体管调节器的性能参数数值应符合表 5—5 的要求。

表 5—5　　　　　　　晶体管调节器的性能参数试验数值

试验项目	试验条件	规格/V	调节电压及电压差/V
调节电压	转速为 6 000 r/min，输出电流为 10%，额定电流不低于 2 A 时	12	14.20±0.25
		24	28.0±0.3
负载特性	转速为 6 000 r/min，输出电流为 10%~85%，额定电流不低于 2 A 变化时	12	$|\Delta U|\leq 0.5$
		24	$|\Delta U|\leq 0.8$

二、操作技能

1. 操作准备

（1）电器设备综合试验台，直流可调电源一台，内外搭铁型晶体管电子调节器各一个。

（2）灵敏度高（内阻较大）的万用表两个，变阻器两个，开关两个。

（3）两只 2 W/12 V 或者 3 W/24 V 灯泡，镊子一个，导线及接头夹子若干。

2. 静态检测

使用万用表 $R\times 100$ 挡测量晶体管调节器各接线柱之间的静态电阻，应与标准相符。

3. 动态检测

（1）搭铁形式的检测

1）按图 5—14 接好线路。

2）将电源电压 U 调到 12 V。

3）接通开关 K，若小灯泡不亮，则该调节器为内搭铁型调节器；若小灯泡亮，则该调节器为外搭铁型调节器。

（2）好坏的检测

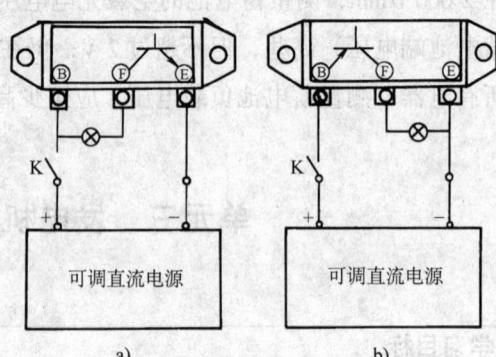

图 5—14　线路连接图
a) 外搭铁型电子调节器　b) 内搭铁型电子调节器

1）将调节器根据搭铁形式不同按图5—14连好线路。

2）接通开关K，逐渐调高电源电压，小灯泡的亮度应随电压升高而增强，当电源电压调至调节电压值（14 V调节器为13.5～14.5 V）时，小灯泡熄灭，则为良好；若小灯泡始终发亮或始终熄灭，则为损坏，应更换。

(3) 管压降的检测

在检测管压降时，必须限定流过大功率三极管的电流。具体数值应根据调节器调节上限和配用发电机磁场绕组的电阻确定。

1）PP350型内搭铁型调节器管压降的检测

①按图5—15连好电路。

②将变阻器调到4Ω左右，再接通开关K，调节变阻器，使电流表读数调到3 A，此时电压表读数应在0.6～2 V之间。

③若电压超过2 V，说明调节器性能降低或有故障，须修理或更换；若电压过低（小于0.6 V），说明大功率三极管短路，须更换三极管或调节器。

2）13 3702型外搭铁型调节器管压降的检测

①按图5—16连好电路。

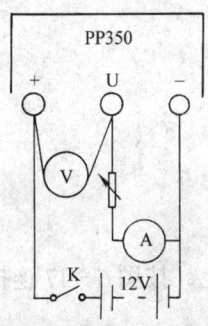
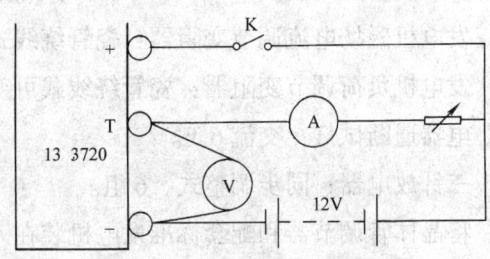

图5—15 PP350型内搭铁型调节器管压降的检测　　图5—16 13 3702型外搭铁型调节器管压降的检测

②先将变阻器调到3Ω左右，再接通开关K，再调节变阻器，使电流表读数达到4 A，此时电压表读数应在0.6～1.6 V之间。

③若电压超过1.6 V，说明调节器性能不好或有故障，应更换调节器；若电压低于0.6 V，说明大功率三极管短路，应更换调节器。

4. 万能试验台测试

汽车电器万能试验台是用于汽车发动机的调节器、起动机、分电器和点火系性能试验的综合性试验设备（以GST-3U万能试验台为例）。

(1) 试验项目

发电机的负荷试验、功率试验、作为电动机试验、调节器断电器试验、调压器试验、限流器试验、起动机空载试验、负荷试验、小齿轮啮合动作检验、分电器凸轮角度均匀度检验、断电器触点闭合角测量、离心点火提前和真空点火提前装置性能、真空点火提前装置膜片漏气和密封性检验、断电器触点接触电阻测量以及点火系发火能力试验、点火线圈初次级线圈电阻测量、初级电流及次级电压测量、电路通断检验及绝缘电阻测量等。

(2) 技术参数

主电机：3.7 kW 三相异步电机。

变速装置：齿形带式无级变速器，最大变速比 1:16。

主轴转速：200~2 500 r/min。

转速表：发电机式，量程 0~5 000 r/min 和 0~10 000 r/min。

电流表：三挡 -5 A~0 A~+5 A，-10 A~0 A~+10 A，-150 A~0 A~+150 A。

量程 -10 A~0 A~+10 A。

电压表：三挡 -1 V~0 V~+10 V，-2 V~0 V~+20 V，-5 V~0 V~+50 V。

兆欧表：使用电压 250 V 和 500 V，量程 0~∞。

断电器触点闭合角分电器转速表：角度量程为 0°~70°，转速量程 0~5 000 r/min。

真空泵：手动式。

真空度表：量程 0~100 kPa。

扭矩表：上刻度线 0~58.8 N·m，下刻度线 0~49 N·m。

发电机磁场电流调节变阻器：瓷管绕线式可变电阻。

发电机负荷调节变阻器：瓷管绕线式可变电阻。

电器通断试灯：交流 6 V。

三针放电器：同步调整式，6 组。

将晶体管调节器和配套标准发电机装在万能电器试验台上，按图 5—17 连接好线路，然

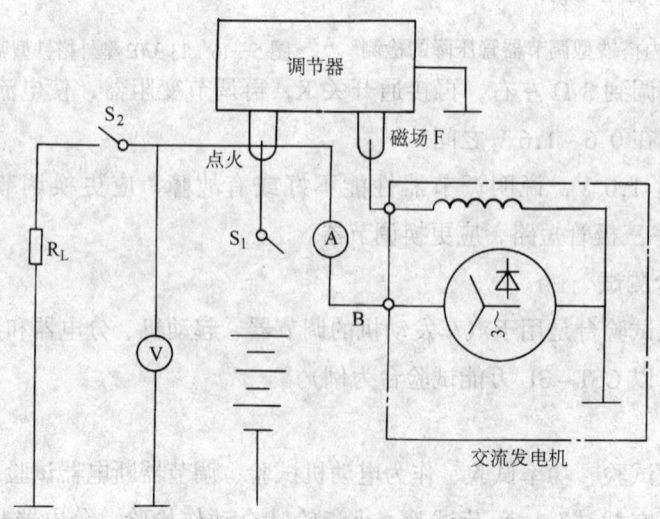

图 5—17 交流发电机调节器试验电路

后逐步提高发电机转速到规定值，再逐步变化负载电流，调节器的调压值和各种负载下的电压差值应符合试验技术要求。否则，应予以检修或更换。

5. 调节器的维修

(1) 电子晶体管调节器经过检测，若出现故障，一般需要更换新件。

(2) 电磁振动式调节器经过检测与调整，当其状态不能恢复时，也只有更换新件。

第二节 起动系统的修理

单元一 起动机的检修与试验

学习目标
- 起动机的检修与试验

一、相关知识

起动机技术标准和要求如下：

(1) 电枢轴径向圆跳动应不大于 0.10～0.15 mm，电枢轴的轴向间隙不大于 0.05～1.00 mm；轴颈外径与衬套内径配合间隙应为 0.035～0.077 mm，最大不超过 0.15 mm。

(2) 换向器圆度误差不大于 0.05 mm，换向器直径不小于标准值 1.10 mm。

(3) 电刷磨损后的高度应不小于电刷原高度的一半，一般不小于 10 mm；电刷与换向器的接触面不低于 80%；电刷弹簧的弹力，应为 11.76～14.7 N。

(4) QD121 型起动机驱动齿轮与限位环间隙为 4.5±1 mm，驱动齿轮端面与端盖凸缘距离为 32～34 mm。

(5) 以 QD124 型起动机为例，空转试验时，电压 12 V，起动机转速不低于 5 000 r/min，电流不大于 90 A；全制动试验时，电压 8 V，电流不大于 650 A，扭矩不小于 29.4 N·m。

二、操作技能

1. 操作准备

(1) 电器万能试验台、起动机、蓄电池各一。

(2) 一字旋具、十字旋具、尖嘴钳、扭力扳手各一，开口扳手一套，台虎钳一架。

(3) 万用表、游标卡尺、百分表及V形铁、弹簧秤、塞尺各一，"00"号砂纸、锯片若干。

2. 检修起动机

(1) 转子总成的检修

1) 电枢轴

①用游标卡尺检测轴颈外径与衬套内径的配合间隙，应与标准相符，若间隙过大应更换衬套并重新铰配。

②如图5—18所示，用百分表检测电枢轴径向圆跳动，应与标准相符，否则应予以校正。

2) 换向器

①检查换向器表面有无烧蚀，若有轻微烧蚀用"00"号砂纸打磨，严重时应车削。

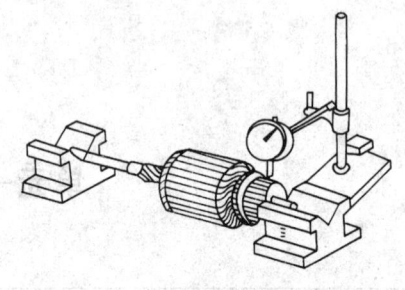

图5—18 用百分表检测电枢轴径向圆跳动

②用百分表检测换向器圆度和外径，应与标准相符，否则在车床上修整。

3) 电枢绕组

①电枢绕组搭铁的检查。如图5—19所示，用万用表测量换向器和铁心（或电枢轴）之间的电阻，应为∞，否则为搭铁。也可用交流试灯检查，灯亮表示搭铁故障。

②电枢绕组短路的检查。如图5—20所示，把电枢放在电枢检验器上，接通电源，将薄钢片放在电枢上方的线槽上，并转动电枢，薄钢片应不振动，若薄钢片振动，表明电枢绕组短路。

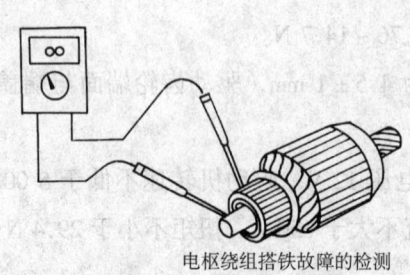

电枢绕组搭铁故障的检测

图5—19 用万用表测量换向器和铁芯之间的电阻

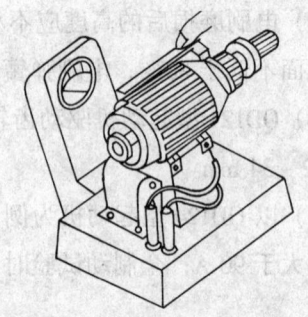

图5—20 电枢绕组短路的检查

③电枢绕组断路的检查。目测电枢绕组的导线是否甩出或脱焊。再用万用表两触针依次与两相邻换向器铜片接触，所测电阻值应一样。如果读数不一样，则说明断路。电枢绕组有

严重搭铁、短路或断路时，应更换电枢总成。

(2) 定子绕组的检修

1) 磁场绕组搭铁的检查。如图5—21所示，用万用表测量起动机接柱和外壳间的电阻，阻值应为无穷大，否则为搭铁故障，也可用220 V的交流试灯检测。

2) 磁场绕组断路的检查。用万用表测量起动机接柱和绝缘电刷间的电阻，阻值应很小，若为无穷大则为断路。

3) 磁场绕组短路的检查。如图5—22所示，用蓄电池12 V直流电源正极接起动机接线柱，负极接绝缘电刷，将旋具放在每个磁极上，检查磁极对旋具的吸力，应相同。若某磁极吸力弱，则为匝间短路。磁场绕组有严重搭铁、短路或断路时，应更换新件。

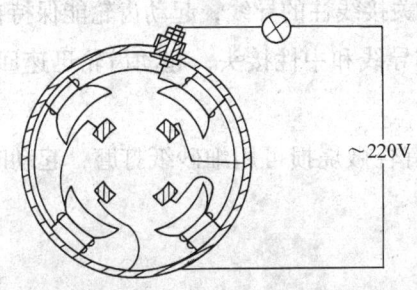

图5—21 磁场绕组搭铁的检查

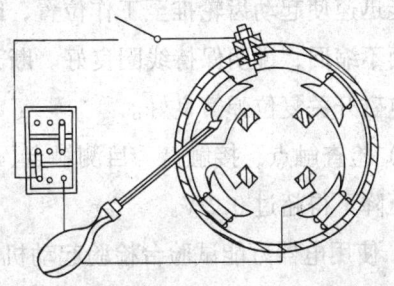

图5—22 磁场绕组短路的检查

(3) 电刷组件的检修

1) 电刷外观检查。电刷在架内活动自如，无卡滞，不歪斜。

2) 电刷磨损检查。用直尺测量电刷高度，目测电刷与换向器的接触面积，均应符合标准。

3) 电刷架的检查。如图5—23所示，用万用表测量绝缘电刷架和后盖间的电阻，应为无穷大；用万用表测量搭铁电刷架和后盖间的电阻，应为零。

4) 电刷弹簧检查。用弹簧秤检查弹簧的弹力，应与规定相符。视故障情况予以修理或更换。

(4) 单向离合器的检修

1) 离合器磨损检查。目测离合器齿轮及离合器内花键槽有无严重磨损，若磨损严重，应予以焊修或更换。

2) 离合器最大扭矩测量。如图5—24所示，将单向离合器齿轮用布包好夹在台虎钳上，将扭力扳手的头插入啮合器的花键内，按其工作的方向扳转扭力扳手，应能承受制动试验时的最大扭矩而不打滑。

(5) 电磁开关的检验

1) 检查吸拉线圈和保持线圈。拆下起动机开关接线柱的磁场引线头，将蓄电池负极接

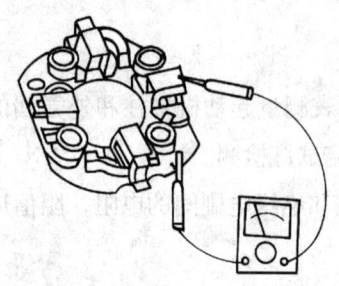

图 5—23 电刷架的检查

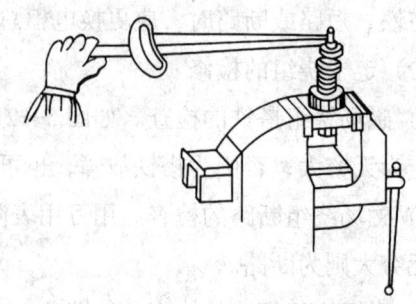

图 5—24 离合器最大扭矩测量

起动机壳及开关接线柱,正极接吸拉线圈和保持线圈的中性接头,接通电源后,观察吸拉线圈应能迅速使起动齿轮推至工作位置,断开起动机开关接线柱的导线,起动齿轮能保持在此位置而不缩回,说明保持线圈良好。断开起动机壳体导线和中性接头,起动齿轮迅速回位,说明电磁开关复位弹簧良好。

2) 检查触点、接触盘。目测触点、接触盘,若有轻微烧损可用细砂纸打磨,起动时此处电压降不得超过 0.2 V。

3. 使用电器万能试验台检验起动机的工作性能

(1) 空载试验

如图 5—25 所示,将起动机夹在夹具上,接好试验线路,接通起动机电路,起动机应运转均匀,无碰擦声,且电刷无强烈火花产生。此时电压表、电流表、转速表和读数应符合规定。若电流高而转速低,说明起动机装配过紧或电枢磁场绕组有短路或搭铁故障;若电流和转速都小,说明电路中接触电阻过大,有接触不良之处。

(2) 全制动试验(扭矩试验)

如图 5—26 所示,将起动机夹紧在试验台上,使制动力矩杠杆(扭力杠杆)的一端夹住起动机起动齿轮。另一端挂在弹簧秤上,接通起动机电路(接通时间不大于 5 s),观察单向滑轮是否打滑,并迅速记下电流表、电压表和弹簧秤读数,然后与原技术标准相对照。若扭矩小而电流大,说明电枢和磁场绕组中有搭铁短路故障;若扭矩和电流都小,说明电路中有接触不良之处;若驱动齿轮不转而电枢轴有缓慢转动,说明单向滑轮打滑。

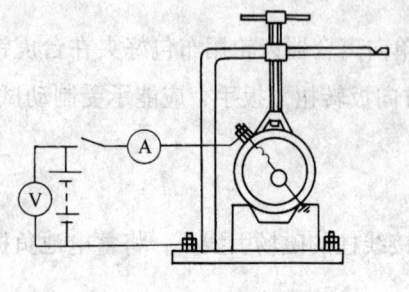

图 5—25 空载试验

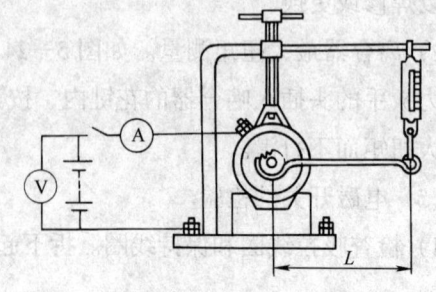

图 5—26 全制动试验

单元二 起动系线路检测

学习目标
- 起动系线路检测

一、相关知识

1. 起动系线路检测技术标准和要求

(1) 起动系线路的连接应符合原车技术要求。

(2) 起动机线路电压降不大于 0.2 V。

2. 起动系线路检测注意事项

(1) 检测起动机供电线路时，防止线路短路或搭铁。

(2) 试验起动系时，点火开关应及时回位，且试验时间不宜过长。

二、操作技能

1. 操作准备

(1) 起动性能良好的发动机试验台架一台或汽车一辆。

(2) 常用工具一套，万用表一个，导线、试灯若干。

2. 起动系线路

(1) 无起动继电器的起动系线路

无起动继电器的起动线路中，由点火开关直接控制起动机的电磁开关。如图 5—27 是日本尼桑、皇冠轿车使用的无起动继电器起动系线路。

(2) 装起动继电器的起动系线路

装起动继电器的起动系线路如图 5—28 所示，由点火开关控制起动继电器，再经过起动继电器控制起动机。

(3) 桑塔纳起动系

桑塔纳起动系主要由蓄电池、点火开关、起动机和导线等组成，接线情况如图 5—29 所示。蓄电池"+"接线柱引出电缆直接与起动机的"30"接线柱连通，以便向起动机供电启动；同时由起动机的"30"接线柱引出红色火线接入中央接线板 P 区的一个接线柱，经内部连通 P 区的另一接线柱后经红色火线与点火开关"30"接线柱连通，经点火开关起动位"50"引出由"红/黑"色导线接入中央接线板 B 的某一确定的接线柱，经内部连通 C 的某一确定的接线柱，由C的某一确定的接线柱再引出"红/黑"色导线接入起动机的"50"起动接线柱上。

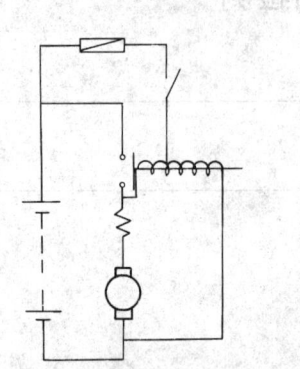

图5—27 无起动继电器起动系线路

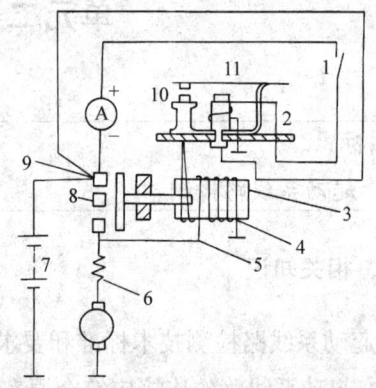

图5—28 装起动继电器的起动系线路
1—点火开关 2—电压线圈 3—开关铁心 4—保持线圈
5—吸引线圈 6—起动绕组 7—蓄电池 8—起动机主回路触点
9—起动机接柱 10—起动继电器触动点 11—起动继电器

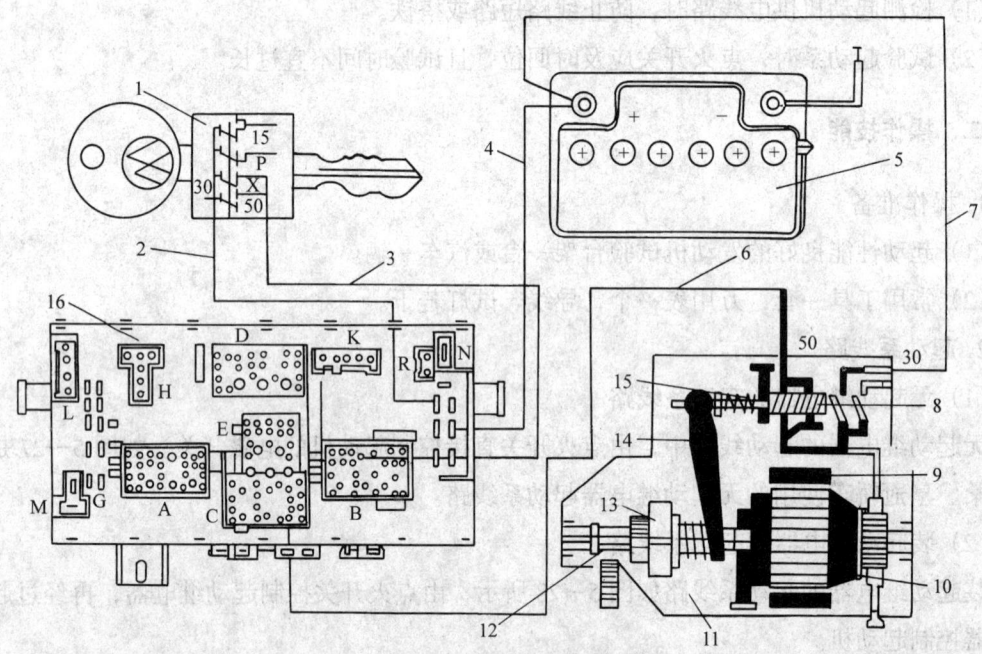

图5—29 桑塔纳起动系
1—点火开关 2、4—红色导线 3、6—红黑色导线 5—蓄电池 7—黑色导线 8—电磁开关 9—定子
10—电枢 11—起动机总成 12—驱动齿轮 13—滚柱式单向离合器 14—拨叉 15—回位弹簧 16—中央接线板

3. 起动系线路检测

检测时使用万用表，采用逐点搭铁检测法可确诊断路部位，采用依次拆断检测法可确诊短路搭铁部位。检测程序可从前向后，也可从后向前，或从中间向前、向后依次选择各个节点进行。主要分两个线路的检测：一是起动控制线路，主要检测线路的通断情况；二是起动

机供电线路，重点检测线路各节点的电压降情况，各节点连接处的电压降不得大于 0.2 V。

第三节　空调系统的修理

> **学习目标**
> - 汽车空调系统的组成和功用
> - 汽车空调系统的检修

一、相关知识

1. 汽车空调系统的功能和组成

现代汽车空调的基本功能是在任何气候和行驶条件下，都能改善驾驶员的工作条件和提高乘员的舒适性。所以，现代汽车空调系统一般具备以下装置。这些装置既可以单独使用，也可一起使用。各装置的功用是：

(1) 汽车暖风装置

天气寒冷时，向车内提供暖气，以提高车厢内的温度。另外，在冬季或春季，室内外温差较大，风窗玻璃会结霜或起雾，影响驾驶员和乘员的视线，这时可以用热风除霜或除雾。

(2) 汽车制冷装置

在天气较热时，提供冷气，以降低车厢内的温度。

(3) 除湿、加湿装置

保持车内湿度适宜。

(4) 送风装置

向车内提供新鲜空气和保持适宜气流。

(5) 空气净化装置

保持车厢内空气洁净。

2. 汽车暖风装置的分类

汽车暖风装置可分为余热式加热系统和独立热源式加热系统。

余热式加热系统又分为水暖式加热系统、气暖式加热系统和废气水暖式加热系统；独立热源式加热系统又可分为独立热源气暖式加热系统和独立热源水暖式加热系统。

3. 空调装置的维修工具

检修空调装置，必须具备如图 5—30 所示的专用维修工具与设备。压力表歧管总成是空调维修中最重要的工具,其结构如图 5—31 所示。低压表用于显示压力,也用于显示真空度。真空测量范围 0~1 034 kPa。高压表用于检测空调装置的排气压力,量程不少于21 MPa。

两只表都装在压力表歧管总成上,歧管总成两端各有一个手动截止阀,下部有 3 个通道接口,可与 3 根有颜色的连接管配合。

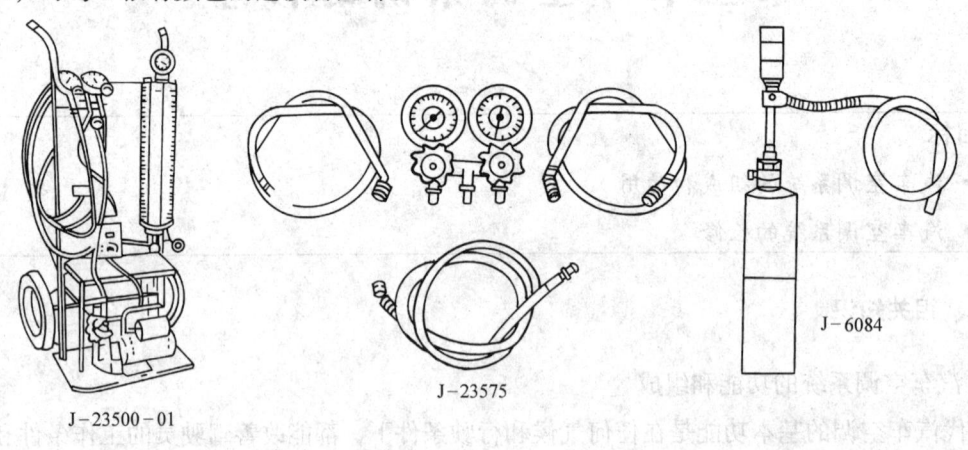

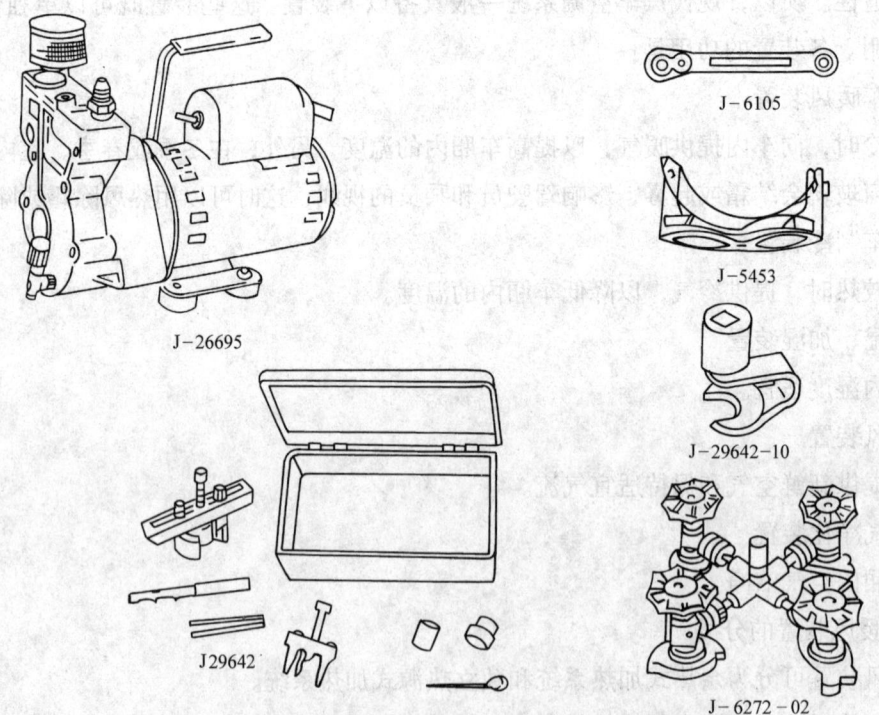

图 5—30　空调装置的专用维修工具与设备

J-23500-01	移动式维修台	J-6271-02	制冷剂罐开启工具
J-6084	卤素检漏仪	J-29642	空调维修工具箱
J-23575	压力表歧管总成	J-29642-10	维修阀拆卸工具和安装扳手
J-6105	棘轮扳手	J-26695	真空泵

低压表下的接口，通过一根蓝色软管和制冷装置的低压侧接口连接；高压表下的接口，通过红色软管和制冷装置的高压侧接口连接；中间接口通过黄色（或绿色）软管和真空泵或R12储液罐连接。

歧管两端的手动截止阀控制压力表（高、低压管接头）至中间接口的通路。如果此阀关闭，制冷装置的制冷剂R12可到达压力表，并使指针摆动；如果此阀打开，制冷剂R12可流出中间接口，进入外界空气中。要选取压力读数，这两个手动阀必须关闭。当要充注R12制冷剂时，必须用软管接通储液罐和中间接口，然后，打开一个手动阀，让R12流经歧管进入制冷装置中；如果从制冷装置中排出制冷剂，软管的一端接在中间接口上，另一端接在收集容器（用于回收冷冻液，并不是回收制冷剂，因为R12制冷剂挥发性极强，是不能回收的），打开此阀，制冷剂从装置中排出。

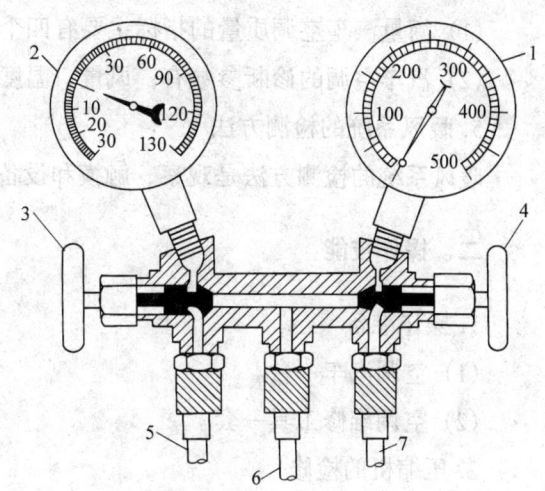

图5—31 压力表歧管总成
1—高压表 2—低压表
3、4—手动截止阀 5、6、7—软管接头

通过两只手动阀和3根软管的组合作用，可使压力表歧管总成具有以下功能：

（1）检查高压侧和低压侧的压力。

（2）从制冷装置中排出空气、湿气和被污染的制冷剂。

（3）空调装置进行排空、排出制冷剂。

（4）制冷装置充注制冷剂。

排气和进气维修阀是在空调装置中用来对制冷装置进行诊断、充灌、排放和抽真空等工作的，在拆除和装配部件时，用它来隔离制冷装置。

移动式空调维修台是一个可移动的组合体如图5—32所示。它具有较全面的维修功能。

4. 汽车空调系统的性能和诊断参数

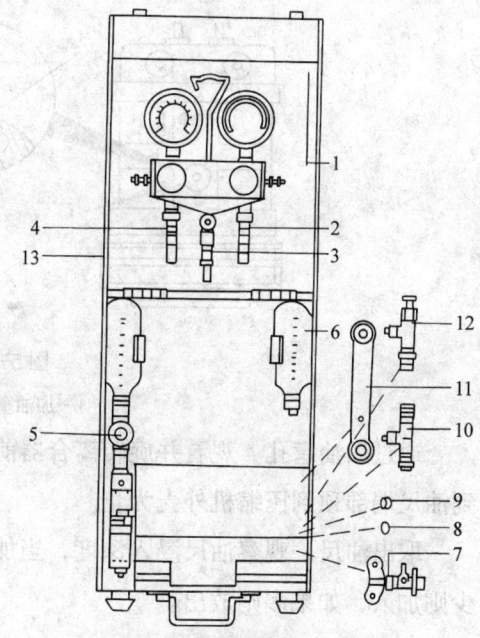

图5—32 移动式空调维修台
1—歧管压力表 2—高压表接管 3—中间输入软管
4—低压表接管 5—检漏灯 6—制冷剂罐 7—开启阀
8—检修阀衬垫 9—软管衬垫 10—扳手
11—T形接头 12—维修阀 13—工具箱

(1) 衡量汽车空调质量的指标主要有四个：即温度、湿度、流速和清洁度。

(2) 汽车空调的诊断参数有：风量、温度、压力和清洁度。

5．暖风系统的检测方法

暖风系统的检测方法是观察、触摸和设备检测。

二、操作技能

1．操作准备

(1) 空调汽车一台。

(2) 空调维修工具一套。

2．压缩机的检修

(1) 油面高度的检查

压缩机是高速旋转装置，其工作是否良好，取决于润滑是否充分，但过量的冷冻润滑油会阻碍制冷效果，所以当更换压缩机部件时或在修理之后必须检查压缩机内的油量，即检查油面高度。

卸下油尺如图5—33所示。

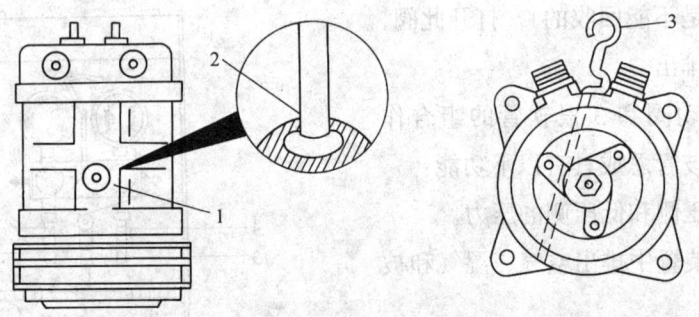

图5—33 油面的检查

1—加油塞 2—加油孔 3—油尺

通过加油塞孔，观看并旋转离合器前板，把油尺用棉纱擦干净，然后插到压缩机内，直到油尺端部顶到压缩机外壳为止。

取出油尺，观察油尺浸入深度，当加油合适时，压缩机内油面应在4～6格之间，如果少则加入，如果多则放出。

(2) 电磁离合器的更换

首先将专用工具的两个销子放入离合器前板的任意两个螺栓孔中，使离合器的前板固定，即可旋松并卸下螺母，如图5—34a所示。

利用拉器拉下离合器前板，并将键从轴上拆下，如图5—34b所示。拆下轴承内卡环及

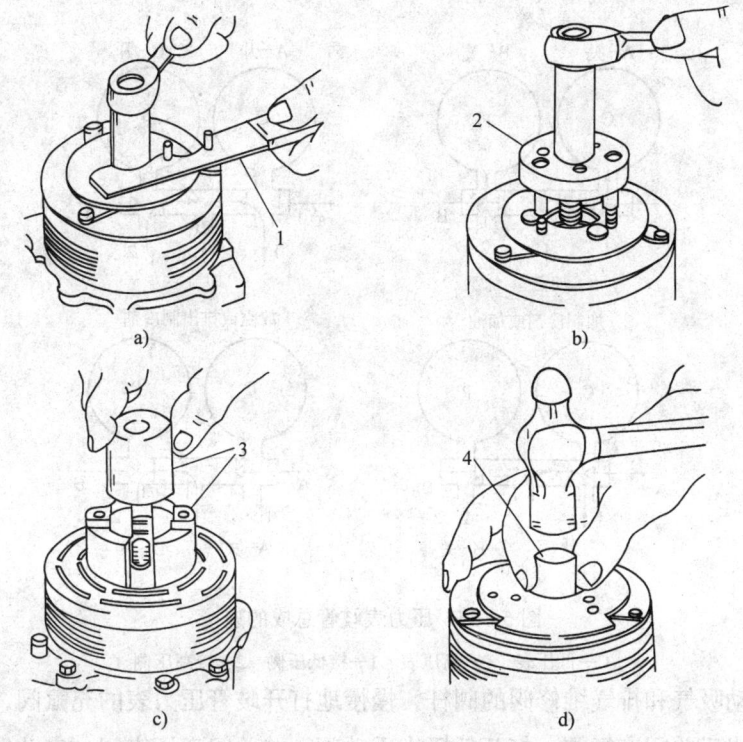

图 5—34 电磁离合器的更换
1—止动板 2—前板拉器 3—带轮拉器 4—垫块

外卡环,利用拉器将皮带轮总成拆下,如图 5—34c 所示。从压缩机前端盖顶上的线夹内,拆下离合器线圈引出线,然后拆下离合器线圈。

安装离合器线圈时,应注意线圈法兰凸出部分必须和前盖中的孔对齐,以防止线圈移动,并正确放置引线。利用压缩机后部的 4 个安装耳,把压缩机支撑住,将离合器总成和前端盖毂对正,把离合器总成装到轴上,先安装内轴承卡环,然后安装外轴承卡环。卡环的圆周有一平边和一斜边,应将平边朝向压缩机,让斜边朝外。安装离合器调整垫片,将前板安装到压缩机上,安装压缩机轴键,将前板键槽与压缩机轴键对准,轻轻敲击直到它落在离合器片上为止。

如图 5—34d 所示,安装螺母,并施加 34～41 N·m 的力矩。

用一厚薄规检查空气间隙,电磁离合器周边的空气间隙应在 0.4～0.8 mm 范围内。如果空气间隙不均匀,应轻轻敲击间隙大的部位;如果空气间隙不合适,应拆下六角螺母和前板,根据需要增、减调整垫片。

(3) 压缩机的检验

压缩机应在正常运转温度下进行试验,安装压力表歧管总成如图 5—35 所示。

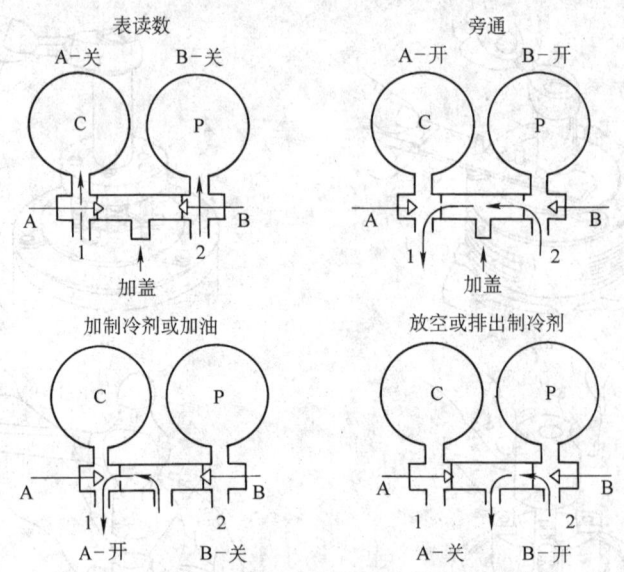

图 5—35 压力表歧管总成的连接

C—低压表 P—高压表 1—接低压侧 2—接高压侧

顺时针转动吸气和排气维修阀的阀杆，慢慢地打开歧管压力表的充氟阀，使压缩机中剩余的制冷剂排出后关闭充氟阀。打开低压表手动阀，并关闭高压表阀，启动发动机，使压缩机工作，高压侧压力应能迅速达到 1.0~1.4 MPa。使发动机熄火，压缩机关闭，这时如果能保持住压力，说明排气阀工作正常；如果出现压力损失，则说明压缩机排气阀或缸盖密封有泄漏。

把维修阀的阀杆顺时针旋到底，将阀从压缩机上拆下，脱开离合器线圈接头，将套筒扳手套在压缩机轴的固定螺母上，让压缩机运转。在转动时，感到有不平稳状态或有卡住情况时，需要进行更换。

3. 制冷装置的检漏

制冷装置的检漏方法有多种，可根据具体情况及检修条件，选择合适的检漏方法。

(1) 肥皂水检漏法

该方法简单易行，并能确定泄漏点，可用于已充注制冷剂制冷装置的检漏，也可作为其他检漏方法的辅助手段。检测时，首先将肥皂削成薄片，浸泡在热水中使之融化，成为稠状的肥皂水。将被检测部位上的油污擦干净，用毛刷浸沾肥皂水，涂抹于检漏处，静待几分钟，并仔细进行观察。如果发现被检测部位有气泡不断逸出，说明该处就是泄漏点，做好标记，继续对其他可疑处进行检漏，待到检漏工作结束后，再对被检的泄漏点进行修复。

(2) 卤素灯检漏法

卤素检漏灯又称卤素检漏器，它是一种最常用的制冷装置检漏仪器，主要用于对已加注制冷剂的空调制冷装置进行检漏，可检出年泄漏量在 50 g 以上的漏孔。最常用的是内充液化丙烷气体的卤素灯，其结构如图 5—36 所示。

使用卤素灯检漏时，将打火机点燃后放入卤素灯的点火口，同时缓慢地向逆时针方向转动调节手柄，这时储气瓶内的丙烷呈气态从喷嘴喷出，通过喷嘴进入燃烧筒点燃。由于喷嘴出口处丙烷气体的喷射作用，使其周围的压力降低，所以空气能经过吸入管被导入燃烧筒内助燃。检漏时，将吸入管的管口靠近各个可疑的泄漏部位约 2~3 s，观察火焰的颜色。正常燃烧时，丙烷火焰呈淡蓝色；通到氟利昂泄漏点时，依照点的大小，火焰筒内的火焰可呈微绿色、淡绿色、亮绿色和深绿色；泄漏量较大时，则呈紫色或亮紫色，甚至冒烟或使火焰熄灭，同时还会产生特殊的令人窒息的气味，这是氟利昂遇明火燃烧分解后产生部分毒性较大的气体所至。对此，不宜再用卤素灯检漏，应利用通风机或自然通风将氟利昂气体排除干净后，利用肥皂水检漏法确定泄漏点。用卤素灯检出泄漏点后，应将卤素灯移到无氟利昂气体处，待火焰色泽恢复正常的淡蓝色后，再对此泄漏点重复进行验证，以便确定泄漏点的准确位置。

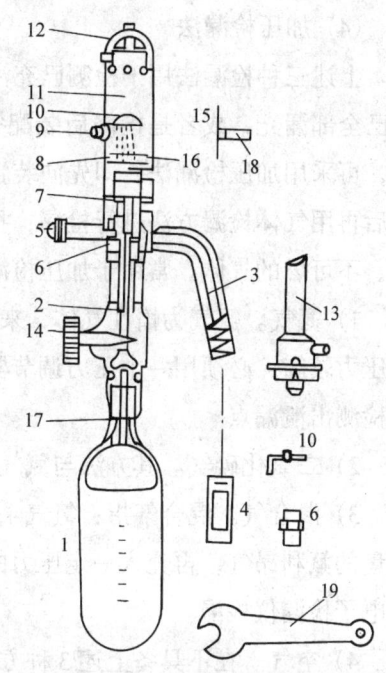

图 5—36 卤素检漏灯
1—储气瓶 2—漏气检测器主体 3—吸入管
4—滤清器 5—燃烧筒支架 6—喷嘴
7—火焰分隔器 8—点火器 9—反应板螺钉
10—反应板 11—燃烧筒 12—燃烧筒盖
13—烙铁盖 14—调节把手 15—火焰长度（上限）
16—火焰长度（下限）17—丙烷气瓶喷嘴
18—喷嘴清洁器 19—扳手

卤素灯在使用时，应手持手柄，使之处于垂直位置。如果将卤素灯倾斜或倒置，会使液态丙烷从丙烷槽中喷出，使火焰突然增大，甚至因出气过猛而熄灭。火焰筒内的火焰大小的控制与检测灵敏度关系很大，操作时应注意掌握。火焰较小时，检测灵敏度高，但容易熄灭；火焰较大时，检测的灵敏度低，但是不易熄灭，一般应保持火焰的焰尾在 5 mm 左右。检漏结束后，应顺时针旋转调节手柄，使卤素灯熄灭。储气瓶内的丙烷用完后，可将瓶卸下重新充液或更换，也可用液化丁烷气代用，但丁烷气的火焰颜色为黄色。

(3) 电子检漏仪检漏法

电子检漏仪的检测灵敏度很高，可检测出年泄漏量仅为 0.5 g 的泄漏点。使用时接通电源，将检漏仪的探头靠近被检测部位移动，如果遇到氟利昂气体，检漏仪立即发出连续音响信号，同时仪表上的指针偏转。由于电子检漏仪操作简单，而且检测灵敏度高，现在已经大量广泛使用。

(4) 加压检漏法

上述三种检漏法用于检测已充注制冷剂的空调制冷装置的泄漏点。如果制冷装置中制冷剂已全部漏光，或者是检修后装配完毕但未充注制冷剂的空调制冷装置，为了检测出泄漏点，可采用加压检漏法，即先向装置内充入某种高压气体，使装置内保持 1~2 MPa 的压力，然后再用气体检漏方法进行检漏，找出泄漏点。充入装置中的高压气体必须是干燥、无腐蚀性、不可燃的气体。常用于加压检漏法的高压气体有以下几种：

1) 氮气。氮气为惰性气体，来源广泛，价格低，最适用于加压检漏法。由于氮气瓶内的压力较高，必须用一个压力调节器来控制充气压力。装置中充入氮气后，可用肥皂水检漏法检测出泄漏点。

2) 二氧化碳气。其方法与氮气检漏法相同。

3) 混合气。混合气指：氮气 + 氟利昂气，或二氧化碳气 + 氟利昂气。先向装置中充入少量的氟利昂气，再充入一定压力的氮气，这样既节约了检修成本，又可很方便地用卤素灯或电子检漏仪检漏。

4) 空气。在不具备上述 3 种方法的条件下，可利用空气压缩机向制冷装置中充入高压空气。由于空气中含有水分，而且压缩机输出的高压空气中还含有压缩机油，所以使用此方法时，一定要注意先用干燥过滤器将压缩空气过滤后再进入制冷装置，否则将会对制冷装置产生不利的影响，增加检修难度。

采用加压检漏法时，严禁使用可燃气体，以免发生严重的事故。

4. 空调装置维修时的注意事项（包括安全注意事项）

(1) 氟利昂 R12 的蒸发潜热大，碰到皮肤、眼睛会吸收大量热量而蒸发（蒸发时每克 R12 的蒸发潜热有 165.3 J），从而冻伤人体，因此操作时要严加注意，避免直接接触制冷剂，最好戴护目镜。一旦 R12 溅入眼睛，千万不可用手揉，要立刻用大量眼药水或干净的冷水冲洗，目的是用冷水冲淡 R12 浓度，并立即到医院治疗。一旦大量液态 R12 接触皮肤，要立刻用大量冷水冲洗，用清洁的凡士林涂在皮肤上，并到医院治疗，千万不可用手乱揉。

(2) 由于氟利昂 R12 无色无味，不易被人察觉，但排到外界时会使大气中的氧气浓度下降，使人造成窒息，所以维修制冷装置时要在通风良好的地方进行。

(3) 虽然氟利昂 R12 不燃烧、不爆炸，但是 R12 气体碰到明火会产生有毒的光气（$COCl_2$），使用时要注意不可接触到火源。正因为 R12 是无色无味的，即使出现泄漏也不容易被察觉，所以要用卤素检漏仪或电子检漏仪检查，卤素检漏正是利用氟利昂气体遇明火会产生光气而改变了火焰颜色的原理。

(4) 由于氟利昂 R12 对水的溶解度较小，制冷循环中的水分有可能在膨胀阀的节流孔处冻结管路，所以在制冷循环中必须使用吸湿剂。在潮湿天气不宜打开空调制冷装置。

(5) 氟利昂 R12 遇到空气中的水分会产生腐蚀性，使金属失去光泽，因此，在工作时不可使排出的液态制冷剂与有光泽的金属接触。

(6) 空调压缩机润滑油与 R12 是完全溶解的，因此，在制冷回路中都带有润滑油，在排放制冷剂时要缓慢进行，以免润滑油与制冷剂一起放出。

(7) 为了避免爆炸的危险，不允许在空调管路或部件附近进行焊接工作或用蒸气冲洗。

(8) 向汽车空调制冷装置内充灌制冷剂时，从高压端加注制冷剂，不能开动压缩机。

5．维修注意事项

(1) 在排放制冷剂前，不要打开或松开制冷装置的连接管头。在松开接头时，如果明显有残余压力存在，在打开接头之前，应将压力释放。

(2) 制冷装置在拆卸调换部件时，在充注制冷剂前，必须抽真空。在拆卸部件前，应擦净管接头外部；从制冷装置拆卸部件后，应立即阻塞孔口。

(3) 如果不将冷冻油容器的盖扣好，冷冻油将从大气中吸收水分。应把冷冻油放在干净、无水分的容器中存储，只有到准备使用时，才应打开冷冻油容器的盖。在立即开口接头前，应换装一个新密封圈，并且在接头和密封圈上涂上干净的冷冻油。

(4) 在装配制冷剂管路时避免折弯，管路的位置应远离排气或有尖锐边缘的部件。

(5) 按规定的力矩拧紧接头。在空调装置中使用的铜接头和铝接头不应拧得过紧。在拆开接头时，扳手应卡住两端面，防止制冷剂管路扭转。

(6) 保持维修工具和车间内的清洁，尽可能减少制冷装置中的杂质进入量。

(7) 各部件的紧固力矩必须按规定拧紧。

第六章
诊断与排除汽车电器设备故障

一、相关知识

1. 汽车灯光系统故障的现象、原因和处理方法

（1）现象

照明灯不亮，前照灯灯光暗淡，前照灯远近灯光不良，前照灯一侧不亮。打开灯控开关，保险丝烧断。转向灯不亮或不全亮，转向灯闪光频率不正常，转向灯单边闪光亮度失常。

（2）原因

主要有导线松动、接触不良、断路、短路和因充电系统电压调整过高而使灯泡烧毁等。

（3）处理方法

利用万用表测量法和试灯法进行诊断，针对具体情况进行排除。

2. 手动空调系统故障的现象、原因和处理方法

（1）现象

制冷异常、系统噪声大、鼓风机不转和操纵失灵等。

（2）原因

大部分是压缩机、膨胀阀、制冷机管道和储液干燥器等硬件故障。

（3）处理方法

一般由专业修理工进行修理，驾驶人员只需做一般性维护工作。

二、操作技能

1. 操作准备

（1）一台带空调的汽车（已修）。

（2）汽车检测调整维修工具及设备。

2. 灯光系统故障的诊断与排除

（1）照明系统常见故障诊断与排除

1）断路故障的诊断与排除。打开灯控开关，照明灯不亮，说明该照明电路中出现了断路故障。应按以下方法诊断：

①试灯法。将仪表照明灯泡焊接出两个端线做试灯，将试灯的一端线接发动机的机体或车架搭铁，接通灯控开关，把试灯的另一端线与蓄电池到该灯之间连线上的各点依次相接触，直到触及到某一点后灯不亮为止。则断路处即在试灯亮处和试灯不亮处之间。找出断路处，接牢、包扎。

②万用表测量法。将万用表拨至直流电压合适挡位，使其负表笔搭铁，正表笔在控制开关打开的情况下，依次测量蓄电池到该灯之间连线上的各点电压，如检测电压正常，则断路处发生在有电压指示和无电压指示的两个被测点之间的这段电路中。找出断路处，接牢、包扎。

2）短路故障的诊断和排除。打开灯控开关，熔丝立即烧断，说明该照明电路中出现了搭铁短路故障。应按以下方法诊断：

①试灯法。首先断开导线与灯及开关连接处的导线，将试灯的一端与蓄电池的正极相连，试灯的另一端与接灯的导线接头相连，如试灯亮，则说明有搭铁短路故障存在，此时，逐个拆开从灯控开关到灯之间导线上的各个接点，如灯灭，则搭铁故障发生在拆开接点与上一个接点之间的导线上。找出短路处，予以修复。

②万用表测量法。将万用表拨至电阻 $R×1$ 挡，任选一表笔搭铁，另一表笔与接灯的导线接头相连，如果万用表电阻值为零，则说明有搭铁短路故障存在，此时，逐个拆开从灯控开关到灯之间导线上的各个接点，如果万用表电阻值为 ∞，则故障发生在电阻值为零时拆开的接点与上一个拆开的接点之间的导线上。找出短路处，予以修复。

（2）信号系统常见故障的诊断与排除

1）转向灯全不亮故障的诊断与排除。转向灯全不亮故障诊断与排除见表6—1。

2）转向灯单边闪光亮度失常故障的诊断与排除。转向灯开关拨至右转向时，右边转向灯亮度闪光均正常。当转向灯拨至左转向时，左右两边转向灯均发出微弱的光。这种故障多是左转向灯搭铁不良所致。接好搭铁线，故障即可排除。

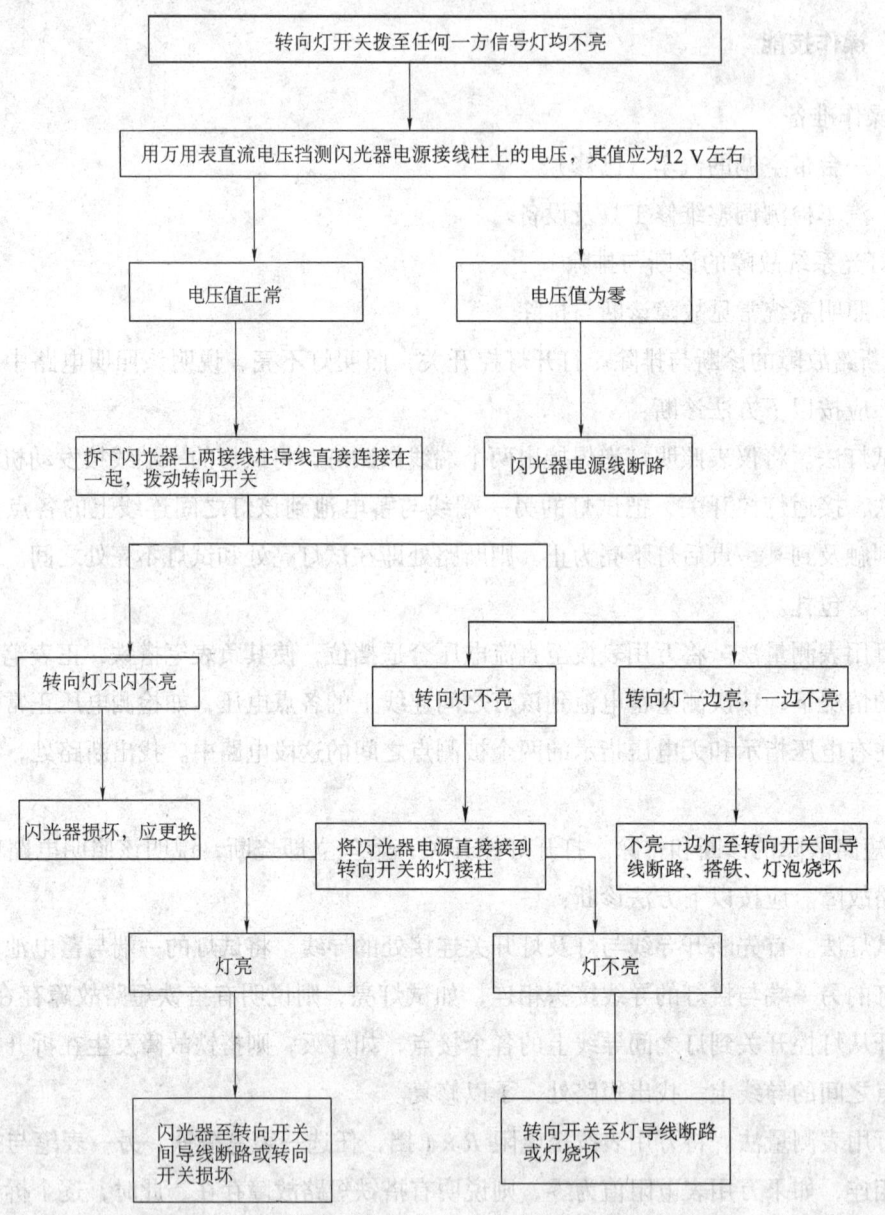

图6—1 转向灯全不亮故障的诊断与排除

3) 转向灯闪光频率不正常故障的诊断与排除。当转向灯拨至左转向或右转向时,转向灯闪光频率不一致或同时闪光频率不正常。此时,应检查闪光器、转向开关接线是否松动,转向灯灯泡功率是否与规定相符,左右灯泡功率是否相同。

3. 空调系统故障的诊断与排除

如果发现空调系统不制冷或制冷量不足,以及不供暖等故障现象。首先,应安装好各种量表，根据各量表的情况再结合外部检查，诊断引起故障的原因。然后根据表6—1所列的各种故障现象、产生原因及排除方法，予以修理。

表 6—1　　　　　　　　　　空调系统的故障诊断与排除

故障现象	产生原因	排除方法
系统不能产生冷空气，失去制冷作用	①驱动带太松或带断裂 ②压缩机不工作，带在带轮上打滑，或者离合器接合后带轮不转 ③压缩机阀门不工作，在发动机不同转速下，高、低压表读数仅有微小变化 ④膨胀阀不能关闭，低压表读数太高，蒸发器流液 ⑤熔丝熔断，接线脱开或断线，开关或吹风机的电动机不工作 ⑥制冷剂管道破裂或泄漏，高、低压表读数为零 ⑦储液干燥器或膨胀阀中的细网堵死，软管或管道堵死，通常在限制点起霜	①拉紧或更换带 ②拆下压缩机进行修理或更换 ③修理或更换压缩机阀门 ④更换膨胀阀 ⑤更换熔丝、导线，修理开关或吹风机的电动机 ⑥换管道，进行系统探漏，修理或更换储液干燥器 ⑦修理或更换储液干燥器
冷空气量不足	①压缩机离合器打滑 ②出风通道空气不足 ③吹风机的电动机运转不顺畅 ④外面空气管道打开 ⑤冷凝器周围的空气流通不够，高压表读数过高 ⑥蒸发器被灰尘等异物堵住 ⑦蒸发器控制阀损坏或调节不当，低压表读数太高 ⑧制冷剂不足，观察玻璃处有气泡，高压表读数太低 ⑨膨胀阀工作不正常，高、低压表读数过高或过低 ⑩储液干燥器细网堵住，高、低压表读数比正常高或低 ⑪系统有水汽，高压侧压力过高 ⑫系统有空气，高压表值过高，观察玻璃处有气泡或呈云雾状 ⑬辅助阀定位不对	①拆下离合器总成，修理或更换 ②清洗或更换空气滤清器；清除通道中的障碍物，排顺绕行中的空气管 ③更换电动机 ④关闭通道 ⑤清洁发动机散热器和冷凝器，安装强力风扇和风扇挡板 ⑥清洗蒸发器管道和散热片 ⑦按需要更换和调节阀门 ⑧向系统充液，直至气泡消失，压力稳定为止 ⑨清洗细网或更换膨胀阀 ⑩清除系统，更换储液干燥器 ⑪清除系统，更换储液干燥器 ⑫清除、抽气和加液 ⑬转动辅助阀至逆时针方向最大位置

续表

故障现象	产 生 原 因	排 除 方 法
系统间断制冷	①压缩机离合器打滑 ②电路开关损坏，吹风机的电动开关损坏 ③压缩机离合器线圈松脱或接触不良 ④系统中有水汽，引起部件间断结冰 ⑤热控制失灵，低压表读数不准 ⑥蒸发器控制阀粘住	①拆下压缩机，修理或更换 ②更换损坏部件 ③拆下修理或更换 ④更换膨胀阀、储液干燥器 ⑤更换热控制 ⑥清洗系统并抽气，更换储液干燥器，使全控制阀复位，向系统加液
系统太冷	①热控制不当 ②空气分配不好	①更换热控制 ②调节控制表板的拉杆
空调系统噪声大	①V带松动或过度磨损 ②压缩机零件磨损或安装托架松动 ③压缩机油面太低 ④离合器打滑或发出噪声 ⑤吹风机的电动机松动或磨损 ⑥系统中制冷剂过量，工作时发出噪声，高、低压表读数过高，观察玻璃处有气泡 ⑦系统中制冷剂不足，使膨胀阀发出噪声，观察玻璃处有气泡及雾状情形，低压表读数过低 ⑧系统中有水汽，引起膨胀阀发出噪声 ⑨高压辅助阀关闭，引起压缩机颤动，高压表读数过高	①拉紧或更换带 ②拆下压缩机，修理或更换拧紧托架 ③加油 ④拆下离合器，修理或更换 ⑤拧紧电动机的安装连接件，拆下电动机，修理或更换 ⑥排放过剩的制冷剂，直到压力表读数降至标准值且气泡消失 ⑦找出系统漏气处，清除系统及修理，抽空系统并更换储液干燥器，向系统加液 ⑧清除系统，抽气，更换储液干燥器，加液 ⑨立即把阀门打开
不供暖或暖气不足	①加热器芯内部堵塞 ②加热器芯表面气流受阻 ③加热器芯管子内部有空气 ④温度门位置不正确 ⑤温度门真空驱动损坏 ⑥鼓风机损坏 ⑦鼓风机继电器、调温电阻损坏 ⑧热水开关损坏 ⑨发动机的节温器损坏	①冲洗或根据需要更换芯子 ②用空气吹通加热器芯表面 ③排出管内空气 ④调整拉线 ⑤修理或更换 ⑥修理或更换 ⑦修理或更换 ⑧修理或更换 ⑨修理或更换

续表

故障现象	产 生 原 因	排 除 方 法
鼓风机不转	①熔丝熔断或开关接触不良 ②鼓风机电机损坏 ③风扇调速电阻损坏	①检查熔丝和开关 ②修理或更换 ③更换
漏水	①软管老化、接头不牢 ②热水开关关不死	①更换软管、接牢接头 ②修复热水开关
过热	①调温风门调节不当 ②发动机节温器损坏 ③风扇调速电阻损坏	①重调 ②修理或更换 ③更换
除霜热风不足	①除霜风门调整不当 ②出风口堵塞 ③供暖不足	①重调 ②清理 ③见不供暖或暖气不足部分
操纵吃力或不灵	①操纵机构卡死，风门粘紧 ②所有真空驱动器失灵	①调整或修理 ②更换
加热器芯有异味	①加热器进水接头漏水 ②加热器管漏水	①拧紧 ②更换